노무현·박근혜·윤석열

대통령 탄핵심판 결정문

대통령 탄핵심판 결정문

노무현·박근혜·윤석열

펴 낸 곳 투나미스
발 행 인 유지훈
지 은 이 헌법재판소
프로듀서 류효재 변지원
기　　획 이연승 최지은
마 케 팅 전희정 배윤주 고은경
초판발행 2025년 05월 20일
초판인쇄 2025년 05월 15일
주소 수원시 권선구 금곡로196번길 62, 제이에스타워 305호 조인비즈 6호
대표전화 010-4161-8077 | 팩스 031-624-9588
이 메 일 ouilove2@hanmail.net
홈페이지 www.tunamis.co.kr
I S B N　979-11-94005-32-2 (03360) 종이책
I S B N　979-11-94005-33-9 (05360) 전자책

대통령

탄핵심판 결정문

노무현·박근혜·윤석열

헌법재판소

contents

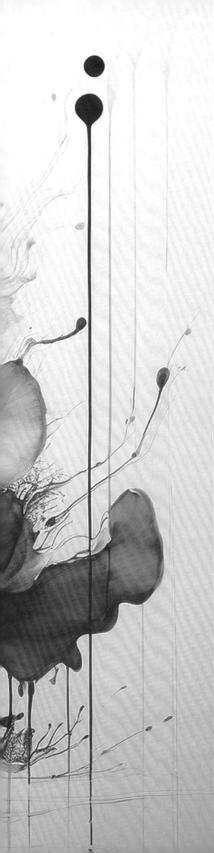

노무현

헌정의 역사에는 승리도 패배도 없다
"국민의 신뢰를 받지 못하는 헌법재판소는 가루가 될 것이다"

허영

헌법학회 회장

대통령(노무현) 탄핵

2004. 5. 14. 2004헌나1 전원재판부

판시사항

1. 탄핵심판절차에서의 헌법재판소에 의한 판단의 대상

2. 국회의 탄핵소추절차에 적법절차원칙을 직접 적용할 수 있는지 여부 (소극)

3. 헌법 제65조의 탄핵심판절차의 본질

4. 헌법 제65조의 탄핵사유의 의미

5. 선거에서의 공무원의 정치적 중립의무의 헌법적 근거

6. 대통령이 공직선거및선거부정방지법(이하 '공선법'이라 한다) 제9조의 '공무원'에 해당하는지 여부(적극)

7. 기자회견에서 특정정당을 지지한 대통령의 발언이 공무원의 정치적 중립의무에 위반되는지 여부(적극)

8. 기자회견에서 특정정당을 지지한 대통령의 발언이 공무원의 선거운동 금지를 규정하는 공선법 제60조에 위반되는지 여부(소극)

9. 헌법을 준수하고 수호해야 할 대통령의 의무

10. 중앙선거관리위원회의 선거법위반 결정에 대한 대통령의 행위가 헌법에 위반되는지 여부(적극)

11. 재신임 국민투표를 제안한 행위가 헌법에 위반되는지 여부(적극)

12. 대통령 측근의 권력형 부정부패와 관련하여 대통령의 법위반이 인정되는지 여부(소극)

13. 불성실한 직책수행과 경솔한 국정운영으로 인한 정국의 혼란 및 경제파탄이 탄핵심판절차의 판단대상이 되는지 여부(소극)

14. 헌법재판소법 제53조 제1항의 '탄핵심판청구가 이유 있는 때'란 중대한 법위반의 경우에 한정되는지 여부(적극)

15. '법위반의 중대성'에 관한 판단 기준

16. 대통령의 구체적인 법위반행위에 있어서 헌법질서에 역행하고자 하는 적극적인 의사를 인정할 수 없는 이 사건의 경우 파면결정을 할 것인지 여부(소극)

17. 탄핵심판절차에서 소수의견을 밝힐 수 있는지 여부(소극)

결정요지

1. 헌법재판소는 사법기관으로서 원칙적으로 탄핵소추기관인 국회의 탄핵소추의결서에 기재된 소추사유에 의하여 구속을 받는다. 따라서 헌법재판소는 탄핵소추의결서에 기재되지 아니한 소추사유를 판단의 대상으로 삼을 수 없다. 그러나 탄핵소추의결서에서 그 위반을 주장하는 '법규정의 판단'에 관하여 헌법재판소는 원칙적으로 구속을 받지 않으므로, 청구인이 그 위반을 주장한 법규정 외에 다른 관련 법규정에 근거하여 탄핵의 원인이 된 사실관계를 판단할 수 있다. 또한, 헌법재판소는 소추사유의 판단에 있어서 국회의 탄핵소추의결서에서 분류된 소추사유의 체계에 의하여 구속을 받지 않으므로, 소추사유를 어떠한 연관관계에서 법적으로 고려할 것인가의 문제는 전적으로 헌법재판소의 판단에 달려있다.

2. 적법절차원칙이란, 국가공권력이 국민에 대하여 불이익한 결정을 하기에 앞서 국민은 자신의 견해를 진술할 기회를 가짐으로써 절

차의 진행과 그 결과에 영향을 미칠 수 있어야 한다는 법원리를 말한다. 그런데 이 사건의 경우, 국회의 탄핵소추절차는 국회와 대통령이라는 헌법기관 사이의 문제이고, 국회의 탄핵소추의결에 의하여 사인으로서의 대통령의 기본권이 침해되는 것이 아니라, 국가기관으로서의 대통령의 권한행사가 정지되는 것이다. 따라서 국가기관이 국민과의 관계에서 공권력을 행사함에 있어서 준수해야할 법원칙으로서 형성된 적법절차의 원칙을 국가기관에 대하여 헌법을 수호하고자 하는 탄핵소추절차에는 직접 적용할 수 없다고 할 것이고, 그 외 달리 탄핵소추절차와 관련하여 피소추인에게 의견진술의 기회를 부여할 것을 요청하는 명문의 규정도 없으므로, 국회의 탄핵소추절차가 적법절차원칙에 위배되었다는 주장은 이유 없다.

3. 헌법 제65조는 행정부와 사법부의 고위공직자에 의한 헌법위반이나 법률위반에 대하여 탄핵소추의 가능성을 규정함으로써, 그들에 의한 헌법위반을 경고하고 사전에 방지하는 기능을 하며, 국민에 의하여 국가권력을 위임받은 국가기관이 그 권한을 남용하여 헌법이나 법률에 위반하는 경우에는 다시 그 권한을 박탈하는 기능을 한다. 즉, 공직자가 직무수행에 있어서 헌법에 위반한 경우 그에 대한 법적 책임을 추궁함으로써, 헌법의 규범력을 확보하고자 하는 것이 바로 탄핵심판절차의 목적과 기능인 것이다.

4. 헌법 제65조에 규정된 탄핵사유를 구체적으로 살펴보면, '직무집행에 있어서'의 '직무'란, 법제상 소관 직무에 속하는 고유 업무 및 통념상 이와 관련된 업무를 말한다. 따라서 직무상의 행위란, 법령·조례 또는 행정관행·관례에 의하여 그 지위의 성질상 필요로 하거나 수반되는 모든 행위나 활동을 의미한다. 헌법은 탄핵사유를 "헌법이나 법률에 위배한 때"로 규정하고 있는데, '헌법'에는 명문의 헌법규정뿐만 아니라 헌법재판소의 결정에 의하여 형성되어 확립된 불문헌법도 포함된다. '법률'이란 단지 형식적 의미의 법률 및 그와 등등한 효력을 가지는 국제조약, 일반적으로 승인된 국제법규 등을 의미한다.

5. 선거에서의 공무원의 정치적 중립의무는 '국민 전체에 대한 봉사자'로서의 공무원의 지위를 규정하는 헌법 제7조 제1항, 자유선거원칙을 규정하는 헌법 제41조 제1항 및 제67조 제1항 및 정당의 기회균등을 보장하는 헌법 제116조 제1항으로부터 나오는 헌법적 요청이다. 공선법 제9조는 이러한 헌법적 요청을 구체화하고 실현하는 법규정이다.

6. 공선법 제9조의 '공무원'이란, 위 헌법적 요청을 실현하기 위하여 선거에서의 중립의무가 부과되어야 하는 모든 공무원 즉, 구체적으로 '자유선거원칙'과 '선거에서의 정당의 기회균등'을 위협할

수 있는 모든 공무원을 의미한다. 그런데 사실상 모든 공무원이 그 직무의 행사를 통하여 선거에 부당한 영향력을 행사할 수 있는 지위에 있으므로, 여기서의 공무원이란 원칙적으로 국가와 지방자치단체의 모든 공무원 즉, 좁은 의미의 직업공무원은 물론이고, 적극적인 정치활동을 통하여 국가에 봉사하는 정치적 공무원을 포함한다. 다만, 국회의원과 지방의회의원은 정당의 대표자이자 선거운동의 주체로서의 지위로 말미암아 선거에서의 정치적 중립성이 요구될 수 없으므로, 공선법 제9조의 '공무원'에 해당하지 않는다. 따라서 선거에 있어서의 정치적 중립성은 행정부와 사법부의 모든 공직자에게 해당하는 공무원의 기본적 의무이다. 더욱이, 대통령은 행정부의 수반으로서 공정한 선거가 실시될 수 있도록 총괄·감독해야 할 의무가 있으므로, 당연히 선거에서의 중립의무를 지는 공직자에 해당하는 것이고, 이로써 공선법 제9조의 '공무원'에 포함된다.

7. 대통령이 특정 정당을 일방적으로 지지하는 발언을 함으로써 국민의 의사형성과정에 영향을 미친다면, 정당과 후보자들에 대한 정당한 평가를 기초로 하는 국민의 자유로운 의사형성과정에 개입하여 이를 왜곡시키는 것이며, 동시에 지난 수 년간 국민의 신뢰를 얻기 위하여 꾸준히 지속해 온 정당과 후보자의 정치적 활동의 의미를 반감시킴으로써 의회민주주의를 크게 훼손시키는 것이다. 그런데 이 부분 대통령의 발언은 그 직무집행에 있어서 반복

하여 특정 정당에 대한 자신의 지지를 적극적으로 표명하고, 나아가 국민들에게 직접 그 정당에 대한 지지를 호소하는 내용이라 할 수 있다. 따라서 선거에 임박한 시기이기 때문에 공무원의 정치적 중립성이 어느 때보다도 요청되는 때에, 공정한 선거관리의 궁극적 책임을 지는 대통령이 기자회견에서 전 국민을 상대로, 대통령직의 정치적 비중과 영향력을 이용하여 특정 정당을 지지하는 발언을 한 것은, 대통령의 지위를 이용하여 선거에 대한 부당한 영향력을 행사하고 이로써 선거의 결과에 영향을 미치는 행위를 한 것이므로, 선거에서의 중립의무를 위반하였다.

8. 공선법 제58조 제1항은 '당선'의 기준을 사용하여 '선거운동'의 개념을 정의함으로써, '후보자를 특정할 수 있는지의 여부'를 선거운동의 요건으로 삼고 있다. 그러나 이 사건의 발언이 이루어진 시기인 2004. 2. 18.과 2004. 2. 24.에는 아직 정당의 후보자가 결정되지 아니하였으므로, 후보자의 특정이 이루어지지 않은 상태에서 특정 정당에 대한 지지발언을 한 것은 선거운동에 해당한다고 볼 수 없다. 뿐만 아니라, 여기서 문제되는 대통령의 발언들은 기자회견에서 기자의 질문에 대한 답변의 형식으로 수동적이고 비계획적으로 행해진 점을 감안한다면, 대통령의 발언에 선거운동을 향한 능동적 요소와 계획적 요소를 인정할 수 없고, 이에 따라 선거운동의 성격을 인정할 정도로 상당한 목적의사가 있다고 볼 수 없다. 그렇다면 피청구인의 발언이 특정 후보자나 특

정 가능한 후보자들을 당선 또는 낙선시킬 의도로 능동적·계획적으로 선거운동을 한 것으로는 보기 어렵다.

9. 헌법 제66조 제2항 및 제69조에 규정된 대통령의 '헌법을 준수하고 수호해야 할 의무'는 헌법상 법치국가원리가 대통령의 직무집행과 관련하여 구체화된 헌법적 표현이다. '헌법을 준수하고 수호해야 할 의무'가 이미 법치국가원리에서 파생되는 지극히 당연한 것임에도, 헌법은 국가의 원수이자 행정부의 수반이라는 대통령의 막중한 지위를 감안하여 제66조 제2항 및 제69조에서 이를 다시 한번 강조하고 있다. 이러한 헌법의 정신에 의한다면, 대통령은 국민 모두에 대한 '법치와 준법의 상징적 존재'인 것이다.

10. 대통령이 현행법을 '관권선거시대의 유물'로 폄하하고 법률의 합헌성과 정당성에 대하여 대통령의 지위에서 공개적으로 의문을 제기하는 것은 헌법과 법률을 준수해야 할 의무와 부합하지 않는다. 물론, 대통령도 정치인으로서 현행 법률의 개선방향에 관한 입장과 소신을 피력할 수는 있으나, 어떠한 상황에서, 어떠한 연관관계에서 법률의 개정에 관하여 논의하는가 하는 것은 매우 중요하며, 이 사건의 경우와 같이, 대통령이 선거법위반행위로 말미암아 중앙선거관리위원회로부터 경고를 받는 상황에서 그에 대한 반응으로서 현행 선거법을 폄하하는 발언을 하는 것은 법률

을 존중하는 태도라고 볼 수 없는 것이다. 모든 공직자의 모범이 되어야 하는 대통령의 이러한 언행은 법률을 존중하고 준수해야 하는 다른 공직자의 의식에 중대한 영향을 미치고, 나아가 국민 전반의 준법정신을 저해하는 효과를 가져오는 등 법치국가의 실현에 있어서 매우 부정적인 영향을 미칠 수 있다. 결론적으로, 대통령이 국민 앞에서 현행법의 정당성과 규범력을 문제삼는 행위는 법치국가의 정신에 반하는 것이자, 헌법을 수호해야 할 의무를 위반한 것이다.

11. 국민투표는 직접민주주의를 실현하기 위한 수단으로서 '사안에 대한 결정' 즉, 특정한 국가정책이나 법안을 그 대상으로 한다. 따라서 국민투표의 본질상 '대표자에 대한 신임'은 국민투표의 대상이 될 수 없으며, 우리 헌법에서 대표자의 선출과 그에 대한 신임은 단지 선거의 형태로써 이루어져야 한다.

대통령이 자신에 대한 재신임을 국민투표의 형태로 묻고자 하는 것은 헌법 제72조에 의하여 부여받은 국민투표부의권을 위헌적으로 행사하는 경우에 해당하는 것으로, 국민투표제도를 자신의 정치적 입지를 강화하기 위한 정치적 도구로 남용해서는 안 된다는 헌법적 의무를 위반한 것이다. 물론, 대통령이 위헌적인 재신임 국민투표를 단지 제안만 하였을 뿐 강행하지는 않았으나, 헌법상 허용되지 않는 재신임 국민투표를 국민들에게 제안한 것은 그 자

체로서 헌법 제72조에 반하는 것으로 헌법을 실현하고 수호해야
할 대통령의 의무를 위반한 것이다.

12. 헌법 제65조 제1항은 '대통령…이 그 직무집행에 있어서'라고 하
    여, 탄핵사유의 요건을 '직무' 집행으로 한정하고 있으므로, 위
    규정의 해석상 대통령의 직위를 보유하고 있는 상태에서 범한 법
    위반행위만이 소추사유가 될 수 있다. 썬앤문 및 대선캠프 관련
    불법정치자금 수수 등에 관한 소추사유들은 피청구인이 2003.
    2. 25. 대통령으로 취임하기 전에 일어난 사실에 바탕을 두고 있
    는 것이어서 대통령으로서의 직무집행과 무관함이 명백하므로,
    탄핵사유에 해당하지 않는다. 피청구인이 대통령으로 취임한 후
    에 일어난 사실에 바탕을 두고 있는 측근비리에 관하여 보건대,
    이 사건 변론절차에서 현출된 모든 증거에 의하더라도 피청구인
    이 위 최도술 등의 불법자금 수수 등의 행위를 지시·방조하였다
    거나 기타 불법적으로 관여하였다는 사실이 인정되지 않으므로
    이를 전제로 한 이 부분 소추사유는 이유없다.

13. 헌법 제69조는 대통령의 취임선서의무를 규정하면서, 대통령으로
    서 '직책을 성실히 수행할 의무'를 언급하고 있다. 비록 대통령
    의 '성실한 직책수행의무'는 헌법적 의무에 해당하나, '헌법을 수
    호해야 할 의무'와는 달리, 규범적으로 그 이행이 관철될 수 있

는 성격의 의무가 아니므로, 원칙적으로 사법적 판단의 대상이
될 수 없다고 할 것이다.

헌법 제65조 제1항은 탄핵사유를 '헌법이나 법률에 위배한 때'로
제한하고 있고, 헌법재판소의 탄핵심판절차는 법적인 관점에서 단
지 탄핵사유의 존부만을 판단하는 것이므로, 이 사건에서 청구인
이 주장하는 바와 같은 정치적 무능력이나 정책결정상의 잘못 등
직책수행의 성실성여부는 그 자체로서 소추사유가 될 수 없어, 탄
핵심판절차의 판단대상이 되지 아니한다.

14. 헌법재판소법은 제53조 제1항에서 "탄핵심판청구가 이유 있는 때
에는 헌법재판소는 피청구인을 당해 공직에서 파면하는 결정을
선고한다."고 규정하고 있는데, 위 규정은 헌법 제65조 제1항의
탄핵사유가 인정되는 모든 경우에 자동적으로 파면결정을 하도
록 규정하고 있는 것으로 문리적으로 해석할 수 있으나, 직무행
위로 인한 모든 사소한 법위반을 이유로 파면을 해야 한다면,
이는 피청구인의 책임에 상응하는 헌법적 징벌의 요청 즉, 법익형
량의 원칙에 위반된다. 따라서 헌법재판소법 제53조 제1항의 '탄
핵심판청구가 이유 있는 때'란, 모든 법위반의 경우가 아니라, 단
지 공직자의 파면을 정당화할 정도로 '중대한' 법위반의 경우
를 말한다.

15. '법위반이 중대한지' 또는 '파면이 정당화되는지'의 여부는 그 자체로서 인식될 수 없는 것이므로, '법위반이 어느 정도로 헌법 질서에 부정적 영향이나 해악을 미치는지의 관점'과 '피청구인을 파면하는 경우 초래되는 효과'를 서로 형량하여 탄핵심판청구가 이유 있는지의 여부 즉, 파면여부를 결정해야 한다.

한편, 대통령에 대한 파면결정은, 국민이 선거를 통하여 대통령에게 부여한 '민주적 정당성'을 임기 중 다시 박탈하는 효과를 가지며, 직무수행의 단절로 인한 국가적 손실과 국정 공백은 물론이고, 국론의 분열현상 즉, 대통령을 지지하는 국민과 그렇지 않은 국민간의 분열과 반목으로 인한 정치적 혼란을 가져올 수 있다. 따라서 대통령에 대한 파면효과가 이와 같이 중대하다면, 파면결정을 정당화하는 사유도 이에 상응하는 중대성을 가져야 한다. 대통령을 파면할 정도로 중대한 법위반이 어떠한 것인지'에 관하여 일반적으로 규정하는 것은 매우 어려운 일이나, 대통령의 직을 유지하는 것이 더 이상 헌법수호의 관점에서 용납될 수 없거나 대통령이 국민의 신임을 배신하여 국정을 담당할 자격을 상실한 경우에 한하여, 대통령에 대한 파면결정은 정당화되는 것이다.

16. 이 사건에서 인정되는 대통령의 법위반이 헌법질서에 미치는 효과를 종합하여 본다면, 대통령의 구체적인 법위반행위에 있어서 헌법질서에 역행하고자 하는 적극적인 의사를 인정할 수 없으므로,

자유민주적 기본질서에 대한 위협으로 평가될 수 없다. 따라서 파면결정을 통하여 헌법을 수호하고 손상된 헌법질서를 다시 회복하는 것이 요청될 정도로, 대통령의 법위반행위가 헌법수호의 관점에서 중대한 의미를 가진다고 볼 수 없고, 또한 대통령에게 부여한 국민의 신임을 임기 중 다시 박탈해야 할 정도로 국민의 신임을 저버린 경우에 해당한다고도 볼 수 없으므로, 대통령에 대한 파면결정을 정당화하는 사유가 존재하지 않는다.

17. 헌법재판소법 제34조 제1항에 의하면 헌법재판소 평의는 공개하지 아니하도록 되어 있다. 그러므로 개별 재판관의 의견을 결정문에 표시하기 위해서는 이와 같은 평의의 비밀에 대해 예외를 인정하는 특별규정이 있어야만 가능한데, 탄핵심판에 관해서는 평의의 비밀에 대한 예외를 인정하는 법률규정이 없다. 따라서 이 탄핵심판사건에 관해서도 재판관 개개인의 개별적 의견 및 그 의견의 수 등을 결정문에 표시할 수는 없다. 그러나 위의 견해에 대하여, '동법 제36조 제3항은 탄핵심판에 있어 의견을 표시할지 여부를 관여한 재판관의 재량판단에 맡기는 의미로 해석해야 할 것이므로 반대의견도 표시할 수 있다'는 견해가 있었다.

참조조문

헌법 제7조 제1항, 제10조, 제41조 제1항, 제46조 제2항, 제52조, 제53조 제2항, 제63조, 제65조, 제66조, 제67조 제1항, 제69조, 제72조, 제78조, 제116조 제1항

헌법재판소법 제23조 제2항, 제34조 제1항, 제36조 제3항, 제53조 제1항

국회법 제10조(의장의 직무)

의장은 국회를 대표하고 의사를 정리하며, 질서를 유지하고 사무를 감독한다.

국회법 제72조(개의)

본회의는 오후 2시(토요일은 오전 10시)에 개의한다. 다만 의장은 각 교섭단체대표의원과 협의하여 그 개의시를 변경할 수 있다.

국회법 제93조(안건심의)

본회의는 안건을 심의함에 있어서 그 안건을 심사한 위원장의 심사보고를 듣고 질의·토론을 거쳐 표결한다. 다만, 위원회의 심사를 거치지 아니한 안건에 대하여는 제안자가 그 취지를 설명하여야 하고, 위원회의 심사를 거친 안건에 대하여는 의결로 질의와 토론 또는 그중의 하나를 생략할 수 있다.

국회법 제110조(표결의 선포)

① 표결할 때에는 의장이 표결할 안건의 제목을 의장석에서 선포하여야 한다.

② 의장이 표결을 선포한 때에는 누구든지 그 안건에 관하여 발언할 수 없다.

국회법 제114조의2(자유투표)

의원은 국민의 대표자로서 소속정당의 의사에 기속되지 아니하고 양심에 따라 투표한다.

국회법 제130조(탄핵소추의 발의)

① 탄핵소추의 발의가 있은 때에는 의장은 발의된 후 처음 개의하는 본회의에 보고하고, 본회의는 의결로 법제사법위원회에 회부하여 조사하게 할 수 있다.

② 본회의가 제1항에 의하여 법제사법위원회에 회부하기로 의결하지 아니한 때에는 본회의에 보고된 때로부터 24시간 이후 72시간 이내에 탄핵소추의 여부를 무기명투표로 표결한다. 이 기간 내에 표결하지 아니한 때에는 그 탄핵소추안은 폐기된 것으로 본다.

③ 탄핵소추의 발의에는 피소추자의 성명·직위와 탄핵소추의 사유·증거 기타 조사상 참고가 될만한 자료를 제시하여야 한다.

공직선거및선거부정방지법 제9조(공무원의 중립의무 등) ① 공무원 기타 정치적 중립을 지켜야 하는 자(기관·단체를 포함한다)는 선거에 대한 부당한 영향력의 행사 기타 선거결과에 영향을 미치는 행위를 하여서는 아니된다.

② 검사(군검찰관을 포함한다) 또는 경찰공무원(검찰수사관 및 군사법경찰관리를 포함한다)은 이 법의 규정에 위반한 행위가 있다고 인정되는 때에는 신속·공정하게 단속·수사를 하여야 한다.

공직선거및선거부정방지법 제58조(정의 등) ① 이 법에서 "선거운동"이라 함은 당선되거나 되게 하거나 되지 못하게 하기 위한 행위를 말한다. 다만, 다음 각호의 1에 해당하는 행위는 선거운동으로 보지 아니한다.

　1. 선거에 관한 단순한 의견개진 및 의사표시

　2. 입후보와 선거운동을 위한 준비행위

　3. 정당의 후보자 추천에 관한 단순 지지·반대의 의견개진 및 의사표시

　4. 통상적인 정당활동

② 생략

공직선거및선거부정방지법 제60조(선거운동을 할 수 없는 자)

① 다음 각호의 1에 해당하는 자는 선거운동을 할 수 없다. 다만, 제4호 내지 제9호에 해당하는 자가 후보자의 배우자인 경우에는 그러하지 아니하다.

　1.~3. 생략

　4. 국가공무원법 제2조(공무원의 구분)에 규정된 국가공무원과 지방공무원법 제2조(공무원의 구분)에 규정된 지방공무원. 다만, 정당법 제6조(발기인 및 당원의 자격) 제1호 단서의 규정에 의하여 정당의 당원이 될 수 있는 공무원(국회의원과 지방의회의원외의 정무직공무원을 제외한다)은 그러하지 아니하다.

5.~9. 생략

공직선거및선거부정방지법 제85조(지위를 이용한 선거운동금지)

① 공무원은 그 지위를 이용하여 선거운동을 할 수 없다. 이 경우 공무원이 그 소속직원이나 제53조(공무원 등의 입후보) 제1항 제4호 내지 제6호에 규정된 기관 등의 임·직원 또는 공직자윤리법 제17조(퇴직공직자의 유관사기업체 등에의 취업제한)의 규정에 의한 유관사기업체 및 협회의 임·직원을 대상으로 한 선거운동은 그 지위를 이용하여 하는 선거운동으로 본다.

②, ③ 생략

공직선거및선거부정방지법 제86조(공무원 등의 선거에 영향을 미치는 행위금지)

① 공무원(국회의원과 그 보좌관·비서관·비서 및 지방의회의원을 제외한다), 제53조(공무원 등의 입후보) 제1항 제4호 및 제6호에 규정된 기관 등의 상근 임·직원, 통·리·반의 장, 주민자치위원회위원과 향토예비군소대장급 이상의 간부, 특별법에 의하여 설립된 국민운동단체로서 국가나 지방자치단체의 출연 또는 보조를 받는 단체(바르게살기운동협의회·새마을운동협의회·한국자유총연맹을 말한다)와 제2의건국범국민추진위원회의 상근 임·직원 및 이들 단체 등(시·도조직 및 구·시·군조직을 포함한다)의 대표자 또는 국민건강보험법에 의하여 설립된 국민건강보험공단의 상근 임·직원은 다음 각호의 1에 해당하는 행위를 하여서는 아니된다.

  1. 소속직원 또는 선거구민에게 교육 기타 명목여하를 불문하고 특정 정당이나 후보자(후보자가 되고자 하는 자를 포함한다. 이하 이 항에서 같다)의 업적을 홍

보하는 행위

2. 선거운동의 기획에 참여하거나 그 기획의 실시에 관여하는 행위

3. 정당 또는 후보자에 대한 선거권자의 지지도를 조사하거나 이를 발표하는 행위

4. 선거기간중 소속직원 또는 선거구민에게 명목여하를 불문하고 법령이 정하는 외의 금품 기타 이익을 주거나 이를 약속하는 행위. 다만, 관혼상제 기타 의례적이거나 직무상의 행위로서 중앙선거관리위원회규칙이 정하는 행위를 제외한다.

5. 선거기간중 국가 또는 지방자치단체의 예산으로 시행하는 사업중 즉시 공사를 진행하지 아니할 사업의 기공식을 거행하는 행위

6. 선거기간중 정상적 업무외의 출장을 하는 행위

7. 선거기간중 휴가기간에 그 업무와 관련된 기관이나 시설을 방문하는 행위

②~④ 생략

공직선거및선거부정방지법 제237조(선거의 자유방해죄) ① 선거에 관하여 다음 각호의 1에 해당하는 자는 10년 이하의 징역 또는 500만 원 이상 3천만 원 이하의 벌금에 처한다.

1.~2. 생략

3. 업무·고용 기타의 관계로 인하여 자기의 보호·지휘·감독하에 있는 자에게 특정 정당이나 후보자를 지지·추천하거나 반대하도록 강요한 자

②~④ 생략

공직선거및선거부정방지법 제255조(부정선거운동죄)

① 다음 각호의 1에 해당하는 자는 3년 이하의 징역 또는 600만 원 이하의 벌금에 처한다.

1. 제60조(선거운동을 할 수 없는 자) 제1항의 규정에 위반하여 선거운동을 하거나 하게 한 자 또는 같은조 제2항이나 제205조(선거운동기구의 설치 및 선거사무관계자의 선임에 관한 특례) 제4항의 규정에 위반하여 선거사무장 등으로 되거나 되게 한 자

2. 제61조(선거운동기구의 설치) 제1항의 규정에 위반하여 선거운동기구를 설치하거나 이를 설치하여 선거운동을 한 자

3. 제62조(선거사무관계자의 선임) 제1항 또는 제2항의 규정에 위반하여 선거사무장·선거연락소장이나 선거사무원을 선임한 자

4. 제75조(합동연설회) 제8항의 규정에 위반하여 정당·후보자 등에 의한 연설회를 개최 한 자

5. 제77조(정당·후보자 등에 의한 연설회) 제1항·제2항·제4항(개최시간에 한한다)·제6항 또는 제8항의 규정에 위반하여 정당·후보자 등에 의한 연설회를 개최한 자

6. 제80조(연설금지장소)의 규정에 위반하여 선거운동을 위한 연설회를 개최하거나 연설·대담을 한 자

7. 제81조(단체의 후보자 등 초청 대담·토론회) 제1항의 규정에 위반하여 후보자 등 초청 대담·토론회를 개최한 자

8. 제81조 제7항[제82조(언론기관의 후보자 등 초청 대담·토론회) 제4항 및 제82조의2(공영방송주관 텔레비전 대담·토론회) 제8항에서 준용하는 경우를 포함한다]의 규정에 위반하여 대담·토론회를 개최한 자

9. 제85조(지위를 이용한 선거운동금지) 제2항 또는 제3항의 규정에 위반한 행위

를 하거나 하게 한 자

10. 제86조(공무원 등의 선거에 영향을 미치는 행위금지) 제1항 제1호 내지 제4호·제2항 및 제3항의 규정에 위반한 행위를 하거나 하게 한 자 또는 같은 조 제4항의 규정에 위반한 행위를 한 자

11. 제87조(단체의 선거운동금지)의 규정에 위반하여 특정 정당이나 후보자를 지지·반대하거나 지지·반대할 것을 권유하는 행위를 하거나 하게 한 자

12. 제88조(타후보자를 위한 선거운동금지) 본문의 규정에 위반하여 다른 정당이나 후보자를 위한 선거운동을 한 자

13. 제89조(유사기관의 설치금지) 제1항 본문의 규정에 위반하여 유사기관을 설립·설치하거나 기존의 기관·단체·조직 또는 시설을 이용한 자

14. 제89조의2(사조직 등을 이용한 선거운동의 금지) 제1항의 규정에 위반하여 사조직 기타 단체를 설립·설치한 자, 같은조 제2항의 규정에 위반하여 금품·향응 기타의 이익을 제공하거나 이를 요구하거나 받은 자 또는 당해 단체나 조직 또는 그 대표의 명의로 선거운동을 하거나 하게 한 자

15. 제92조(영화 등을 이용한 선거운동금지)의 규정에 위반하여 저술·연예·연극·영화나 사진을 배부·공연·상연·상영 또는 게시하거나 하게 한 자

16. 제105조(행렬 등의 금지) 제1항의 규정에 위반하여 무리를 지어 거리를 행진하거나 연달아 소리지르는 행위를 하거나 하게 한 자, 같은조 제2항의 규정에 위반하여 모양과 색상이 동일한 모자나 옷을 착용하거나 기타 표지물을 휴대하여 선거운동을 하거나 하게 한 자

17. 제106조(호별방문의 제한) 제1항 또는 제3항의 규정에 위반하여 호별로 방문하거나 하게 한 자

18. 제107조(서명·날인운동의 금지)의 규정에 위반하여 서명이나 날인을 받거나

받게 한 자

19. 제109조(서신·전보 등에 의한 선거운동의 금지) 제1항 본문 또는 제2항의 규정에 위반하여 서신·전보·모사전송·전화 기타 전기통신의 방법을 이용하여 선거운동을 하거나 하게 한 자나 같은 조 제3항의 규정에 위반하여 협박하거나 하게 한 자

②, ③ 생략

정당법 제6조(발기인 및 당원의 자격)

국회의원선거권이 있는 자는 공무원 기타 그 신분을 이유로 정당가입 기타 정치활동을 금지하는 다른 법령의 규정에도 불구하고 누구든지 정당의 발기인 및 당원이 될 수 있다. 그러나 다음 각호의 1에 해당하는 자는 그러하지 아니하다.

1. 국가공무원법 제2조 및 지방공무원법 제2조에 규정된 공무원. 다만, 대통령, 국무총리, 국무위원, 국회의원, 지방의회의원, 선거에 의하여 취임하는 지방자치단체의 장, 국회의원의 보좌관·비서관·비서 및 국회 교섭단체의 정책연구위원과 고등교육법 제14조(교직원의 구분) 제1항 및 제2항의 규정에 의한 총장·학장·교수·부교수·조교수·전임강사인 교원을 제외한다.

2.~3. 생략

4.~5. 삭제

참조판례

8. 헌재 1994. 7. 29. 93헌가4등, 판례집 6-2, 15, 33

　헌재 2001. 8. 30. 2000헌마121등, 판례집 13-2, 263, 274

11. 헌재 2003. 11. 27. 2003헌마694등, 판례집 15-2하, 350

15. 헌재 1990. 4. 2. 89헌가113, 판례집 2, 49, 64

당사자

청 구 인　국회

소추위원　국회 법제사법위원회 위원장

대리인　변호사 강재섭 외 66인

피청구인　대통령 노무현

대리인　변호사 유현석 외 9인

주문

이 사건 심판청구를 기각한다.

이유

1. 사건의 개요와 심판의 대상

가. 사건의 개요

(1) 탄핵소추의 의결 및 탄핵심판의 청구

국회는 2004. 3. 12. 제246회 국회(임시회) 제2차 본회의에서 유용태·홍사덕 의원 외 157인이 발의한 '대통령(노무현)탄핵소추안'을 상정하여 재적의원 271인 중 193인의 찬성으로 가결하였다. 소추위원인 국회 법제사법위원회 위원장 김기춘은 헌법재판소법 제49조 제2항에 따라 소추의결서의 정본을 같은 날 헌법재판소에 제출하여 피청구인에 대한 탄핵심판을 청구하였다. 피청구인에 대한 국회의 탄핵소추의결서 전문(全文)은 별지 3.과 같다.

(2) 탄핵소추사유의 요지

(가) 국법질서 문란

1) 특정 정당을 지지한 행위 등

가) 피청구인은 ① 2004. 2. 18. 경인지역 6개 언론사와의 합동기자회견에서, "개헌저지선까지 무너지면 그 뒤에 어떤 일이 생길지는 나도 정말 말씀드릴 수가 없다."고 발언하고, ② 같은 달 24. 방송기자클럽 초청 기자회견에서, "앞으로 4년 제대로 하게 해 줄 것인지 못 견뎌서 내려오게 할 것인지 국민이 분명하게 해줄 것", "국민들이 총선에서 열린우리당을 압도적으로 지지해 줄 것을 기대한다.", "대통령이 뭘 잘해서 우리당이 표를 얻을 수만 있다면 합법적인 모든 것을 다하고 싶다."고 발언하여, 공직선거및선거부정방지법(이하 '공선법'이라 함) 제9조 제1항, 제60조 제1항, 제85조 제1항, 제86조 제1항, 제255조 제1항을 위반하였다.

나) 피청구인은 ① 2003. 12. 19. 이른바 노사모가 주최한 '리멤버 1219' 행사에 참석하여 "시민혁명은 계속되고 있다. 다시 한 번 나서달라."고 발언하고, ② 2004. 2. 5. 강원지역 언론인 간담회에서 "'국참 0415' 같은 사람들의 정치참여를 법적으로나 정치적으로 허용하고 장려해 주어야 한다."고 발언하여, 공선법 제9조 제1항, 제59조, 제87조 및 헌법 제69조를 위반하였다.

다) 2004. 2. 27.자 중앙일보 보도에 의하면 '17대 총선 열린우리당 전략기획'이라는 문건에는 총선후보 영입을 위해 '당, 정부, 청와대가 함께 참여하는 컨트롤 타워 구성'이 필요하다고 되어 있고, '先당 ·

中청·後정'이라는 총선 위주의 국정운영 순위를 매겨놓고 있는바, 이는 청와대의 조직적인 선거개입을 확인하는 것으로서 피청구인이 이와 같이 특정 정당의 총선 전략을 지휘한 것은 공선법 제9조 제1항, 제86조 제1항 제2호를 위반한 것이다.

라) 피청구인은 ① 2004. 1. 14. 연두기자회견에서, "개혁을 지지한 사람과 개혁이 불안해 지지하지 않은 사람들이 있어서 갈라졌고, 대선 때 날 지지한 사람들이 열린우리당을 하고 있어 함께 하고 싶다."고 발언하고, ② 2003. 12. 24. 측근들과의 회동에서 "민주당을 찍으면 한나라당을 돕는다."고 발언하여, 공선법 제9조 제1항, 헌법 제8조 제3항, 제11조 제1항을 위반하였다.

마) 피청구인은 국민을 협박하여 특정 정당 지지를 유도하고 총선민심에 영향을 미치는 언행을 반복함으로써 공선법 제237조 제1항 제3호, 헌법 제10조, 제19조, 제24조를 위반하였다.

2) 헌법기관을 경시한 행위 등

가) 피청구인은 2003. 4. 25. 국회인사청문회의 고영구 국가정보원장 후보자에 대한 부적격 판정을 묵살함으로써 헌법 제66조 제2항, 제69조, 제78조, 국가정보원법 제7조 제1항을 위반하였다.

나) 피청구인은 2003. 5. 8. 대국민 인터넷 서신을 통하여 현직 국회의원들을 '뽑아버려야 할 잡초'라는 취지로 표현함으로써 헌법 제66조 제2항, 제69조, 국가공무원법 제63조, 형법 제311조를 위반하였다.

다) 피청구인은 2003. 9. 3. 김두관 행정자치부장관 해임건의안 의결을 수용하는 것을 해태하여 거부하는 듯한 자세를 취함으로써 헌법 제63조 제1항, 제66조 제2항, 제69조를 위반하였다.

라) 피청구인은 ① 2004. 3. 4. 청와대 홍보수석을 통하여 선거중립의무의 준수를 요청하는 중앙선거관리위원회의 결정에 대해 유감을 표명하고, ② 같은 날 현행 선거관련법에 대해 '관권선거시대의 유물'이라고 폄하하고, ③ 같은 달 8. 자신의 공선법 제9조 위반행위를 '경미한 것', '미약하고 모호한 것'이라고 평가절하 함으로써, 헌법 제40조, 제66조 제2항, 제69조를 위반하였다.

마) 피청구인은 2004. 3. 8. 국회의 탄핵 추진에 대하여 '부당한 횡포'라고 발언하여 헌법 제65조 제1항, 제66조 제2항, 제69조를 위반하였다.

바) 피청구인은 2003. 10. 10. 기자회견에서 최도술의 SK비자금 수수 의혹과 관련하여 "수사가 끝나면 무엇이든 간에 이 문제를 포함해 그 동안 축적된 국민 불신에 대해서 국민에게 재신임을 묻겠다."고 발언하고, 같은 달 13. 국회에서 행한 시정연설에서 "국민투표는 법리상 논쟁이 없는 것은 아니지만 정치적 합의가 이뤄지면 현행법으로도 가능할 것", "정책과 결부시키는 방법이 논의되고 있지만 그렇게 안 하는 것이 좋겠고 어떤 조건도 붙이지 않겠다.", "재신임을 받을 경우 연내에 내각과 청와대를 개편하고 국정쇄신을 단행할 계획"이라고 발언하여, 헌법 제66조 제2항, 제69조, 제72조를 위반하였다.

(나) 권력형 부정부패

1) 썬앤문 관련 불법정치자금 수수 등

가) 피청구인은 2002. 6. 안희정으로 하여금 썬앤문(대표 문병욱)에 대한 감세청탁을 국세청에 하도록 하여 썬앤문의 세금 171억 원이 23억 원으로 감액되었는바, 이는 형법 제129조 제2항, 특정범죄가중처벌등에 관한법률 제3조를 위반한 것이다.

나) 피청구인은 2002. 11. 9. 서울 리츠칼튼호텔 일식당에서 이광재의 주선으로 문병욱과의 조찬자리에 참석하였고, 피청구인이 조찬을 마치고 나간 직후 이광재는 문병욱으로부터 1억 원을 수수하였는데, 이는 정치자금에관한법률(이하 '자금법'이라 함) 제30조, 형법 제32조 위반에 해당한다.

다) 피청구인은 2002. 7. 7. 김해관광호텔에서 문병욱으로부터 돈뭉치 2개(1억 원 정도로 추정)를 받아 수행비서 여택수에게 건네줌으로써 형법 제129조, 국가공무원법 제61조, 자금법 제30조를 위반하였다.

2) 대선캠프 관련 불법정치자금 수수

노무현 대선캠프의 정대철 공동선거대책위원장은 9억 원, 이상수 총무위원장은 7억 원, 이재정 유세본부장은 10억 원의 불법정치자금을 각각 수수, 이를 노무현 대선캠프에 전달하였는데, 피청구인은 여기에 관여하였으므로 자금법 제30조 위반에 해당한다.

3) 측근비리 연루

가) 최도술과 관련된 비리

최도술은 ① 2002. 5. 장수천과 관련한 피청구인의 채무변제를 위해 새천년민주당 부산지역 선거대책위원회 계좌에 남아있던 지방선거 잔금 중 2억 5천만 원을 횡령하여 장수천 대표 선봉술에게 전달하였고, ② 2002. 12.부터 2003. 2. 6. 사이에 장수천 채무변제를 위해 불법자금 5억 원을 모아 선봉술에게 전달하였으며, ③ 2002. 3.부터 같은 해 4. 사이에 피청구인의 대통령후보 경선자금을 마련하기 위해 차명계좌를 통해 1억 원의 불법자금을 수수하였고, ④ 대통령선거 이후 넥센타이어 등에서 2억 9,650만 원의 불법자금을 수수하였으며, ⑤ 청와대 총무비서관으로 재직하는 동안 삼성 등으로부터 4천7백만 원을 수수하였고, ⑥ 대통령선거 직후 SK로부터 11억 원 가량의 양도성 예금증서를 받았는바, 이러한 최도술의 행위는 피청구인의 지시나 묵인이 없으면 불가능하므로, 피청구인의 이러한 행위는 국가공무원법 제61조 제1항, 자금법 제30조, 범죄수익은닉의규제및처벌등에관한법률 제3조, 형법 제129조, 제356조, 제31조, 제32조 위반에 해당한다.

나) 안희정과 관련된 비리

① 2002. 8. 29.부터 2003. 2. 사이에 강금원은 이기명 소유의 땅을 위장 매매하는 방식으로 19억 원의 불법자금을 제공하였고, ② 안희정은 2002. 9.부터 같은 해 12.까지 7억 9천만 원의 불법자금을 모아 선봉술 등에게 전달하였으며, ③ 안희정은 대통령후보 경선 당시 5천만 원, 대통령선거 당시 삼성으로부터 30억 원, 2003. 3.부터 같은 해 8. 사이에 10억 원의 불법자금을 수수하였는데, 피청구인은 이

를 지시, 방조하였으므로 특정범죄가중처벌등에관한법률 제2조, 국가공무원법 제61조 제1항, 자금법 제30조, 형법 제31조, 제32조를 위반한 것이다.

다) 여택수와 관련된 비리

여택수는 청와대 행정관으로 재직 시 롯데로부터 3억 원의 불법자금을 수수하여 그 가운데 2억 원을 열린우리당에 창당자금으로 제공하였는데, 피청구인은 여기에 관여하였으므로 국가공무원법 제61조 제1항, 자금법 제30조, 형법 제129조, 제31조, 제32조를 위반한 것이다.

라) 양길승과 관련된 비리

청와대 부속실장이던 양길승은 2003. 6. 조세포탈 등의 혐의로 수사를 받고 있던 이원호로부터 향응을 제공받고 수사무마 청탁 등을 하였다는 혐의로 구속되었다.

4) 정계은퇴 공언

피청구인은 2003. 12. 14. 청와대 정당대표 회동에서 피청구인 측의 불법정치자금 규모가 한나라당의 10분의 1을 넘으면 정계를 은퇴할 것이라고 공언하였고, 2004. 3. 8. 현재 검찰수사 결과 7분의 1 수준에 이르고 있는데도 은퇴공약을 무시함으로써 헌법 제69조, 국가공무원법 제63조, 자금법 제30조를 위반하였다.

(다) 국정파탄

피청구인은 국가원수이자 국정의 최고책임자로서 국민을 통합시키고 국가발전과 경제성장에 모든 역량을 결집시킴으로써 국민의 행복추구권 보장과 복리증진을 위하여 성실히 노력하여야 할 헌법상의 책무를 저버린 채, 성장과 분배간의 정책목표에 일관성이 없고, 노사간의 권리의무관계에 대하여는 뚜렷한 정책방향 없이 흔들려 산업현장의 불확실성을 가중시켰으며, 정책당국자간의 혼선과 이념적 갈등을 야기하여 경제 불안을 가중시켜왔고, 대통령으로서의 모든 권한과 노력을 특정 정당의 총선 승리를 위하여 쏟아 붓는 등 불성실하게 직무를 수행하여 왔으며, "대통령 못 해 먹겠다."는 발언을 하거나 재신임국민투표를 제안하고, 정계은퇴를 공언하는 등으로 무책임하고 경솔한 국정운영을 함으로써 국민을 분열시키고 경제를 파탄에 이르게 하여 헌법 제10조, 제69조를 위반하였다.

나. 심판의 대상

(1) 이 사건 심판의 대상은 대통령이 직무집행에 있어서 헌법이나 법률에 위반했는지의 여부 및 대통령에 대한 파면결정을 선고할 것인지의 여부이다.

(2) 헌법재판소는 사법기관으로서 원칙적으로 탄핵소추기관인 국회의 탄핵소추의결서에 기재된 소추사유에 의하여 구속을 받는다. 따라서 헌법재판소는 탄핵소추의결서에 기재되지 아니한 소추사유를 판단의 대상으로 삼을 수 없다. 그러나 탄핵소추의결서에서 그 위반을 주장하

는 '법규정의 판단'에 관하여 헌법재판소는 원칙적으로 구속을 받지 않으므로, 청구인이 그 위반을 주장한 법규정 외에 다른 관련 법규정에 근거하여 탄핵의 원인이 된 사실관계를 판단할 수 있다. 또한, 헌법재판소는 소추사유의 판단에 있어서 국회의 탄핵소추의결서에서 분류된 소추사유의 체계에 의하여 구속을 받지 않으므로, 소추사유를 어떠한 연관관계에서 법적으로 고려할 것인가의 문제는 전적으로 헌법재판소의 판단에 달려있다.

2. 소추위원의 주장 및 피청구인의 답변 요지

가. 소추위원의 주장요지

(1) 탄핵사유에는 공무원이 직무집행에 있어서 헌법이나 법률조항에 위배된 행위뿐만 아니라 직무집행과 관련된 부도덕이나 정치적 무능력·정책 결정상의 과오도 해당된다. 공무원의 직무집행에 있어서 헌법이나 법률에 위배한 '모든' 행위가 탄핵대상이며 '중대한' 위반행위만이 탄핵대상이 되는 것은 아니다. 가사 탄핵제도의 남용을 방지하기 위하여 '중대한 위반행위'로 제한하는 것이 필요하다고 하더라도, 대통령이 헌법상의 의무를 위반하거나 불성실하게 대통령으로서의 직책을 수행하는 것은 다른 위반행위와 달리 헌법이나 법률에 중대하게 위배된 경우임이 명백하다. 한편 대통령의 취임 전 행위도 탄핵대상이 된다.

(2) 대통령의 직무집행에 있어서의 헌법 또는 법률위반행위가 파면까지 가야 할 중대한 것인지 여부를 판단할 권한은 국민이 직접 선출한 국회에 부여되어 있고, 헌법재판소의 심판범위는 탄핵소추절차의 합헌

성·적법성 여부와 탄핵소추된 구체적 위반행위 사실의 존재여부에 한정된다.

(3) 피청구인은 대통령 취임전은 물론 취임 이후에도, 대통령으로서의 자질과 자유민주적 기본질서의 수호의지를 의심케 하고 국론분열을 조장하는 발언 등을 계속 반복적으로 하였다. 또한 수사에 개입하거나 압력을 가함으로써 검찰의 정치적 중립성 및 독립성을 저해하였다. 피청구인은 특정 정당을 위한 불법선거운동을 계속해 왔고 이로 인해 2004. 3. 3. 헌법기관인 중앙선거관리위원회로부터 헌정사상 처음으로 현직 대통령으로서 공선법을 위반했다는 판정과 경고조치를 받았음에도 불구하고 오히려 그 경고를 무시하고 앞으로도 계속해서 선거법에 관계없이 특정정당을 공개 지원하겠다고 하여 법치주의를 정면으로 부정하는 반헌법적인 태도를 보이고 있다.

또한 피청구인은 당선을 전후하여 측근들이 행한 수많은 불법자금수수 및 횡령사건에 직·간접적으로 관여함으로써 정치자금에관한법률 제30조(불법정치자금 수수행위 처벌), 형법 제123조(직권남용죄), 제129조(수뢰죄) 등 각종 법률을 위반하였고 일부 측근비리와 관련하여서는 헌법상 불가능한 국민투표에 의한 재신임문제를 주장하였으며, 불법대선자금과 관련하여서는 일정규모가 넘으면 정계를 은퇴하겠다고 공언하였으면서도 이를 이행하지 않음으로써 헌법 제69조(헌법준수의무) 등 헌법과 법률을 위반하였다.

나아가 한 나라의 대통령으로서 무엇보다도 국민통합과 경제발전 및 국민복리의 증진에 힘써야 함에도 이러한 헌법적 책무를 저버린 채 우리 사회내 여러 계층간의 반목과 질시를 조장하는 발언을 하여 국론을 분열시켰으며, '성장과 분배'간 정책목표의 불확실성 · 정책당국 자간 혼선 등으로 경제 불안을 가중시키고, 경기침체 및 대규모 청년 실업 등을 초래하여 국민경제와 민생을 도탄에 빠지게 하고 국민에게 IMF 외환위기 때보다 더 극심한 고통과 불행을 안겨줌으로써 헌법 제10조(국민의 행복추구권 보장의무), 제69조(국민복리증진을 위하여 성실히 직책을 수행할 의무)를 위반하였다.

국회는 더 이상 이를 방치할 수 없어 부득이하게 헌법을 수호하고 국민의 행복과 나라의 장래를 위해, 헌법과 법률을 위반한 대통령의 실정에 대하여 현행 헌법상 직접적으로 책임을 추궁하고 견제를 할 수 있는 유일한 수단인 탄핵소추를 의결한 것이다.

나. 피청구인의 답변 요지

(1) 적법요건에 관하여

이 사건에서 국회가 탄핵소추의 사유와 증거가 미비한 상태에서 탄핵소추를 졸속으로 의결하여 대통령의 권한을 정지시키고, 헌법재판소에서 탄핵소추의 사유와 증거를 조사하려고 기도하는 것은 탄핵소추권의 남용이다. 한나라당과 새천년민주당은 탄핵소추안의 의결에 참여하지 않는 소속 국회의원들을 출당시키겠다고 협박하였고, 의결에 참가한 국회의원들은 개표소에 커튼이 드리워지지 않은 상태에서 투표를 하였으며, 일부는 투표함에 넣기 전 기표내역을 소속 정당 총무에게 보여주어 공개투표를 하였다. 또한 국회의장은 대리투표를 하였다.

국회의장은 교섭단체인 열린우리당의 대표의원과 협의절차를 거치지 않고 일방적으로 본회의 개의시각을 오후 2시에서 오전 10시로 변경하였다. 국회의장은 열린우리당 소속 국회의원들이 투표에 응할 것인지 여부에 관하여 신중히 상황판단을 함이 없이 한나라당, 민주당 및 자민련 소속 국회의원들의 투표가 종료되자 서둘러 일방적으로 투표종료를 선언하여 열린우리당 소속 국회의원들의 표결권을 침해하였다.

국회의장은 탄핵소추안 심의과정에서 제안자의 취지 설명 없이 유인물을 배포하고 질의와 토론절차를 생략한 채 표결을 강행함으로써 국회법 제93조를 위반하여 국회의원들의 질의 및 토론권을 침해하였다.

이 사건 탄핵소추의결서에서는 피청구인에 대한 탄핵소추사유가 크게 3가지로 구성되어 있는데, 국회가 3가지의 탄핵소추사유 각각에 대하여 개별적인 질의·토론과 표결절차를 거치지 않고 하나의 안건으로 보아 한 차례의 표결로 탄핵소추안을 가결시킨 것은 국회의원의 심의·표결권을 침해하는 것으로서 헌법에 위반된다. 피청구인은 국회의 탄핵소추절차에서 아무런 고지나 의견제출 기회를 받지 못함으로써 적법절차를 위반하였다.

(2) 본안에 관하여

대통령에 대한 탄핵소추와 심판권의 행사는 권력분립의 원칙에 따른 견제와 균형의 테두리를 벗어나지 않도록 대단히 신중하게 이루어져야 한다. 헌법 제65조 제1항의 '그 직무집행에 있어서 헌법이나 법률을 위배한 때'는 너무 모호하여 어떤 종류의 위법행위를 어떻게 범해야 탄핵할 수 있다는 것인지 분명하지 않다. 헌법의 기본질서와 가치, 그리고 권력기관들을 둘러싼 제도적·현실적 역학관계를 고려할 때, 대통령 탄핵사유는 '헌법적 가치와 기본질서를 침해하였다고 볼 수 있을 정도의 중대하고도 명백한 헌법과 법률 위배'로 한정하는 것이 옳다. 이 사건 탄핵소추는 실질적으로 민주적 정당성을 상실한 국회가 임기만료를 목전에 두고 국민이 위임한 권한의 범위를 넘어 당리당략과 감정만을 앞세워 한 것이며, 탄핵을 할 정도의 실체적 사유가 없는데도 불구하고 신중한 조사와 숙고, 민주적 토론, 국민에 대한 설득과정 등을 거치지 않고 졸속으로 처리되었다.

탄핵소추의 첫째 사유인 '선거법 위반'의 경우, 대통령은 정당가입이 허용되는 정치적 공무원으로서 공선법 제9조의 적용대상이 아니며, 그렇지 않더라도 그 발언내용들은 공선법에 위반된다고 보기 어렵다.

둘째 소추사유인 '측근비리'는 상당수가 취임전의 일이며 대통령은 이를 교사하거나 방조하는 등 가담한 일이 없고 그러한 사실이 밝혀진 바도 없어 탄핵요건에 해당되지 않는다.

셋째 소추사유인 이른바 '국정파탄' 부분은 사실과 다를 뿐 아니라, 사실이라 하더라도 대통령의 정치적 무능력이나 정책결정상 잘못은 탄핵사유가 되지 않는다.

3. 탄핵소추의 적법여부에 관한 판단

가. 국회의 의사절차 자율권

국회는 국민의 대표기관이자 입법기관으로서 의사(議事)와 내부규율 등 국회운영에 관하여 폭넓은 자율권을 가지므로 국회의 의사절차나 입법절차에 헌법이나 법률의 규정을 명백히 위반한 흠이 있는 경우가 아닌 한, 그 자율권은 권력분립의 원칙이나 국회의 위상과 기능에 비추어 존중되어야 하며, 따라서 그 자율권의 범위 내에 속하는 사항에 관한 국회의 판단에 대하여 다른 국가기관이 개입하여 그 정당성을 가리는 것은 바람직하지 않고, 헌법재판소도 그 예외는 아니다(헌재 1998. 7. 14. 98헌라3, 판례집 10-2, 74, 83).

또한, 국회의장은 국회법 제10조에 의거 원칙적으로 의사진행에 관한 전반적이고 포괄적인 권한과 책임이 부여되어 있으므로, 본회의의 의사절차에 다툼이 있거나 정상적인 의사진행이 불가능한 경우에 의사진행과 의사결정에 대한 방법을 선택하는 문제는 국회의장이 자율적으로 결정하여야 할 사항으로서, 이러한 국회의장의 의사진행권은 넓게 보아 국회자율권의 일종으로서 그 재량의 한계를 현저하게 벗어난 것이 아닌 한 존중되어야 하므로 헌법재판소도 이에 관여할 수 없는 것이 원칙이다(헌재 2000. 2. 24. 99헌라1, 판례집 12-1, 115, 128).

나. 국회에서의 충분한 조사 및 심사가 결여되었다는 주장에 관하여

피청구인은 국회가 대통령에 대한 탄핵소추를 하려면 소추의 사유와 그 증거를 충분히 조사하여 헌법재판소가 즉시 탄핵심판의 당부를 판단할 수 있을 정도로 소추사유와 증거를 명백하게 밝혀야 한다고 주장한다. 물론, 국회가 탄핵소추를 하기 전에 소추사유에 관하여 충분한 조사를 하는 것이 바람직하나, 국회법 제130조 제1항에 의하면 "탄핵소추의 발의가 있은 때에는 …본회의는 의결로 법제사법위원회에 회부하여 조사하게 할 수 있다."고 하여, 조사의 여부를 국회의 재량으로 규정하고 있으므로, 이 사건에서 국회가 별도의 조사를 하지 않았다 하더라도 헌법이나 법률을 위반하였다고 할 수 없다.

다. 투표의 강제, 투표내역의 공개, 국회의장의 대리투표가 이루어졌다는 주장에 관하여

(1) 한나라당과 민주당이 "탄핵소추안의 의결에 참여하지 않는 소속 국회의원들을 출당시키겠다."고 공언하였다 하더라도, 그것이 오늘날의 정당민주주의 하에서 허용되는 국회의원의 정당기속의 범위를 넘어 국회의원의 양심에 따른 표결권행사(헌법 제46조 제2항, 국회법 제114조의2)를 실질적으로 방해할 정도의 압력 또는 협박이었다고 볼 수 없다.

(2) 개표소의 가림막이 내려지지 않은 채 투표를 하였다든지, 일부 국회의원들이 기표내역을 소속 정당의 총무에게 보여 주었다든지 한 것이

사실이라 하더라도 그로 인하여 국회 표결의 효력에 어떤 영향을 미치는지는 의사절차에 관한 자율권을 가진 국회의 판단을 존중할 사항이라 할 것인데, 국회의장이 투표의 유효성을 인정하여 탄핵소추안의 가결을 선포하였고, 달리 이에 관하여 헌법이나 법률을 명백히 위반한 흠이 있다고 볼 뚜렷한 근거나 자료가 없으므로 헌법재판소로서는 그러한 사유만으로 이 사건 탄핵소추안에 대한 투표 및 가결의 효력을 부인할 수 없다.

(3) 국회의장의 대리투표 주장에 관하여 보건대, 대리투표라 함은 '본인이 기표를 하지 않고 제3자로 하여금 대신하여 투표용지에 기표하도록 하는 것'을 말하는 것이나, 국회의장이 국회의 관례에 따라 의장석에서 투표용지에 직접 기표를 하고 기표내용을 다른 사람들이 알지 못하도록 투표용지를 접은 후 의사직원에게 전달하여 그로 하여금 투표함에 넣게 한 사실이 인정될 뿐이므로, 대리투표에 해당하지 않는다.

라. 본회의 개의시각이 무단 변경되었다는 주장에 관하여

국회법은 개의시각과 관련하여 제72조에서 "본회의는 오후 2시(토요일은 오전 10시)에 개의한다. 다만 의장은 각 교섭단체 대표의원과 협의하여 그 개의시를 변경할 수 있다."고 하여 개의시각을 변경하는 경우에는 각 교섭단체 대표의원과 협의하도록 규정하고 있다. 여기서 '협의'는 의견을 교환하고 수렴하는 절차라는 그 성질상 다양한 방식으로 이루어질 수 있으며, 그에 대한 판단과 결정은 종국적으로 국회의장에게 맡겨져 있다고 할 것인바, 이 사건의 경우 2004. 3. 12.이

지나면 시한의 경과로 탄핵소추안이 폐기됨에도 불구하고 열린우리당 소속 국회의원들의 계속된 본회의장 점거로 인하여 국회법에 따른 정상적인 의사진행을 기대하기 어려웠던 점, 2004. 3. 12. 11시 22분경 개의된 본회의에 열린우리당 소속 국회의원들을 비롯하여 대다수의 국회의원들이 회의장에 출석하고 있었던 점 등을 고려해 보면, 설사 열린우리당의 대표의원과 국회의장이 직접 협의하지 않았다 하더라도 그 점만으로 국회법 제72조에 명백히 위반된 흠이 있다거나, 열린우리당 소속 국회의원들의 심의·표결권이 침해되었다고 보기 어렵다.

마. 투표의 일방적 종료가 선언되었다는 주장에 관하여

피청구인은 열린우리당 소속 국회의원들이 투표에 응할 것인지 여부를 무시한 채 국회의장이 일방적으로 투표종료를 선언하였다고 주장하나, 2004. 3. 12. 국회 본회의 회의록에 의하면 당시 의장이 2, 3 차례에 걸쳐 투표를 하지 아니한 국회의원들에게 투표를 할 것을 촉구하면서, 투표를 더 이상 안 하면 투표를 종료할 것이라고 선언한 사실이 인정된다. 그렇다면 의장이 일방적으로 투표를 종료하여 열린우리당 소속 의원들의 투표권 행사를 방해한 것이라 볼 수 없다.

바. 질의 및 토론절차가 생략되었다는 주장에 관하여

피청구인은 국회의장이 이 사건 탄핵소추안 심의과정에서 국회법 제

93조에 위반하여 제안자의 취지 설명 없이 유인물을 배포하고 질의와 토론절차를 생략한 채 표결을 강행함으로써 국회의원들의 질의·토론권을 침해하였다고 주장한다.

국회법 제93조는 '위원회의 심의를 거치지 아니한 안건에 대해서는 제안자가 그 취지를 설명하도록' 규정하고 있으나, 위 국회 회의록에 의하면 이 사건 탄핵소추안 심의과정에서는 제안자의 취지 설명을 '서면'으로 대체한 사실이 인정되는데, 이러한 방식이 잘못되었다고 볼만한 법적 근거가 없다.

다음으로 질의 및 토론절차를 생략한 것에 관하여 본다. 국회법 제93조는 '본회의는 안건을 심의함에 있어서 질의·토론을 거쳐 표결할 것'을 규정하고 있으므로 탄핵소추의 중대성에 비추어 국회 내의 충분한 질의와 토론을 거치는 것이 바람직하다. 그러나 법제사법위원회에 회부되지 않은 탄핵소추안에 대하여 "본회의에 보고된 때로부터 24시간 이후 72시간 이내에 탄핵소추의 여부를 무기명투표로 표결한다."고 규정하고 있는 국회법 제130조 제2항을 탄핵소추에 관한 특별규정인 것으로 보아, '탄핵소추의 경우에는 질의와 토론 없이 표결할 것을 규정한 것'으로 해석할 여지가 있기 때문에, 국회의 자율권과 법해석을 존중한다면, 이러한 법해석이 자의적이거나 잘못되었다고 볼 수 없다.

사. 탄핵소추사유별로 의결하지 않았다는 주장에 관하여

탄핵소추의결은 개별 사유별로 이루어지는 것이 국회의원들의 표결권을 제대로 보장하기 위해서 바람직하나, 우리 국회법상 이에 대한 명문 규정이 없으며, 다만 제110조는 국회의장에게 표결할 안건의 제목을 선포하도록 규정하고 있을 뿐이다. 이 조항에 따르면 탄핵소추안의 안건의 제목을 어떻게 잡는가에 따라 표결범위가 달라질 수 있으므로, 여러 소추사유들을 하나의 안건으로 표결할 것인지 여부는 기본적으로 표결할 안건의 제목설정권을 가진 국회의장에게 달려있다고 판단된다. 그렇다면 이 부분 피청구인의 주장은 이유가 없다고 할 것이다.

아. 적법절차원칙에 위배되었다는 주장에 관하여

피청구인은 이 사건 탄핵소추를 함에 있어서 피청구인에게 혐의사실을 정식으로 고지하지도 않았고 의견 제출의 기회도 부여하지 않았으므로 적법절차원칙에 위반된다고 주장한다. 여기서 피청구인이 주장하는 적법절차원칙이란, 국가공권력이 국민에 대하여 불이익한 결정을 하기에 앞서 국민은 자신의 견해를 진술할 기회를 가짐으로써 절차의 진행과 그 결과에 영향을 미칠 수 있어야 한다는 법원리를 말한다. 국민은 국가공권력의 단순한 대상이 아니라 절차의 주체로서, 자신의 권리와 관계되는 결정에 앞서서 자신의 견해를 진술할 수 있어야만 객관적이고 공정한 절차가 보장될 수 있고 당사자간의 절차적 지위의 대등성이 실현될 수 있다는 것이다. 그런데 이 사건의 경우, 국회의 탄핵소추절차는 국회와 대통령이라는 헌법기관 사이의 문제이고, 국회의 탄핵소추의결에 의하여 사인으로서의 대통령의 기본권이 침해되는 것이 아니라, 국가기관으로서의 대통령의 권한행사가 정지되는 것이다. 따라서 국가기관이 국민과의 관계에서 공권력을 행사함에 있어서 준수해야 할 법원칙으로서 형성된 적법절차의 원칙을 국가기관에 대하여 헌법을 수호하고자 하는 탄핵소추절차에는 직접 적용할 수 없다고 할 것이고, 그 외 달리 탄핵소추절차와 관련하여 피소추인에게 의견진술의 기회를 부여할 것을 요청하는 명문의 규정도 없으므로, 국회의 탄핵소추절차가 적법절차원칙에 위배되었다는 주장은 이유 없다.

4. 헌법 제65조의 탄핵심판절차의 본질 및 탄핵사유

가. 탄핵심판절차는 행정부와 사법부의 고위공직자에 의한 헌법침해로부터 헌법을 수호하고 유지하기 위한 제도이다. 헌법 제65조는 행정부와 사법부의 고위공직자에 의한 헌법위반이나 법률위반에 대하여 탄핵소추의 가능성을 규정함으로써, 그들에 의한 헌법위반을 경고하고 사전에 방지하는 기능을 하며, 국민에 의하여 국가권력을 위임받은 국가기관이 그 권한을 남용하여 헌법이나 법률에 위반하는 경우에는 다시 그 권한을 박탈하는 기능을 한다. 즉, 공직자가 직무수행에 있어서 헌법에 위반한 경우 그에 대한 법적 책임을 추궁함으로써, 헌법의 규범력을 확보하고자 하는 것이 바로 탄핵심판절차의 목적과 기능인 것이다.

헌법 제65조는 대통령도 탄핵대상 공무원에 포함시킴으로써, 비록 국민에 의하여 선출되어 직접적으로 민주적 정당성을 부여받은 대통령이라 하더라도 헌법질서의 수호를 위해서는 파면될 수 있으며, 파면 결정으로 인하여 발생하는 상당한 정치적 혼란조차도 국가공동체가 자유민주적 기본질서를 수호하기 위하여 불가피하게 치러야 하는 민주주의 비용으로 간주하는 결연한 자세를 보이고 있다. 대통령에 대한 탄핵제도는 누구든지 법 아래에 있고, 아무리 강한 국가권력의 소유자라도 법 위에 있지 않다는 법의 지배 내지 법치국가원리를 구현하고자 하는 것이다.

우리 헌법은 헌법수호절차로서의 탄핵심판절차의 기능을 이행하도록 하기 위하여, 제65조에서 탄핵소추의 사유를 '헌법이나 법률에 대한 위배'로 명시하고 헌법재판소가 탄핵심판을 관장하게 함으로써 탄핵절차를 정치적 심판절차가 아니라 규범적 심판절차로 규정하였고, 이에 따라 탄핵제도의 목적이 '정치적 이유가 아니라 법위반을 이유로 하는' 대통령의 파면임을 밝히고 있다.

나. 헌법은 제65조 제1항에서 "대통령…이 그 직무집행에 있어서 헌법이나 법률에 위배한 때에는 국회는 탄핵의 소추를 의결할 수 있다."고 하여 탄핵사유를 규정하고 있다.

(1) 모든 국가기관은 헌법의 구속을 받으며, 특히 입법자는 입법작용에 있어서 헌법을 준수해야 하고, 행정부와 사법부는 각 헌법상 부여받은

국가권력을 행사함에 있어서 헌법과 법률의 구속을 받는다. 헌법 제65조는 행정부와 사법부의 국가기관이 헌법과 법률의 구속을 받는다는 것을 다시 한 번 강조하면서, 바로 이러한 이유에서 탄핵사유를 헌법위반에 제한하지 아니하고 헌법과 법률에 대한 위반으로 규정하고 있다. 행정부·사법부가 입법자에 의하여 제정된 법률을 준수하는가의 문제는 헌법상의 권력분립원칙을 비롯하여 법치국가원칙을 준수하는지의 문제와 직결되기 때문에, 행정부와 사법부에 의한 법률의 준수는 곧 헌법질서에 대한 준수를 의미하는 것이다.

(2) 여기서 헌법 제65조에 규정된 탄핵사유를 구체적으로 살펴보면, '직무집행에 있어서'의 '직무'란, 법제상 소관 직무에 속하는 고유 업무 및 통념상 이와 관련된 업무를 말한다. 따라서 직무상의 행위란, 법령·조례 또는 행정관행·관례에 의하여 그 지위의 성질상 필요로 하거나 수반되는 모든 행위나 활동을 의미한다. 이에 따라 대통령의 직무상 행위는 법령에 근거한 행위뿐만 아니라, '대통령의 지위에서 국정수행과 관련하여 행하는 모든 행위'를 포괄하는 개념으로서, 예컨대 각종 단체·산업현장 등 방문행위, 준공식·공식만찬 등 각종 행사에 참석하는 행위, 대통령이 국민의 이해를 구하고 국가정책을 효율적으로 수행하기 위하여 방송에 출연하여 정부의 정책을 설명하는 행위, 기자회견에 응하는 행위 등을 모두 포함한다.

헌법은 탄핵사유를 "헌법이나 법률에 위배한 때"로 규정하고 있는데, '헌법'에는 명문의 헌법규정뿐만 아니라 헌법재판소의 결정에 의하여 형성되어 확립된 불문헌법도 포함된다. '법률'이란 단지 형식적 의미의 법률 및 그와 등등한 효력을 가지는 국제조약, 일반적으로 승인된 국제법규 등을 의미한다.

5. 피청구인이 직무집행에 있어서 헌법이나 법률에 위반했는지의 여부

헌법재판소법 제53조 제1항은 "탄핵심판청구가 이유 있는 때에는 헌법재판소는 피청구인을 당해 공직에서 파면하는 결정을 선고한다."고 규정하고 있으므로, 대통령에 대한 파면결정을 선고할 것인가를 판단하기 위해서는 우선, 헌법이 규정하는 탄핵사유가 존재하는지, 즉, '대통령이 그 직무집행에 있어서 헌법이나 법률에 위배했는지'를 살펴보아야 한다. 아래에서는 국회 탄핵소추의결서에 기재된 소추사유를 유형별로 나누어 헌법이나 법률의 위반 여부를 살펴보기로 한다.

가. 기자회견에서 특정정당을 지지한 행위(2004. 2. 18. 경인지역 6개 언론사와의 기자회견, 2004. 2. 24. 한국방송기자클럽 초청 기자회견에서의 발언)

대통령이 2004. 2. 18. 청와대에서 가진 경인지역 6개 언론사와의 기자회견에서 "… 개헌저지선까지 무너지면 그 뒤에 어떤 일이 생길지는 저도 정말 말씀드릴 수가 없다."고 발언하였고, 2004. 2. 24. 전국에 중계된 한국방송기자클럽 초청 대통령 기자회견에서, '정동영 의장은 100석 정도를 목표로 제시했는데 기대와 달리 소수당으로 남게 된다면 어떻게 정국을 운영할 것인지' 등 총선전망을 묻는 기자의 질문에 대하여, "국민들이 압도적으로 지지를 해 주실 것으로 기대한다." "대통령이 뭘 잘 해서 열린우리당에 표를 줄 수 있는 길이 있으면, 정말 합법적인 모든 것을 다하고 싶다." "대통령을 노무현 뽑았으면 나머지

4년 일 제대로 하게 해 줄 거냐 아니면 흔들어서 못 견뎌서 내려오게 할 거냐라는 선택을 우리 국민들이 분명히 해 주실 것이다."는 등의 발언을 한 사실이 인정된다.

한편, 소추의결서에 기재되지 아니한 새로운 사실을 탄핵심판절차에서 소추위원이 임의로 추가하는 것은 허용되지 아니한다. 2004. 3. 11. 대통령의 '총선과 재신임의 연계발언' 부분은 국회 탄핵소추의결서에 적시되지 않은 사실로서 국회의 탄핵의결 이후 소추의원 의견서에 추가된 소추사유이므로, 판단의 대상으로 삼지 않기로 한다.

(1) 선거에서의 공무원의 정치적 중립의무

선거에서의 공무원의 정치적 중립의무는 공무원의 지위를 규정하는 헌법 제7조 제1항, 자유선거원칙을 규정하는 헌법 제41조 제1항 및 제67조 제1항 및 정당의 기회균등을 보장하는 헌법 제116조 제1항으로부터 나오는 헌법적 요청이다.

(가) 헌법 제7조 제1항은 "공무원은 국민 전체에 대한 봉사자이며, 국민에 대하여 책임을 진다."고 하여, 공무원은 특정 정당이나 집단의 이익이 아니라 국민 전체의 복리를 위하여 직무를 행한다는 것을 규정하고 있다. 국민 전체에 대한 봉사자로서의 국가기관의 지위와 책임은 선거의 영역에서는 '선거에서의 국가기관의 중립의무'를 통하여 구체화된다. 국가기관은 모든 국민에 대하여 봉사해야 하며, 이에 따라 정당이나 정치적 세력간의 경쟁에서 중립적으로 행동해야 한다. 그러므로

국가기관이 자신을 특정 정당이나 후보자와 동일시하고 공직에 부여된 영향력과 권위를 사용하여 선거운동에서 특정 정당이나 후보자의 편에 섬으로써 정치적 세력간의 자유경쟁관계에 영향력을 행사해서는 안 된다는 것은 곧 헌법 제7조 제1항의 요청인 것이다.

(나) 헌법 제41조 제1항 및 제67조 제1항은 각 국회의원선거 및 대통령선거와 관련하여 선거의 원칙을 규정하면서 자유선거원칙을 명시적으로 언급하고 있지 않으나, 선거가 국민의 정치적 의사를 제대로 반영하기 위해서는, 유권자가 자유롭고 개방적인 의사형성과정에서 외부로부터의 부당한 영향력의 행사 없이 자신의 판단을 형성하고 결정을 내릴 수 있어야 한다. 따라서 자유선거원칙은 선출된 국가기관에 민주적 정당성을 부여하기 위한 기본적 전제조건으로서 선거의 기본원칙에 포함되는 것이다. 자유선거원칙이란, 유권자의 투표행위가 국가나 사회로부터의 강제나 부당한 압력의 행사 없이 이루어져야 한다는 것뿐만 아니라, 유권자가 자유롭고 공개적인 의사형성과정에서 자신의 판단과 결정을 내릴 수 있어야 한다는 것을 의미한다. 이러한 자유선거원칙은 국가기관에 대해서는, 특정 정당이나 후보자와 일체감을 가지고 선거에서 국가기관의 지위에서 그들을 지지하거나 반대하는 것을 금지하는 '공무원의 중립의무'를 의미한다.

(다) 선거에 있어서 공무원의 중립의무는 정당의 기회균등의 관점에서도 헌법적으로 요청된다. 정당의 기회균등의 원칙은 정당설립의 자유와 복수정당제를 보장하는 헌법 제8조 제1항 및 평등원칙을 규정한 헌법 제11조의 연관관계에서 도출되는 헌법적 원칙이며, 특히 헌법 제116조 제1항은 "선거운동은…균등한 기회가 보장되어야 한다."고 규정하여 선거운동과 관련하여 '정당의 기회균등의 원칙'을 구체화하고 있

다. 정당의 기회균등의 원칙은 국가기관에 대하여 선거에서의 정당간의 경쟁에서 중립적으로 행동할 것을 요청하므로, 국가기관이 특정 정당이나 후보자에게 유리하게 또는 불리하게 선거운동에 영향을 미치는 행위를 금지한다.

(2) 공선법 제9조(공무원의 중립의무 등)의 위반 여부

공선법은 제9조에서 "공무원 기타 정치적 중립을 지켜야 하는 자는 선거에 대한 부당한 영향력의 행사 기타 선거결과에 영향을 미치는 행위를 하여서는 아니 된다."고 하여 '선거에서의 공무원의 중립의무'를 규정하고 있다.

(가) 대통령이 공선법 제9조의 '공무원'에 해당하는지의 문제

공선법 제9조의 '공무원 기타 정치적 중립을 지켜야 하는 자'에 대통령과 같은 정무직 공무원도 포함되는지의 문제가 제기된다.

1) 공선법 제9조는 헌법 제7조 제1항(국민 전체에 대한 봉사자로서의 공무원의 지위), 헌법 제41조, 제67조(자유선거원칙) 및 헌법 제116조(정당의 기회균등의 원칙)로부터 도출되는 헌법적 요청인 '선거에서의 공무원의 중립의무'를 구체화하고 실현하는 법규정이다. 따라서 공선법 제9조의 '공무원'이란, 위 헌법적 요청을 실현하기 위하여 선거에서의 중립의무가 부과되어야 하는 모든 공무원 즉, 구체적으로 '자유선거원칙'과 '선거에서의 정당의 기회균등'을 위협할 수 있는 모든 공무원을 의미한다. 그런데 사실상 모든 공무원이 그 직무의 행사를 통하여 선거에 부당한 영

향력을 행사할 수 있는 지위에 있으므로, 여기서의 공무원이란 원칙적으로 국가와 지방자치단체의 모든 공무원 즉, 좁은 의미의 직업공무원은 물론이고, 적극적인 정치활동을 통하여 국가에 봉사하는 정치적 공무원(예컨대, 대통령, 국무총리, 국무위원, 도지사, 시장, 군수, 구청장 등 지방자치단체의 장)을 포함한다. 특히 직무의 기능이나 영향력을 이용하여 선거에서 국민의 자유로운 의사형성과정에 영향을 미치고 정당간의 경쟁관계를 왜곡할 가능성은 정부나 지방자치단체의 집행기관에 있어서 더욱 크다고 판단되므로, 대통령, 지방자치단체의 장 등에게는 다른 공무원보다도 선거에서의 정치적 중립성이 특히 요구된다.

2) 공선법 제9조에서 공무원에 대하여 선거에서의 중립의무를 요구한 것은 헌법상 자유선거원칙의 요청, 정당의 기회균등의 원칙 및 헌법 제7조 제1항에 헌법적 근거를 둔 '선거에서의 공무원의 중립의무'를 선거법의 영역에서 공무원에 대하여 단지 구체화한 조항으로서, 선거에서의 정치적 중립의무가 요구될 수 없는 국회의원과 지방의회의원을 제외하는 것으로 해석하는 한, 헌법적으로 아무런 하자가 없다. 정당의 대표자이자 선거운동의 주체로서의 지위로 말미암아, 선거에서의 정치적 중립성이 요구될 수 없는 국회의원과 지방의회의원은 공선법 제9조의 '공무원'에 해당하지 않는다. 국가기관에게 선거에서의 중립의무가 부과되는 것은, 정당이 선거에서 공정하게 경쟁할 수 있는 '자유경쟁의 장'을 마련하기 위한 것이다. 국가의 중립의무에 의하여 보장된 '정당간의 자유경쟁'에서 국회의원은 정당의 대표자로서 선거운동의 주역으로 활동하게 되는 것이다. 즉, 국가기관은 선거를 실시하고 공명선거를 보장해야 할 기관으로서 선거에 영향을 미쳐서는 안 되는 반면, 정당은 선거에 영향을 미치는 것을 그 과제로 하고 있는 것이다.

3) 공선법 제9조의 '공무원'의 의미를 공선법상의 다른 규정 또는 다른 법률과의 연관관계에서 체계적으로 살펴보더라도, 공선법에서의 '공무원'의 개념은 국회의원 및 지방의회의원을 제외한 모든 정무직 공무원을 포함하는 것으로 해석된다. 예컨대, 공무원을 원칙적으로 선거운동을 할 수 없는 자로 규정하는 공선법 제60조 제1항 제4호, 공무원의 선거에 영향을 미치는 행위를 금지하는 공선법 제86조 제1항 등의 규정들에서 모두 정무직 공무원을 포함하는 포괄적인 개념으로 사용하고 있다. 뿐만 아니라, 국가공무원법(제2조 등), 정당법(제6조 등) 등 다른 법률들에서도 '공무원'이란 용어를 모두 정무직 공무원을 포함하는 포괄적인 의미로 사용하고 있음을 확인할 수 있다.

4) 따라서 선거에 있어서의 정치적 중립성은 행정부와 사법부의 모든 공직자에게 해당하는 공무원의 기본적 의무이다. 더욱이 대통령은 행정부의 수반으로서 공정한 선거가 실시될 수 있도록 총괄·감독해야 할 의무가 있으므로, 당연히 선거에서의 중립의무를 지는 공직자에 해당하는 것이고, 이로써 공선법 제9조의 '공무원'에 포함된다.

(나) '정치적 헌법기관'으로서의 대통령과 '선거에서의 정치적 중립의무'

대통령이 '정치적 헌법기관이라는 점'과 '선거에 있어서 정치적 중립성을 유지해야 한다는 점'은 서로 별개의 문제로서 구분되어야 한다. 대통령은 통상 정당의 당원으로서 정당의 추천과 지지를 받아 선거운동을 하고 대통령으로 선출된다. 그러므로 대통령은 선출된 후에도 일반적으로 정당의 당원으로 남게 되고, 특정 정당과의 관계를 그대로 유지하게 된다. 현행 법률도 정당의 당원이 될 수 없는 일반 직업공무원과는 달리, 대통령에게는 당원의 자격을 유지할 수 있도록 규정하여(정당법 제6조 제1호) 정당활동을 허용하고 있다. 그러나 대통령은 여당의 정책을 집행하는 기관이 아니라, 행정권을 총괄하는 행정부의 수반으로서 공익실현의 의무가 있는 헌법기관이다. 대통령은 지난 선거에서 자신을 지지한 국민 일부나 정치적 세력의 대통령이 아니라, 국가로서 조직된 공동체의 대통령이고 국민 모두의 대통령이다. 대통령은 자신을 지지하는 국민의 범위를 초월하여 국민 전체에 대하여 봉사함으로써 사회공동체를 통합시켜야 할 책무를 지고 있는 것이다. 국민 전체에 대한 봉사자로서의 대통령의 지위는 선거와 관련하여 공정한 선거관리의 총책임자로서의 지위로 구체화되고, 이에 따라 공선법은 대통령의 선거운동을 허용하고 있지 않다(공선법 제60조 제1항 제4호).

따라서 대통령이 정당의 추천과 지원을 통하여 선거에 의하여 선출되는 정무직 공무원이라는 사실, 대통령에게 정치활동과 정당활동이 허용되어 있다는 사실도 선거에서의 대통령의 정당정치적 중립의무를 부인하는 논거가 될 수 없는 것이다.

(다) 선거에서의 대통령의 '정치적 중립의무'와 '정치적 의견표명의 자유'

모든 공직자는 선거에서의 정치적 중립의무를 부과 받고 있으며, 다른 한편으로는 동시에 국가에 대하여 자신의 기본권을 주장할 수 있는 국민이자 기본권의 주체이다. 마찬가지로, 대통령의 경우에도 소속 정당을 위하여 정당활동을 할 수 있는 사인으로서의 지위와 국민 모두에 대한 봉사자로서 공익실현의 의무가 있는 헌법기관으로서의 대통령의 지위는 개념적으로 구분되어야 한다.

대통령이 선거에 있어서 정치적 중립성을 유지해야 한다는 요청은 대통령의 정치활동의 금지나 정당정치적 무관심을 요구하는 것이 아니다. 정당활동이 금지되어 있는 다른 공무원과는 달리, 대통령은 정당의 당원이나 간부로서, 정당 내부의 의사결정과정에 관여하고 통상적인 정당 활동을 할 수 있으며, 뿐만 아니라 전당대회에 참석하여 정치적 의견표명을 할 수 있고 자신이 소속된 정당에 대한 지지를 표명할 수 있다. 다만, 대통령이 정치인으로서 표현의 자유를 행사하는 경우에도, 대통령직의 중요성과 자신의 언행의 정치적 파장에 비추어 그에 상응하는 절제와 자제를 하여야 하며, 국민의 시각에서 볼 때, 직무 외에 정치적으로 활동하는 대통령이 더 이상 자신의 직무를 공정하게 수행할 수 없으리라는 인상을 주어서는 안 된다. 더욱이, 대통령의 절대적인 지명도로 말미암아 그의 '사인으로서의 기본권행사'와 '직무범위 내에서의 활동'의 구분이 불명확하므로, 대통령이 사인으로서의 표현의 자유를 행사하고 정당활동을 하는 경우에도 그에게 부과된 대통령직의 원활한 수행과 기능유지 즉, 국민 전체에 대한 봉사자라는 헌법 제7조 제1항의 요청에 부합될 수 있도록 해야 한다.

따라서, 대통령은 국가의 원수 및 행정부 수반으로서의 지위에서 직무를 수행하는 때에는 원칙적으로 정당정치적 의견표명을 삼가야 하며, 나아가, 대통령이 정당인이나 정치인으로서가 아니라 국가기관인 대통령의 신분에서 선거관련 발언을 하는 경우에는 선거에서의 정치적 중립의무의 구속을 받는다.

(라) 공선법 제9조의 위반행위

공선법 제9조는 "공무원은 선거에 대한 부당한 영향력의 행사 기타 선거결과에 영향을 미치는 행위를 하여서는 아니 된다."고 하여, 선거에서의 공무원의 중립의무를 실현하기 위하여 금지되어야 할 행위를 규정하고 있다. 구체적으로, 공선법 제9조는 '선거결과에 영향을 미치는 행위'를 위반행위로 규정하면서, 이에 대한 대표적인 예시로서 '선거에 대한 부당한 영향력의 행사'를 언급하고 있다.

따라서 대통령이 선거에서의 중립의무를 위반했는지의 여부는 무엇보다도 '선거에 대한 부당한 영향력의 행사'의 여부에 있다고 하겠고, 공직자가 공직상 부여되는 정치적 비중과 영향력을 국민 또는 주민 모두에 대하여 봉사하고 책임을 지는 그의 과제와 부합하지 않는 방법으로 사용하여 선거에 영향을 미친다면, 이는 선거에서 공무원에게 허용되는 정치적 활동의 한계를 넘은 것으로 선거에 부당한 영향력을 행사하는 것으로 보아야 한다. 따라서 공무원이 공직자의 지위에서 행동하면서 공직이 부여하는 영향력을 이용하였다면, 선거에 대한 부당한 영향력의 행사를 인정할 수 있는 것이고, 이로써 선거에서의 중립의무에 위반한 것이다.

(마) 대통령의 발언이 공무원의 정치적 중립의무에 위반되는지의 여부

대통령의 발언이 공선법 제9조를 위반했는지의 여부는 발언의 구체적 내용, 그 시기, 빈도수, 구체적 상황 등을 종합적으로 고려할 때, '대통령이 발언을 통하여 공직상 부여되는 정치적 비중과 영향력을 국민 모두에 대하여 봉사하는 그의 지위와 부합하지 않는 방법으로 사용함으로써 선거에 영향을 미쳤는지'의 판단에 달려있다.

1) 여기서 문제되는 기자회견에서의 대통령의 발언은 공직자의 신분으로서 직무수행의 범위 내에서 또는 직무수행과 관련하여 이루어진 것으로 보아야 한다. 위 기자회견들은 대통령이 사인이나 정치인으로서가 아니라 대통령의 신분으로서 가진 것이며, 대통령은 이 과정에서 대통령의 지위가 부여하는 정치적 비중과 영향력을 이용하여 특정 정당을 지지하는 발언을 한 것이다. 따라서 위 기자회견에서의 대통령의 발언은 헌법 제65조 제1항의 의미에서의 '그 직무집행에 있어서' 한 행위에 해당한다.

2) 국회의원선거의 경우, 4년이란 임기 중에 드러난 국회의원, 정당, 교섭단체의 전반적인 의정활동이 다음 선거에서 유권자의 판단자료로서의 중요한 의미를 가지게 된다. 특히 공선법에 규정된 본격적인 선거운동기간 중에는, 정당, 교섭단체, 후보자들은 합법적인 모든 수단을 동원하여 자신의 정책과 정치적 구상 등을 유권자에게 제시하고 경쟁정당이나 경쟁 후보자의 정책을 비판하는 방법 등으로 유권자의 신임과 표를 얻기 위한 치열한 경쟁을 벌이게 된다.

그런데 대통령이 특정 정당을 일방적으로 지지하는 발언을 함으로써 국민의 의사형성과정에 영향을 미친다면, 정당과 후보자들에 대한 정당한 평가를 기초로 하는 국민의 자유로운 의사형성과정에 개입하여 이를 왜곡시키는 것이며, 동시에 지난 수 년간 국민의 신뢰를 얻기 위하여 꾸준히 지속해 온 정당과 후보자의 정치적 활동의 의미를 반감시킴으로써 의회민주주의를 크게 훼손시키는 것이다. 민주주의국가에서 선거운동은, 정권을 획득하려는 다수의 정당과 후보자가 그 간의 정치적 활동과 업적을 강조하고 자신이 추구하는 정책의 타당성을 설득함으로써 유권자의 표를 구하는 자유롭고 공개적인 경쟁인데, 정책과 정치적 활동에 대한 평가를 통하여 유권자의 표를 얻으려는 정당간의 자유경쟁관계는 대통령의 특정 정당을 지지하는 편파적 개입에 의하여 크게 왜곡되는 것이다. 그런데 이 부분 대통령의 발언은 그 직무집행에 있어서 반복하여 특정 정당에 대한 자신의 지지를 적극적으로 표명하고, 나아가 국민들에게 직접 그 정당에 대한 지지를 호소하는 내용이라 할 수 있다. 따라서 대통령이 위와 같은 발언을 통하여 특정 정당과 일체감을 가지고 자신의 직위에 부여되는 정치적 비중과 영향력을 특정 정당에게 유리하게 사용한 것은, 국가기관으로서의 지위를 이용하여 국민 모두에 대한 봉사자로서의 그의 과제와 부합하지 않는 방법으로 선거에 영향력을 행사한 것이고, 이로써 선거에서의 중립의무를 위반하였다.

3) 선거에 대한 영향력 행사가 인정될 수 있는지의 판단은 또한 특정 정당을 지지하는 발언이 행해진 시기에 따라 다르다. 선거와 시간적으로 밀접한 관계가 없는 시기에 위와 같은 내용의 발언이 행해진 경우에는 선거의 결과에 영향을 미칠 가능성이 거의 없거나 적다고 볼 수 있다. 그러나 선거일이 가까워 올수록 특정 정당을 지지하는 대통령의 발언이 선거의 결과에 영향을 미칠 가능성이 더욱 많으므로, 이러한 시기에는 선거에 영향을 미칠 수 있고 편파적으로 작용할 수 있는 모든 행동을 최대한으

로 자제해야 한다는 국가기관의 의무가 있다.

언제부터 국가기관의 편파적 행위가 선거에 특히 영향을 미칠 수 있는가 하는 시점을 명확하게 확정할 수는 없으나, 문제된 대통령의 발언이 행해진 시기는 각 2004. 2. 18., 2. 24.로서 2004. 4. 15.의 국회의원선거를 약 2달 남겨놓은 시점으로서, 이 때부터는 이미 사실상 선거운동의 준비작업이 시작되었다고 볼 수 있고 국가기관의 행위가 선거에 영향을 미칠 개연성이 높다는 의미에서 선거의 인접성을 인정할 수 있으므로, 적어도 이 기간에는 국가기관의 정치적 중립성이 더욱 요청된다고 하겠다.

4) 그렇다면 선거에 임박한 시기이기 때문에 공무원의 정치적 중립성이 어느 때보다도 요청되는 때에, 공정한 선거관리의 궁극적 책임을 지는 대통령이 기자회견에서 전 국민을 상대로, 대통령직의 정치적 비중과 영향력을 이용하여 특정 정당을 지지하는 발언을 한 것은, 대통령의 지위를 이용하여 선거에 대한 부당한 영향력을 행사하고 이로써 선거의 결과에 영향을 미치는 행위를 한 것이므로, 선거에서의 중립의무를 위반하였다.

(3) 공선법 제60조(공무원의 선거운동금지) 위반여부

(가) 선거운동의 개념

공선법은 제58조 제1항에서 '선거운동'의 개념을 '선거운동이라 함은 당선되거나 되게 하거나 되지 못하게 하기 위한 행위'로 정의하고 있다. 공선법은 같은 항 단서에서 '선거운동으로 보지 아니하는 행위'를 열거하고 있는데, 선거에 관한 단순한 의견개진 및 의사표시, 입후보와 선거운동을 위한 준비행위, 정당의 후보자 추천에 관한 단순 지지·반대의 의견개진 및 의사표시, 통상적인 정당활동이 이에 해당한다.

헌법재판소의 판례에 의하면, 공선법 제58조 제1항의 '선거운동'이란, 특정 후보자의 당선 내지 이를 위한 득표에 필요한 모든 행위 또는 특정 후보자의 낙선에 필요한 모든 행위 중 당선 또는 낙선을 위한 것이라는 목적의사가 객관적으로 인정될 수 있는 능동적, 계획적 행위를 말한다(헌재 1994. 7. 29. 93헌가4등, 판례집 6-2, 15, 33 ; 2001. 8. 30. 2000헌마121등, 판례집 13-2, 263, 274).

선거운동인지의 여부를 판단함에 있어서 중요한 기준은 행위의 '목적성'이며, 그 외의 '능동성'이나 '계획성' 등은 선거운동의 목적성을 객관적으로 확인하고 파악하는 데 기여하는 부차적인 요소이다. 행위자의 '목적의지'는 매우 주관적인 요소로서 그 자체로서 확인되기 어렵기 때문에, 행위의 '능동성'이나 '계획성'의 요소라는 상대적으로 '객관화될 수 있는 주관적 요소'를 통하여 행위자의 의도를 어느 정도 객관적으로 파악할 수 있는 것이다.

(나) 대통령의 발언이 선거운동에 해당하는지의 여부

1) 공선법 제58조 제1항은 '당선'의 기준을 사용하여 '선거운동'의 개념을 정의함으로써, '후보자를 특정할 수 있는지의 여부'를 선거운동의 요건으로 삼고 있다. 따라서 선거운동의 개념은 '특정한' 또는 적어도

'특정될 수 있는' 후보자의 당선이나 낙선을 위한 행위여야 한다는 것을 전제로 하고 있다. 물론, 특정 정당의 득표를 목적으로 하는 행위도 필연적으로 그 정당의 추천을 받은 지역구 후보자의 당선을 목표로 하는 행위를 의미한다는 점에서, 특정 정당을 지지하는 발언도 선거운동의 개념을 충족시킬 수 있으나, 이 경우에도 특정 정당에 대한 지지발언을 통하여 당선시키고자 하는 정당 후보자가 특정될 수 있어야 한다. 그러나 이 사건의 발언이 이루어진 시기인 2004. 2. 18.과 2004. 2. 24.에는 아직 정당의 후보자가 결정되지 아니하였으므로, 후보자의 특정이 이루어지지 않은 상태에서 특정 정당에 대한 지지발언을 한 것은 선거운동에 해당한다고 볼 수 없다.

2) 또한, 선거운동에 해당하기 위해서는 특정 후보자의 당선이나 낙선을 목적으로 한다는 행위의 '목적성'이 인정되어야 하는데, 이 사건 발언에 대해서는 그러한 목적의사가 인정될 수 없다.

가) 선거가 국민의 정치적 의사를 제대로 반영하기 위해서는 유권자는 자유롭고 개방적인 의사형성과정에서 자신의 결정을 내릴 수 있어야 한다. 그런데 유권자는 누가 자신이 지지하는 정책방향을 표방하고 실현하고자 하는가를 알아야 하고, 선택할 수 있는 여러 가지의 정책 방향과 입후보자에 관한 정확한 정보를 얻어야만, 비로소 진정한 의미에서 자유롭게 유권자로서의 결정을 내릴 수 있다. 따라서 국민의 알 권리 차원에서, 선거가 다가옴에 따라 기자회견 등을 통하여 유권자 결정의 판단기초가 되는 정보, 즉 정당과 후보자에 관한 정보의 제공이 요구된다. 그러므로 기자회견에서의 선거관련 발언을 모두 엄격하게 선거운동으로 규정하는 것은 정치인의 표현의 자유를 지나치게 제한하게 되는 효과가 있다. 특히, 단기의 선거운동기간 중

에만 선거운동을 허용하면서 그에 대해서도 선거운동의 주체 및 방법 등에 따른 다양한 규제를 가하고 있는 현행 공선법에서, '선거운동'의 개념을 너무 포괄적으로 파악하는 것은 국민의 정치적 활동의 자유가 그만큼 더욱 위축된다는 것을 의미한다. 그렇다면 기자회견 등에서의 발언이 그 자체로서 선거운동에 해당하거나 또는 반대로 선거운동에 해당하지 않는 것이 아니라, 구체적 행위의 태양, 즉 발언의 시기, 내용, 장소, 상황 등을 종합적으로 고려하여 무엇보다도 '기자회견 등의 기회를 이용하여 선거운동을 하고자 하는 상당한 정도의 목적의지가 인정될 수 있는지'의 여부를 개별적으로 판단해야 한다. 여기서 발언의 능동성 및 계획성은 '목적의지'를 인식하는 중요한 기준으로 작용한다.

나) 이 사건의 경우, 발언의 시기가 비록 임박한 2004. 4. 15.의 국회의원 선거와 시간적인 밀접한 연관성을 가지고 있으나, 발언의 내용과 발언이 행해진 구체적 상황에 있어서, 여기서 문제되는 대통령의 발언들은 기자회견에서 기자의 질문에 대한 답변의 형식으로 수동적이고 비계획적으로 행해진 점을 감안한다면, 대통령의 발언에 선거운동을 향한 능동적 요소와 계획적 요소를 인정할 수 없고, 이에 따라 선거운동의 성격을 인정할 정도로 상당한 목적의지가 있다고 볼 수 없다.

3) 그렇다면 피청구인의 발언이 비록 열린우리당에 대한 지지를 국민에게 호소한 것에는 해당할지라도, 특정 후보자나 특정 가능한 후보자들을 당선 또는 낙선시킬 의도로 능동적 · 계획적으로 선거운동을 한 것으로는 보기 어렵다. 따라서 이 부분 피청구인의 행위는 공선법 제60조 제1항 또는 그 벌칙조항인 제255조 제1항에 위반된다고 할 수 없다.

(4) 공선법 제85조 제1항, 제86조 제1항 위반 여부

공선법 제85조 제1항은 공무원이 그 지위를 이용하여 선거운동을 할 수 없도록 하고 있으며, 공무원이 그 소속직원이나 특정기관·업체 등의 임·직원을 대상으로 한 선거운동은 그 지위를 이용한 선거운동으로 보고 있다. 그러나 위에서 본바와 같이 피청구인의 위 발언들은 선거운동에 해당하지 않으므로 더 나아가 살필 것 없이 공선법 제85조 제1항에 위반되지 않는다.

공선법 제86조 제1항은 공무원의 여러 가지 선거관련 행위를 금지하고 있는바, 먼저, 그 제1호는 소속직원 또는 선거구민에게 특정 정당이나 후보자의 업적을 홍보하는 행위를 금지하고 있는데, 피청구인의 발언들에 열린우리당의 업적을 홍보하는 내용은 없으므로 여기에 해당하지 않는다. 다음으로 제2호 내지 제7호는 구성요건 그 자체로서 피청구인의 발언들과 무관함이 분명하다. 따라서 공선법 제86조 제1항 위반도 인정되지 않는다.

나. 그 밖의 총선과 관련하여 발언한 행위

(1) 2003. 12. 19. 리멤버 1219 행사에서의 발언

대통령이 2003. 12. 19. 노사모 등 개혁네티즌연대가 주최한 '리멤버 1219' 행사에 참석하여 "여러분의 혁명은 아직 끝나지 않았다. 시민혁명은 지금도 계속되고 있다.""존경하는 우리 노사모 회원 여러분,

그리고 시민 여러분, 다시 한 번 나서달라."고 발언한 사실이 인정된다.

위 발언은, 대통령이 대선 당시 자신을 지지하였던 노사모 등의 단체가 당선 1주년을 축하하기 위하여 피청구인을 초청하여 축하행사를 하던 자리에서 행한 발언으로서, 문제된 발언의 내용을 연설 전체의 맥락에서 살펴보면 행사의 참석자에게 선거개혁('돈 안 드는 공명선거')이나 정치개혁에 동참해 줄 것을 호소하는 발언이거나 단지 '포괄적으로 자신에 대한 지지를 요청'하는 발언으로, 선거와 관련하여 특정 정당에 대한 지지를 호소하거나 시민단체의 불법적 선거운동을 권유하는 발언으로 보기 어렵다. 따라서 대통령의 위 발언은 허용되는 정치적 의견표명의 범주를 벗어나지 않는 것으로서 선거에서의 정치적 중립의무에 위반되거나 사전선거운동에 해당된다고 할 수 없다. 또한, 그 외 다른 법위반에 해당한다고도 볼 수 없다. 다만, 대통령의 특정 시민단체에 대한 편파적 행동은 대통령을 지지하는 국민의 집단과 그를 지지하지 않는 국민의 집단으로 나라가 양분되는 현상을 초래함으로써, 모든 국민의 대통령으로서 국가공동체를 통합시켜야 할 책무와도 부합하지 않으며, 나아가 정부 전반에 대한 국민의 불신으로 이어질 수 있다.

(2) 2003. 12. 24. 전직 비서관과의 청와대 오찬에서의 발언

대통령이 2003. 12. 24. 국회의원선거에 입후보하기 위하여 퇴임한 전직 비서관등 9명과의 청와대 오찬에서 "내년 총선은 한나라당을 하

나의 세력으로 하고 대통령과 열린우리당을 한 축으로 하는 구도로
가게 될 것이다.""내년 총선에서 민주당을 찍는 것은 한나라당을 도와
주는 것으로 인식될 것"이라는 등의 발언을 한 사실이 인정된다.

대통령 부부가 9명의 전직 청와대 비서관·행정관들과 가진 청와대
오찬의 경우, 우선 모임의 성격이 대통령의 지위에서 가진 모임이라기
보다는 사적인 모임의 성격이 짙고, 위 발언의 내용에 있어서도 대통
령이 공직상 부여되는 정치적 영향력을 이용하여 선거에 부당한 영향
을 미치고자 하는 의도가 있는 것으로 보기 어렵다. 대통령의 위 발
언은 발언의 상대방, 그 경위와 동기 등을 종합하여 볼 때 정치적 의
견표명의 자유를 행사한 것으로서 헌법상 표현의 자유에 의하여 정
당화되는 행위이며, 정치적 공무원에게 허용되는 정치적 활동의 한계
를 넘지 않은 것이다.

(3) 2004. 1. 14. 연두기자회견에서의 발언

2004. 1. 14. 연두기자회견에서 대통령이 "개혁을 지지한 사람과 개
혁이 불안해 지지하지 않은 사람들이 있어서 갈라졌고, 대선 때 날 지
지한 사람들이 열린우리당을 하고 있어 함께 하고 싶다."고 발언한 사
실이 인정된다.

위 발언은 '대통령의 열린우리당 입당시기'를 묻는 기자의 질문에
대한 답변으로서, 법적으로 정당가입이 허용된 대통령이 자신이 지지

하는 정당을 밝히고 그 정당에의 가입여부 및 그 시기에 관하여 자신의 입장을 밝힌 것에 지나지 않는다. 따라서 대통령이 위 발언을 통하여 선거와 관련하여 특정 정당을 지지하고 이로써 선거에 영향을 미치고자 한 것이 아니므로, 선거에서의 공무원의 중립의무를 위반하였거나 선거운동을 한 것으로 볼 수 없다.

(4) 2004. 2. 5. 강원지역 언론인 간담회에서의 발언

대통령이 2004. 2. 5. 강원지역 언론인 간담회에서 "국참 0415 같은 사람들의 정치참여를 법적으로나 정치적으로 허용하고 장려해 주어야 한다."고 발언한 사실이 인정된다.

위 발언은 "당선운동을 표명하고 나선 국민참여 0415의 경우 불법 선거 개입의 논란 여지가 있는데 이에 대하여 어떻게 생각하는가."라는 질문에 대한 발언으로서, '선거문화를 한 단계 발전시키기 위해서는 시민들의 자발적인 참여와 활동이 장려되어야 하고, 이를 위해서는 국민의 정치참여가 법적으로 되도록 넓게 허용되어야 하며, 적어도 법에 저촉되지 않는 범위 내에서 법적 해석을 관대하게 해야 한다'는 취지로 이해된다. 따라서 위의 발언은 단지 국민의 정치참여 현상에 관한 자신의 견해를 밝힌 것에 지나지 않으므로, 선거에서의 중립의무나 선거운동금지에 위반한 것으로 볼 수 없다.

(5) 2004. 2. 27.자 중앙일보에 보도된 "17대 총선 열린우리당 전략 기획"

2004. 2. 27.자 중앙일보에 "17대 총선 열린우리당 전략 기획"이라는 대외비 문건에 관하여 보도되었고, 이로써 청와대의 조직적 선거개입의 의혹이 제기되었으나, 이 사건의 변론과정에서 드러난 모든 증거에 의하더라도 피청구인이 열린우리당의 선거전략을 지휘하거나 그에 관여한 사실이 인정되지 않으므로, 이 부분 소추사유는 이유 없다.

(6) 국민을 협박하여 자유선거를 방해한 행위

이 부분 소추사유는 구체적 사실을 특정하지도 않은 채, '국민을 협박하여 특정 정당의 지지를 유도하고 총선 민심에 영향을 미치는 언행을 반복함으로써' 국민의 자유선거를 방해하였다고 주장하는 것인바, 피청구인의 선거관련 발언들이 일반 공직사회에 파급효를 미쳐 공직자들의 선거중립적 태도에 실질적으로 부정적 영향을 미쳤다거나, 피청구인이 수장으로 있는 행정부 조직이 특정 정당을 위하여 선거에 개입하였다거나, 선거관리위원회의 공정한 선거관리 기능에 장애를 초래하였다고 볼 자료가 없고, 이로써 국민들의 선거에 관한 자유로운 의사형성을 저해·왜곡하였다거나 자유로운 투표권의 행사를 방해하였다고 볼 여지가 없다. 따라서 피청구인의 선거관련 발언들이 자유선거를 방해하였다거나 선거방해죄에 관한 규정인 공선법 제237조 제1항 제3호에 위반된다고 할 수 없다.

다. 헌법을 준수하고 수호해야 할 의무(헌법 제66조 제2항 및 제 69조)와 관련하여 문제되는 행위

(1) 헌법을 준수하고 수호해야 할 대통령의 의무

헌법은 제66조 제2항에서 대통령에게 '국가의 독립·영토의 보전· 국가의 계속성과 헌법을 수호할 책무'를 부과하고, 같은 조 제3항에 서 '조국의 평화적 통일을 위한 성실한 의무'를 지우면서, 제69조에서 이에 상응하는 내용의 취임선서를 하도록 규정하고 있다. 헌법 제69조 는 단순히 대통령의 취임선서의무만을 규정한 것이 아니라, 헌법 제66 조 제2항 및 제3항에 규정된 대통령의 헌법적 책무를 구체화하고 강 조하는 실체적 내용을 지닌 규정이다.

헌법 제66조 제2항 및 제69조에 규정된 대통령의 '헌법을 준수하 고 수호해야 할 의무'는 헌법상 법치국가원리가 대통령의 직무집행과 관련하여 구체화된 헌법적 표현이다. 헌법의 기본원칙인 법치국가원리 의 본질적 요소는 한 마디로 표현하자면, 국가의 모든 작용은 '헌법' 과 국민의 대표로써 구성된 의회의 '법률'에 의해야 한다는 것과 국가 의 모든 권력행사는 행정에 대해서는 행정재판, 입법에 대해서는 헌법 재판의 형태로써 사법적 통제의 대상이 된다는 것이다. 이에 따라, 입법 자는 헌법의 구속을 받고, 법을 집행하고 적용하는 행정부와 법원은 헌법과 법률의 구속을 받는다. 따라서 행정부의 수반인 대통령은 헌법 과 법률을 존중하고 준수할 헌법적 의무를 지고 있다.

'헌법을 준수하고 수호해야 할 의무'가 이미 법치국가원리에서 파생되는 지극히 당연한 것임에도, 헌법은 국가의 원수이자 행정부의 수반이라는 대통령의 막중한 지위를 감안하여 제66조 제2항 및 제69조에서 이를 다시 한번 강조하고 있다. 이러한 헌법의 정신에 의한다면, 대통령은 국민 모두에 대한 '법치와 준법의 상징적 존재'인 것이다. 이에 따라 대통령은 헌법을 수호하고 실현하기 위한 모든 노력을 기울여야 할 뿐만 아니라, 법을 준수하여 현행법에 반하는 행위를 해서는 안 되며, 나아가 입법자의 객관적 의사를 실현하기 위한 모든 행위를 해야 한다. 행정부의 법존중 의무와 법집행 의무는 행정부가 위헌적인 것으로 간주하는 법률에 대해서도 마찬가지로 적용된다. 위헌적인

법률을 법질서로부터 제거하는 권한은 헌법상 단지 헌법재판소에 부여되어 있으므로, 설사 행정부가 특정 법률에 대하여 위헌의 의심이 있다 하더라도, 헌법재판소에 의하여 법률의 위헌성이 확인될 때까지는 법을 존중하고 집행하기 위한 모든 노력을 기울여야 한다.

(2) 중앙선거관리위원회의 선거법위반 결정에 대한 대통령의 행위

(가) 2004. 3. 4. 노무현 대통령은 이병완 청와대 홍보수석을 통하여 자신의 선거개입을 경고하는 중앙선거관리위원회의 결정에 대하여, "이번 선관위의 결정은 납득하기 어렵다는 점을 분명히 밝혀두고자 한다.", "이제 우리도 선진민주사회에 걸맞게 제도와 관행이 바뀌어야 한다.", "과거 대통령이 권력기관을 …동원하던 시절의 선거관련법은 이제 합리적으로 개혁되어야 한다.", "선거법의 해석과 결정도 이

러한 달라진 권력문화와 새로운 시대흐름에 맞게 맞춰져야 한다."
고 청와대의 입장을 밝힌 사실이 인정된다. 중앙선거관리위원회 결
정에 대한 2004. 3. 4.자 청와대의 입장이 비록 청와대 내부적으로
는 수석보좌관회의에서 집약된 의견이라고는 하나, 외부로 표명되
는 모든 청와대의 입장은 원칙적으로 대통령의 행위로 귀속되어야
하고, 특히 이 사건의 경우 청와대비서실은 회의의 결과를 대통령에
게 보고하고 승인을 얻어 보좌관 브리핑을 한 사실이 인정되므로,
청와대 홍보수석의 위 발언은 곧 대통령 자신의 행위로 간주되어야
한다. 청와대 홍보수석이 발표한 위 발언내용의 취지는, 중앙선거관
리위원회의 결정에 대하여 유감을 표명하면서, 현행 선거법을 '관권
선거시대의 유물'로 펌하한 것이라 할 수 있다.

(나) 대통령이 현행법을 '관권선거시대의 유물'로 펌하하고 법률의 합헌
성과 정당성에 대하여 대통령의 지위에서 공개적으로 의문을 제기하
는 것은 헌법과 법률을 준수해야 할 의무와 부합하지 않는다. 대통
령이 국회에서 의결된 법률안에 대하여 위헌의 의심이나 개선의 여지
가 있다면, 법률안을 국회로 환부하여 재의를 요구해야 하며(헌법
제53조 제2항), 대통령이 현행 법률의 합헌성에 대하여 의문을 가진
다면, 정부로 하여금 당해 법률의 위헌성여부를 검토케 하고 그 결
과에 따라 합헌적인 내용의 법률개정안을 제출하도록 하거나 또는
국회의 지지를 얻어 합헌적으로 법률을 개정하는 방법(헌법 제52
조) 등을 통하여 헌법을 실현해야 할 의무를 이행해야지, 국민 앞
에서 법률의 유효성 자체를 문제 삼는 것은 헌법을 수호해야 할 의
무를 위반하는 행위이다. 물론, 대통령도 정치인으로서 현행 법률의
개선방향에 관한 입장과 소신을 피력할 수는 있으나, 어떠한 상황
에서, 어떠한 연관관계에서 법률의 개정에 관하여 논의하는가 하는

것은 매우 중요하며, 이 사건의 경우와 같이, 대통령이 선거법위반행위로 말미암아 중앙선거관리위원회로부터 경고를 받는 상황에서 그에 대한 반응으로서 외국의 입법례를 들어가며 현행 선거법을 폄하하는 발언을 하는 것은 법률을 존중하는 태도라고 볼 수 없는 것이다. 모든 공직자의 모범이 되어야 하는 대통령의 이러한 언행은 법률을 존중하고 준수해야 하는 다른 공직자의 의식에 중대한 영향을 미치고, 나아가 국민 전반의 준법정신을 저해하는 효과를 가져오는 등 법치국가의 실현에 있어서 매우 부정적인 영향을 미칠 수 있다. 즉, 법치국가에 대한 대통령의 불투명한 태도 또는 유보적 입장이 국가 전반 및 헌법질서에 미치는 영향은 지대하다 아니할 수 없다. 대통령 스스로가 법을 존중하고 준수하지 않는다면, 다른 공직자는 물론, 국민 누구에게도 법의 준수를 요구할 수 없는 것이다.

(다) 결론적으로, 대통령이 국민 앞에서 현행법의 정당성과 규범력을 문제 삼는 행위는 법치국가의 정신에 반하는 것이자, 헌법을 수호해야 할 의무를 위반한 것이다.

(3) 2003. 10. 13. 재신임 국민투표를 제안한 행위

국회의 소추의결서는 세 번째 소추사유인 '불성실한 직무수행과 경솔한 국정운영'과 관련하여 '위헌적인 재신임 국민투표의 제안'을 구체적으로 언급하고 있고, 청구인이 탄핵심판을 청구한 후 제출한 의견서를 통하여 이를 구체화하였으므로, 판단의 대상으로 삼기로 한다.

(가) 대통령이 2003. 10. 13. 국회에서 행한 '2004년도 예산안 시정연설'
에서 "저는 지난주에 국민의 재신임을 받겠다는 선언을 했다.…제가
결정할 수 있는 일은 아니지만, 국민투표가 옳다고 생각한다. 법리
상 논쟁이 없는 것은 아니지만 정치적 합의가 이루어지면 현행법으
로도 '국가안보에 관한 사항'을 좀더 폭넓게 해석함으로써 가능
할 것으로 생각한다."라고 발언하여, 같은 해 12월 중 재신임 국민
투표를 실시할 것을 제안하였고, 이로 인하여 재신임 국민투표의 헌
법적 허용여부에 관한 논란이 야기되었다. 결국, 신임 국민투표의 위
헌성에 관한 다툼은 헌법소원의 제기로 인하여 헌법재판소의 판단
을 받게 되었으나, 헌법재판소가 헌재 2003. 11. 27. 2003헌마694
등 결정에서 5인의 다수의견으로 '심판의 대상이 된 대통령의 행위
가 법적인 효력이 있는 행위가 아니라 단순한 정치적 계획의 표명에
불과하기 때문에 공권력의 행사에 해당하지 않는다.'는 이유로 심
판청구를 부적법한 것으로서 각하하였다.

(나) 헌법 제72조는 "대통령은 필요하다고 인정할 때에는 외교·국방·통
일 기타 국가안위에 관한 중요정책을 국민투표에 붙일 수 있다."고
규정하여 대통령에게 국민투표 부의권을 부여하고 있다. 헌법 제72
조는 대통령에게 국민투표의 실시 여부, 시기, 구체적 부의사항, 설문
내용 등을 결정할 수 있는 임의적인 국민투표발의권을 독점적으로
부여함으로써, 대통령이 단순히 특정 정책에 대한 국민의 의사를 확
인하는 것을 넘어서 자신의 정책에 대한 추가적인 정당성을 확보하거
나 정치적 입지를 강화하는 등, 국민투표를 정치적 무기화하고 정치
적으로 남용할 수 있는 위험성을 안고 있다. 이러한 점을 고려할 때,
대통령의 부의권을 부여하는 헌법 제72조는 가능하면 대통령에 의
한 국민투표의 정치적 남용을 방지할 수 있도록 엄격하고 축소적으
로 해석되어야 한다.

(다) 이러한 관점에서 볼 때, 헌법 제72조의 국민투표의 대상인 '중요정책'
에는 대통령에 대한 '국민의 신임'이 포함되지 않는다. 선거는 '인물
에 대한 결정' 즉, 대의제를 가능하게 하기 위한 전제조건으로서 국
민의 대표자에 관한 결정이며, 이에 대하여 국민투표는 직접민주주의
를 실현하기 위한 수단으로서 '사안에 대한 결정' 즉, 특정한 국가
정책이나 법안을 그 대상으로 한다. 따라서 국민투표의 본질상 '대
표자에 대한 신임'은 국민투표의 대상이 될 수 없으며, 우리 헌법에
서 대표자의 선출과 그에 대한 신임은 단지 선거의 형태로써 이루어
져야 한다. 대통령이 이미 지난 선거를 통하여 획득한 자신에 대한
신임을 국민투표의 형식으로 재확인하고자 하는 것은, 헌법 제72조
의 국민투표제를 헌법이 허용하지 않는 방법으로 위헌적으로 사용
하는 것이다.

대통령은 헌법상 국민에게 자신에 대한 신임을 국민투표의 형식으
로 물을 수 없을 뿐만 아니라, 특정 정책을 국민투표에 붙이면서 이
에 자신의 신임을 결부시키는 대통령의 행위도 위헌적인 행위로서 헌
법적으로 허용되지 않는다. 물론, 대통령이 특정 정책을 국민투표
에 붙인 결과 그 정책의 실시가 국민의 동의를 얻지 못한 경우, 이
를 자신에 대한 불신임으로 간주하여 스스로 물러나는 것은 어쩔
수 없는 일이나, 정책을 국민투표에 붙이면서 "이를 신임투표로 간
주하고자 한다."는 선언은 국민의 결정행위에 부당한 압력을 가하
고 국민투표를 통하여 간접적으로 자신에 대한 신임을 묻는 행위
로서, 대통령의 헌법상 권한을 넘어서는 것이다. 헌법은 대통령에게
국민투표를 통하여 직접적이든 간접적이든 자신의 신임여부를 확인
할 수 있는 권한을 부여하지 않는다.

(라) 뿐만 아니라, 헌법은 명시적으로 규정된 국민투표 외에 다른 형태의 재신임 국민투표를 허용하지 않는다. 이는 주권자인 국민이 원하거나 또는 국민의 이름으로 실시하더라도 마찬가지이다. 국민은 선거와 국민투표를 통하여 국가권력을 직접 행사하게 되며, 국민투표는 국민에 의한 국가권력의 행사방법의 하나로서 명시적인 헌법적 근거를 필요로 한다. 따라서 국민투표의 가능성은 국민주권주의나 민주주의원칙과 같은 일반적인 헌법원칙에 근거하여 인정될 수 없으며, 헌법에 명문으로 규정되지 않는 한 허용되지 않는다.

(마) 결론적으로, 대통령이 자신에 대한 재신임을 국민투표의 형태로 묻고자 하는 것은 헌법 제72조에 의하여 부여받은 국민투표부의권을 위헌적으로 행사하는 경우에 해당하는 것으로, 국민투표제도를 자신의 정치적 입지를 강화하기 위한 정치적 도구로 남용해서는 안 된다는 헌법적 의무를 위반한 것이다. 물론, 대통령이 위헌적인 재신임 국민투표를 단지 제안만 하였을 뿐 강행하지는 않았으나, 헌법상 허용되지 않는 재신임 국민투표를 국민들에게 제안한 것은 그 자체로서 헌법 제72조에 반하는 것으로 헌법을 실현하고 수호해야 할 대통령의 의무를 위반한 것이다.

(4) 국회의 견해를 수용하지 않은 행위

대통령이 2003. 4. 25. 국회 인사청문회가 고영구 국가정보원장에 대하여 부적격 판정을 하였음에도 이를 수용하지 아니한 사실, 2003. 9. 3. 국회가 행정자치부장관 해임결의안을 의결하였음에도 이를 즉시 수용하지 아니한 사실이 인정된다.

(가) 대통령은 그의 지휘·감독을 받는 행정부 구성원을 임명하고 해임할 권한(헌법 제78조)을 가지고 있으므로, 국가정보원장의 임명행위는 헌법상 대통령의 고유권한으로서 법적으로 국회 인사청문회의 견해를 수용해야 할 의무를 지지는 않는다. 따라서 대통령은 국회 인사청문회의 판정을 수용하지 않음으로써 국회의 권한을 침해하거나 헌법상 권력분립원칙에 위배되는 등 헌법에 위반한 바가 없다.

(나) 국회는 국무총리나 국무위원의 해임을 건의할 수 있으나(헌법 제63조), 국회의 해임건의는 대통령을 기속하는 해임결의권이 아니라, 아무런 법적 구속력이 없는 단순한 해임건의에 불과하다. 우리 헌법 내에서 '해임건의권'의 의미는, 임기 중 아무런 정치적 책임을 물을 수 없는 대통령 대신에 그를 보좌하는 국무총리·국무위원에 대하여 정치적 책임을 추궁함으로써 대통령을 간접적이나마 견제하고자 하는 것에 지나지 않는다. 헌법 제63조의 해임건의권을 법적 구속력 있는 해임결의권으로 해석하는 것은 법문과 부합할 수 없을 뿐만 아니라, 대통령에게 국회해산권을 부여하고 있지 않는 현행 헌법상의 권력분립질서와도 조화될 수 없다.

(다) 결국, 대통령이 국회인사청문회의 결정이나 국회의 해임건의를 수용할 것인지의 문제는 대의기관인 국회의 결정을 정치적으로 존중할 것인지의 문제이지 법적인 문제가 아니다. 따라서 대통령의 이러한 행위는 헌법이 규정하는 권력분립구조 내에서의 대통령의 정당한 권한행사에 해당하거나 또는 헌법규범에 부합하는 것으로서 헌법이나 법률에 위반되지 아니한다.

(5) 국회에 대한 비하 발언 등

(가) 대통령이 2003. 5. 8.의 대(對)국민 인터넷 서신에서 "농부는 김매기 때가 되면 밭에서 잡초를 뽑아냅니다… 사리사욕과 잘못된 집단이 기주의에 빠지는 일부 정치인…개혁하라는 국민 대다수의 뜻은 무시하고 개혁의 발목을 잡고 나라의 앞날을 막으려 하는 일부 정치인…"이라는 표현을 한 사실(소추위원측이 주장하는 바와 같이 현직 국회의원들을 '뽑아버려야 할 잡초'로 표현한 것이 아니다), 2004. 3. 8. 국회의 탄핵 추진을 '부당한 횡포'로 표현한 사실이 인정된다.

위 발언들은 정치적 헌법기관으로서 대통령에게 허용되는 정치적 견해의 표명으로서, 정치적 비난의 대상이 될 수는 있을지언정 헌법이나 법률에 위반한 것은 아니다.

(나) 2004. 3. 1. '3·1절 85주년 기념사'에서 용산 미국기지의 이전과 관련하여 "간섭, 침략, 의존의 상징이 어엿한 독립국가로서의 대한민국 국민의 품안에 돌아올 것"이라고 한 발언은 탄핵소추의결서에 포함되어 있지 않으므로, 국회의 탄핵의결 이후 사후적으로 추가된 것으로 보아, 판단의 대상으로 삼지 아니한다.

라. 대통령 측근의 권력형 부정부패

(1) 직무집행 관련성의 시간적 범위

헌법 제65조 제1항은 '대통령…이 그 직무집행에 있어서'라고 하여, 탄핵사유의 요건을 '직무' 집행으로 한정하고 있으므로, 위 규정의 해석상 대통령의 직위를 보유하고 있는 상태에서 범한 법위반행위만이 소추사유가 될 수 있다고 보아야 한다. 따라서 당선 후 취임 시까지의 기간에 이루어진 대통령의 행위도 소추사유가 될 수 없다. 비록 이 시기 동안 대통령직인수에관한법률에 따라 법적 신분이 '대통령당선자'로 인정되어 대통령직의 인수에 필요한 준비작업을 할 수 있는 권한을 가지게 되나, 이러한 대통령당선자의 지위와 권한은 대통령의 직무와는 근본적인 차이가 있고, 이 시기 동안의 불법정치자금 수수 등의 위법행위는 형사소추의 대상이 되므로, 헌법상 탄핵사유에 대한 해석을 달리할 근거가 없다.

(2) 썬앤문 및 대선캠프 관련 불법정치자금 수수 등

이 부분 소추사유들은 피청구인이 2003. 2. 25. 대통령으로 취임하기 전에 일어난 사실에 바탕을 두고 있는 것이어서 대통령으로서의 직무집행과 무관함이 명백하므로 나아가 피청구인이 그러한 불법자금 수수 등에 관여한 사실이 있는지 여부를 살필 것 없이 탄핵사유에 해당하지 않는다.

(3) 측근비리

이 부분 소추사유 중 피청구인이 대통령으로 취임한 후에 일어난 사실에 바탕을 두고 있는 것은, 최도술이 청와대 총무비서관으로 재직하는 동안 삼성 등으로부터 4천 7백만 원을 수수하였다는 부분, 안희정이 2003. 3.부터 같은 해 8.까지 10억 원의 불법자금을 수수하였다는 부분, 여택수 및 양길승에 관한 부분이다. 그러나 이 사건 변론절차에서 현출된 모든 증거에 의하더라도 피청구인이 위 최도술 등의 불법자금 수수 등의 행위를 지시·방조하였다거나 기타 불법적으로 관여하였다는 사실이 인정되지 않으므로 이를 전제로 한 이 부분 소추사유는 이유 없다.

그 밖의 나머지 소추사유들은 피청구인이 대통령으로 취임하기 전에 일어난 사실에 바탕을 두고 있는 것이어서 대통령으로서의 직무집행과 무관함이 명백하므로 나아가 피청구인이 그러한 불법자금 수수 등에 관여한 사실이 있는지 여부를 살필 것 없이 탄핵사유에 해당하지 않는다.

(4) 정계은퇴의 공언

피청구인이 2003. 12. 14. 청와대 정당대표 회동에서 피청구인측의 불법정치자금 규모가 한나라당의 10분의 1을 넘으면 정계를 은퇴할 것이라고 발언한 사실이 인정된다. 그러나 이는 정치상황에 대하여 정치적 신의를 걸고 한 발언으로서 법적인 의무나 책임을 발생시키는 것이라고 보기 어렵고, 그러한 발언을 지킬 것인지의 여부는 정치인으로서 정치적·도의적으로 판단하고 책임질 문제일 뿐이므로 직무집행에 있어서의 헌법 또는 법률위반 행위에 해당할 여지는 없다.

(5) 검찰수사와 관련된 발언

피청구인이 2003. 12. 30. 청와대 송년오찬모임에서 "내가 검찰을 죽이려 했다면 두 번 갈아 마실 수 있었겠지만 그러지 않았다."는 발언을 하는 등 검찰수사를 간섭·방해하였다는 소추사유는 소추의결서에 포함되어 있지 않으므로, 사후적으로 추가된 것으로 보아, 이를 판단의 대상으로 삼지 아니한다.

마. 불성실한 직책수행과 경솔한 국정운영으로 인한 정국의 혼란 및 경제파탄

(1) 이 부분 소추사유는, 취임 후 지금까지 피청구인은 국민경제와 국정을 파탄시켜 국민들에게 극심한 고통과 불행을 안겨주었으며 그 원인은 대통령의 거듭된 말실수, 이라크 파병선언 후 이라크 반전입장 표명, 위헌적인 재신임 국민투표 제안, 정계은퇴 공언 등 진지성과 일관성을 찾을 수 없는 불성실한 직무수행과 경솔한 국정운영, 모든 노력을 총선에 쏟아 붓는 불법 사전선거운동 등의 부당행위에 있다는

것이다. 따라서 피청구인은 국민의 행복추구권과 국가에 의한 기본권 보장의무를 규정한 헌법 제10조와 헌법 제69조에 명시된 '대통령으로서의 직책의 성실한 수행의무'를 위반하였다는 것이다. 이 사건에서 '경제파탄'과 관련된 각종 통계지표가 제시되고 있는바, 최근 1년간 가계부채가 증가하고 청년실업률이 높아지고 정부부채가 증가한 것이 사실이라 하더라도, 그러한 경제악화의 책임을 전적으로 피청구인에게 전가하는 것은 무리라고 할 것이다. 또한 달리 이 사건에서 우리나라 경제가 회복 불가능한 상태로 빠졌다거나 국정이 파탄된 것이라고 단정할 만한 증거가 없다.

(2) 헌법 제69조는 대통령의 취임선서의무를 규정하면서, 대통령으로서 '직책을 성실히 수행할 의무'를 언급하고 있다. 헌법 제69조는 단순히 대통령의 취임선서의 의무만을 규정한 것이 아니라, 선서의 내용을 명시적으로 밝힘으로써 동시에 헌법 제66조 제2항 및 제3항에 의하여 대통령의 직무에 부과되는 헌법적 의무를 다시 한번 강조하고 그 내용을 구체화하는 규정이라는 점은 앞서 언급한 바와 같다.

비록 대통령의 '성실한 직책수행의무'는 헌법적 의무에 해당하나, '헌법을 수호해야 할 의무'와는 달리, 규범적으로 그 이행이 관철될 수 있는 성격의 의무가 아니므로, 원칙적으로 사법적 판단의 대상이 될 수 없다고 할 것이다. 대통령이 임기 중 성실하게 의무를 이행했는지의 여부는 주기적으로 돌아오는 다음 선거에서 국민의 심판의 대상이 될 수 있을 것이다. 그러나 대통령 단임제를 채택한 현행 헌법 하에서는 대통령은 법적으로 뿐만 아니라 정치적으로도 국민에 대하여 직접적으로는 책임을 질 방법이 없고, 다만 대통령의 성실한 직책수행의 여부가 간접적으로 그가 소속된 여당에 대하여 정치적인 반사적 이익 또는 불이익을 가져다 줄 수 있을 뿐이다. 헌법 제65조 제1항은 탄핵사유를 '헌법이나 법률에 위배한 때'로 제한하고 있고, 헌법재판소의 탄핵심판절차는 법적인 관점에서 단지 탄핵사유의 존부만을 판단하는 것이므로, 이 사건에서 청구인이 주장하는 바와 같은 정치적 무능력이나 정책결정상의 잘못 등 직책수행의 성실성여부는 그 자체로서 소추사유가 될 수 없어, 탄핵심판절차의 판단대상이 되지 아니한다.

바. 소결론

(1) 대통령의 2004. 2. 18. 경인지역 6개 언론사와의 기자회견에서의 발언, 2004. 2. 24. 한국방송기자클럽 초청 대통령 기자회견에서의 발언은 공선법 제9조의 공무원의 중립의무에 위반하였다.

(2) 2004. 3. 4. 중앙선거관리위원회의 선거법 위반결정에 대한 대통령의 행위는 법치국가이념에 위반되어 대통령의 헌법수호의무에 위반하였고, 2003. 10. 13. 대통령의 재신임 국민투표 제안행위는 헌법 제72조에 반하는 것으로 헌법수호의무에 위반하였다.

6. 피청구인을 파면할 것인지의 여부

가. 헌법재판소법 제53조 제1항의 해석

헌법은 제65조 제4항에서 "탄핵결정은 공직으로부터 파면함에 그친다."고 규정하고, 헌법재판소법은 제53조 제1항에서 "탄핵심판청구가 이유 있는 때에는 헌법재판소는 피청구인을 당해 공직에서 파면하는 결정을 선고한다."고 규정하고 있는데, 여기서 '탄핵심판청구가 이유 있는 때'를 어떻게 해석할 것인지의 문제가 발생한다.

헌법재판소법 제53조 제1항은 헌법 제65조 제1항의 탄핵사유가 인정되는 모든 경우에 자동적으로 파면결정을 하도록 규정하고 있는 것으로 문리적으로 해석할 수 있으나, 이러한 해석에 의하면 피청구인의 법위반행위가 확인되는 경우 법위반의 경중을 가리지 아니하고 헌법재판소가 파면결정을 해야 하는바, 직무행위로 인한 모든 사소한 법위반을 이유로 파면을 해야 한다면, 이는 피청구인의 책임에 상응하는 헌법적 징벌의 요청 즉, 법익형량의 원칙에 위반된다. 따라서 헌법재판소법 제53조 제1항의 '탄핵심판청구가 이유 있는 때'란, 모든 법위반의 경우가 아니라, 단지 공직자의 파면을 정당화할 정도로 '중대한' 법위반의 경우를 말한다.

나. '법위반의 중대성'에 관한 판단 기준

(1) '법위반이 중대한지' 또는 '파면이 정당화되는지'의 여부는 그 자체로서 인식될 수 없는 것이므로, 결국 파면결정을 할 것인지의 여부는 공직자의 '법위반 행위의 중대성'과 '파면결정으로 인한 효과' 사이의 법익형량을 통하여 결정된다고 할 것이다. 그런데 탄핵심판절차가 헌법의 수호와 유지를 그 본질로 하고 있다는 점에서, '법위반의 중대성'이란 '헌법질서의 수호의 관점에서의 중대성'을 의미하는 것이다. 따라서 한편으로는 '법위반이 어느 정도로 헌법질서에 부정적 영향이나 해악을 미치는지의 관점'과 다른 한편으로는 '피청구인을 파면하는 경우 초래되는 효과'를 서로 형량하여 탄핵심판청구가 이유 있는지의 여부 즉, 파면여부를 결정해야 한다.

(2) 그런데 대통령은 국가의 원수이자 행정부의 수반이라는 막중한 지위에 있고(헌법 제66조), 국민의 선거에 의하여 선출되어 직접적인 민주적 정당성을 부여받은 대의기관이라는 점에서(헌법 제67조) 다른 탄핵대상 공무원과는 그 정치적 기능과 비중에 있어서 본질적인 차이가 있으며, 이러한 차이는 '파면의 효과'에 있어서도 근본적인 차이로 나타난다. 대통령에 대한 파면결정은, 국민이 선거를 통하여 대통령에게 부여한 '민주적 정당성'을 임기 중 다시 박탈하는 효과를 가지며, 직무수행의 단절로 인한 국가적 손실과 국정 공백은 물론이고, 국론의 분열현상 즉, 대통령을 지지하는 국민과 그렇지 않은 국민간의 분열과 반목으로 인한 정치적 혼란을 가져올 수 있다. 따라서 대통령의 경우, 국민의 선거에 의하여 부여받은 '직접적 민주적 정당성' 및 '직무수행의 계속성에 관한 공익'의 관점이 파면결정을 함에 있어서 중요한 요소로서 고려되어야 하며, 대통령에 대한 파면효과가 이

와 같이 중대하다면, 파면결정을 정당화하는 사유도 이에 상응하는 중대성을 가져야 한다. 그 결과, 대통령을 제외한 다른 공직자의 경우에는 파면결정으로 인한 효과가 일반적으로 적기 때문에 상대적으로 경미한 법위반행위에 의해서도 파면이 정당화될 가능성이 큰 반면, 대통령의 경우에는 파면결정의 효과가 지대하기 때문에 파면결정을 하기 위해서는 이를 압도할 수 있는 중대한 법위반이 존재해야 한다.

(3) '대통령을 파면할 정도로 중대한 법위반이 어떠한 것인지'에 관하여 일반적으로 규정하는 것은 매우 어려운 일이나, 한편으로는 탄핵심판절차가 공직자의 권력남용으로부터 헌법을 수호하기 위한 제도라는 관점과 다른 한편으로는 파면결정이 대통령에게 부여된 국민의 신임을 박탈한다는 관점이 함께 중요한 기준으로 제시될 것이다. 즉, 탄핵심판절차가 궁극적으로 헌법의 수호에 기여하는 절차라는 관점에서 본다면, 파면결정을 통하여 헌법을 수호하고 손상된 헌법질서를 다시 회복하는 것이 요청될 정도로 대통령의 법위반행위가 헌법수호의 관점에서 중대한 의미를 가지는 경우에 비로소 파면결정이 정당화되며, 대통령이 국민으로부터 선거를 통하여 직접 민주적 정당성을 부여받은 대의기관이라는 관점에서 본다면, 대통령에게 부여한 국민의 신임을 임기 중 다시 박탈해야 할 정도로 대통령이 법위반행위를 통하여 국민의 신임을 저버린 경우에 한하여 대통령에 대한 탄핵사유가 존재하는 것으로 판단된다.

구체적으로, 탄핵심판절차를 통하여 궁극적으로 보장하고자 하는 헌법질서, 즉 '자유민주적 기본질서'의 본질적 내용은 법치국가원리의 기본요소인 '기본적 인권의 존중, 권력분립, 사법권의 독립'과 민주주의원리의 기본요소인 '의회제도, 복수정당제도, 선거제도' 등으로 구성되어 있다는 점에서(헌재 1990. 4. 2. 89헌가113, 판례집 2, 49, 64), 대통령의 파면을 요청할 정도로 '헌법수호의 관점에서 중대한 법위반'이란, 자유민주적 기본질서를 위협하는 행위로서 법치국가원리와 민주국가원리를 구성하는 기본원칙에 대한 적극적인 위반행위를 뜻하는 것이고, '국민의 신임을 배반한 행위'란 '헌법수호의 관점에서 중대한 법위반'에 해당하지 않는 그 외의 행위유형까지도 모두 포괄하는 것으로서, 자유민주적 기본질서를 위협하는 행위 외에도, 예컨대, 뇌물수수, 부정부패, 국가의 이익을 명백히 해하는 행위가 그의 전형적인 예라 할 것이다. 따라서 예컨대, 대통령이 헌법상 부여받은 권한과 지위를 남용하여 뇌물수수, 공금의 횡령 등 부정부패행위를 하는 경우, 공익실현의 의무가 있는 대통령으로서 명백하게 국익을 해하는 활동을 하는 경우, 대통령이 권한을 남용하여 국회 등 다른 헌법기관의 권한을 침해하는 경우, 국가조직을 이용하여 국민을 탄압하는 등 국민의 기본권을 침해하는 경우, 선거의 영역에서 국가조직을 이용하여 부정선거운동을 하거나 선거의 조작을 꾀하는 경우에는, 대통령이 자유민주적 기본질서를 수호하고 국정을 성실하게 수행하리라는 믿음이 상실되었기 때문에 더 이상 그에게 국정을 맡길 수 없을 정도에 이르렀다고 보아야 한다. 결국, 대통령의 직을 유지하는 것이 더 이상 헌법수호의 관점에서 용납될 수 없거나 대통령이 국민의 신임을 배신하여 국정을 담당할 자격을 상실한 경우에 한하여, 대통령에 대한 파면결정은 정당화되는 것이다.

다. 이 사건의 경우 파면결정을 할 것인지의 여부

(1) 이 사건에서 인정되는 대통령의 법위반 사실의 개요

위에서 확인한 바와 같이, 이 사건에서 문제되는 대통령의 법위반 사실은 크게 기자회견에서 특정 정당을 지지하는 발언을 함으로써 선거에서의 '공무원의 중립의무'에 위반한 사실과, 중앙선거관리위원회의 선거법 위반결정에 대하여 유감을 표명하고 현행 선거법을 폄하하는 발언을 하고 재신임 국민투표를 제안함으로써 법치국가이념 및 헌법 제72조에 반하여 대통령의 헌법수호의무를 위반한 사실로 나누어 볼 수 있다.

(2) 법위반의 중대성에 관한 판단

(가) 대통령은 특정 정당을 지지하는 발언을 함으로써 '선거에서의 중립의무'를 위반하였고, 이로써 국가기관이 국민의 자유로운 의사형성 과정에 영향을 미치고 정당간의 경쟁관계를 왜곡해서는 안 된다는 헌법적 요청에 위반하였다. 그러나 이와 같은 위반행위가 국가조직을 이용하여 관권개입을 시도하는 등 적극적·능동적·계획적으로 이루어진 것이 아니라, 기자회견의 자리에서 기자들의 질문에 응하여 자신의 정치적 소신이나 정책구상을 밝히는 과정에서 답변의 형식으로 소극적·수동적·부수적으로 이루어진 점, 정치활동과 정당활동을 할 수 있는 대통령에게 헌법적으로 허용되는 '정치적 의견표명'과 허용되지 않는 '선거에서의 중립의무 위반행위' 사이의 경계가

불분명하며, 종래 '어떠한 경우에 선거에서 대통령에게 허용되는 정치적 활동의 한계를 넘은 것인지'에 관한 명확한 법적 해명이 이루어지지 않은 점 등을 감안한다면, 자유민주적 기본질서를 구성하는 '의회제'나 '선거제도'에 대한 적극적인 위반행위에 해당한다고 할 수 없으며, 이에 따라 공선법 위반행위가 헌법질서에 미치는 부정적 영향은 크다고 볼 수 없다.

(나) 준법의지를 의심케 하는 대통령의 언행은 사소한 것이라도 국민의 법의식과 준법정신에 막대한 영향을 미친다는 점에서, 대통령이 현행 선거법을 경시하는 발언을 한 것은 법률을 존중하고 집행하기 위한 모든 노력을 다해야 하는 대통령으로서는 가벼운 위반행위라 할 수 없다. 그러나 대통령이 현행 선거법을 '관권선거시대의 유물'로 폄하하는 취지의 발언을 한 것은 현행법에 대한 적극적인 위반행위에 해당하는 것이 아니라, 중앙선거관리위원회의 결정에 대하여 소극적·수동적으로 반응하는 과정에서 발생한 법위반행위이다. 물론, 이러한 발언이 결과적으로 현행법에 대한 경시의 표현이라는 점에서 헌법을 수호해야 할 의무에 위반했다는 비난을 면할 길이 없으나, 위의 발언이 행해진 구체적인 상황을 전반적으로 고려하여 볼 때, 자유민주적 기본질서에 역행하고자 하는 적극적인 의사를 가지고 있다거나 법치국가원리를 근본적으로 문제 삼는 중대한 위반행위라 할 수 없다.

(다) 대통령이 헌법의 대통령제와 대의제의 정신에 부합하게 국정을 운영하는 것이 아니라, 여소야대의 정국에서 재신임 국민투표를 제안함으로써 직접 국민에게 호소하는 방법을 통하여 직접민주주의로 도피하려고 하는 행위는 헌법 제72조에 반할 뿐만 아니라 법치국가이념에도 반하는 것이다. 그러나 이 경우에도 대통령이 단지 위헌적인 재신

임 국민투표의 제안만을 하였을 뿐, 이를 강행하려는 시도를 하지 않았고, 한편으로는 헌법 제72조의 '국가안위에 관한 중요정책'에 재신임의 문제가 포함되는지 등 그 해석과 관련하여 학계에서도 논란이 있다는 점을 감안한다면, 민주주의원리를 구성하는 헌법상 기본원칙에 대한 적극적인 위반행위라 할 수 없고, 이에 따라 헌법질서에 미치는 부정적인 영향이 중대하다고 볼 수 없다.

(3) 소결론

(가) 결국, 대통령의 법위반이 헌법질서에 미치는 효과를 종합하여 본다면, 대통령의 구체적인 법위반행위에 있어서 헌법질서에 역행하고자 하는 적극적인 의사를 인정할 수 없으므로, 자유민주적 기본질서에 대한 위협으로 평가될 수 없다. 따라서 파면결정을 통하여 헌법을 수호하고 손상된 헌법질서를 다시 회복하는 것이 요청될 정도로, 대통령의 법위반행위가 헌법수호의 관점에서 중대한 의미를 가진다고 볼 수 없고, 또한 대통령에게 부여한 국민의 신임을 임기 중 다시 박탈해야 할 정도로 국민의 신임을 저버린 경우에 해당한다고도 볼 수 없으므로, 대통령에 대한 파면결정을 정당화하는 사유가 존재하지 않는다.

(나) 대통령의 권한과 정치적 권위는 헌법에 의하여 부여받은 것이며, 헌법을 경시하는 대통령은 스스로 자신의 권한과 권위를 부정하고 파괴하는 것이다. 특히, 짧은 민주정치의 역사 속에서 국민의 헌법의식이 이제야 비로소 싹트기 시작하였고 헌법을 존중하는 자세가 아직 국민 일반의 의식에 확고히 자리를 잡지 못한 오늘의 상황에서, 헌법

을 수호하고자 하는 대통령의 확고한 태도가 얼마나 중요한지 하는 것은 아무리 강조해도 지나치지 않는다. 대통령은 '법치와 준법의 상징적 존재'로서 자신 스스로가 헌법과 법률을 존중하고 준수해야 함은 물론이고, 다른 국가기관이나 일반 국민의 위헌적 또는 위법적 행위에 대하여 단호하게 나섬으로써 법치국가를 실현하고 궁극적으로 자유민주적 기본질서를 수호하기 위하여 최선의 노력을 기울여야 한다.

7. 결 론

가. 이 심판청구는 헌법재판소법 제23조 제2항에서 요구하는 탄핵결정에 필요한 재판관 수의 찬성을 얻지 못하였으므로 이를 기각하기로 하여, 헌법재판소법 제34조 제1항, 제36조 제3항에 따라 주문과 같이 결정한다.

나. 헌법재판소법 제34조 제1항에 의하면 헌법재판소 심판의 변론과 결정의 선고는 공개하여야 하지만, 평의는 공개하지 아니하도록 되어 있다. 이 때 헌법재판소 재판관들의 평의를 공개하지 않는다는 의미는 평의의 경과뿐만 아니라 재판관 개개인의 개별적 의견 및 그 의견의 수 등을 공개하지 않는다는 뜻이다. 그러므로 개별 재판관의 의견을 결정문에 표시하기 위해서는 이와 같은 평의의 비밀에 대해 예외를 인정하는 특별규정이 있어야만 가능하다. 그런데 법률의 위헌심판, 권한쟁의심판, 헌법소원심판에 대해서는 평의의 비밀에 관한 예외를 인

정하는 특별규정이 헌법재판소법 제36조 제3항에 있으나, 탄핵심판에 관해서는 평의의 비밀에 대한 예외를 인정하는 법률규정이 없다. 따라서 이 탄핵심판사건에 관해서도 재판관 개개인의 개별적 의견 및 그 의견의 수 등을 결정문에 표시할 수는 없다고 할 것이다. 그러나 위의 견해에 대하여, 헌법재판소법 제34조 제1항의 취지는 최종결론에 이르기까지 그 외형적인 진행과정과 교환된 의견 내용에 관하여는 공개하지 아니한다는 평의과정의 비공개를 규정한 것이지, 평의의 결과 확정된 각 관여재판관의 최종적 의견마저 공개하여서는 아니 된다는 취지라고 할 수는 없으며, 동법 제36조 제3항은 탄핵심판과 정당해산심판에 있어 일률적으로 의견표시를 강제할 경우 의견표시를 하는 것이 부적절함에도 의견표시를 하여야만 하는 문제점이 있을 수 있기 때문에 이를 방지하고자 하는 고려에 그 바탕을 둔 법규정으로서, 탄핵심판에 있어 의견을 표시할지 여부는 관여한 재판관의 재량판단에 맡기는 의미로 보아 해석해야 할 것이므로 다수의견과 다른 의견도 표시할 수 있다는 견해가 있었다.

재판관

윤영철(재판장) 김영일 권성 김효종 김경일 송인준

주선회(주심) 전효숙 이상경

〔별지 1〕 소추위원의 대리인 명단: 생략

〔별지 2〕 피청구인 대리인 명단: 생략

〔별지 3〕 국회의 탄핵소추의결서 전문(全文)

대통령(노무현) 탄핵소추의결서

주 문

제246회 국회(임시회) 제2차 본회의(2004. 3. 12)에서 헌법 제65조 제2항의 규정에 의한 찬성을 얻어 대통령(노무현)의 탄핵을 소추한다.

피소추자

성　명: 노무현(盧武鉉)

직　위: 대통령

탄핵소추사유

노무현 대통령은 헌법과 법률을 수호해야 할 국가원수로서의 본분을 망각하고 특정정당을 위한 불법선거운동을 계속해 왔고 이로 인해 2004년 3월 3일 헌법기관인 중앙선거관리위원회로부터 헌정사상 처음으로 현직 대통령이 공직선거및선거부정방지법을 위반했다는 판정과 경고조치를 받았고 그럼에도 불구하고 자숙하기는커녕 오히려 이 경고를 무시하고 앞으로도 계속해서 선거법에 관계없이 특정정당을 공개지원 하겠다고 하여 민주헌정의 근간인 법치주의를 정면으로 부정하는 초헌법적이고 초법적인 독재자적 태도를 보이고 있습니다. 국회는 이러한 법치주의 부정사태를 방치할 수 없습니다. 또한 노무현 대통령은 본인과 측근들의 극심한 권력형 부정부패로 인해 국정을 정상적으로 수행할 수 없는 국가적 위기상황을 초래하였고 노무현 대통령의 불성실한 직책수행과 경솔한 국정운영으로 인한 정치불안 때문에 국정이 파탄지경에 이르러 국민을 극도의 불행에 빠뜨리고 있습니다. 이로써 노무현 대통령은 더 이상 나라를 운영할 자격과 능력이 없음이 극명해졌으므로 헌법을 수호하고 국민의 행복과 나라의 장래를 위해 탄핵소추안을 발의하게 된 것이며, 그 구체적인 세 가지 사유는 다음과 같습니다.

첫째, 노무현 대통령은 줄곧 헌법과 법률을 위반하여 국법질서를 문란케 하고 있습니다.

(가) 2004년 3월 3일 중앙선거관리위원회에서 최근 노무현 대통령의 발언에 대해 공직선거및선거부정방지법 위반으로 결정하였듯이, 노무현 대통령은 2004년 2월 18일 청와대에서 열린 경인지역 6개 언론사와 가진 합동회견에서 "개헌저지선까지 무너지면 그 뒤에 어떤 일이 생길지는 나도 정말 말씀드릴 수가 없다"고 발언함으로써 국민을 겁박하여 특정정당 지지를 유도하였고, 2004년 2월 24일 전국에 생중계된 방송기자클럽 초청 대통령기자회견에서 노무현 대통령은 "앞으로 4년 제대로 하게 해 줄 것인지 못 견뎌서 내려오게 할 것인지 국민이 분명하게 해줄 것"이라며, "국민들이 총선에서 열린우리당을 압도적으로 지지해 줄 것을 기대한다", 또 "대통령이 뭘 잘 해서 우리당이 표를 얻을 수만 있다면 합법적인 모든 것을 다하고 싶다"고 발언하였는 바, 이것은 공직선거및선거부정방지법 제9조 제1항(공무원의 정치적 중립의무)을 위반한 것임과 동시에 동법 제60조 제1항(선거운동을 할 수 없는 자) 및 제85조(지위를 이용한 선거운동금지)와 동법 제86조(공무원 등의 선거에 영향을 미치는 행위금지)를 위반하여 동법 제255조 제1항 제1호(부정선거운동죄)로 처벌받아야 하는 불법적 사전선거운동에 해당합니다.

(나) 2003년 12월 19일 노무현 대통령은 노사모가 주최한 '리멤버 1219' 행사에 참석하여 "시민혁명은 계속되고 있다, 다시 한번 나서달라"고 선동하여 불법선거운동을 독려하였고, 또한 2004년 2월 5일 강원지역 언론인 간담회에서는 "국참 0415같은 사람들의 정치참여를 법적으로나 정치적으로 허용하고 장려해주어야 된다"고 발언하여 헌

법준수 서약을 하고 국법을 수호할 책임이 있는 대통령이 법불복종 운동을 조장한 국가문란 행위를 하였으며, 또한 선거운동원이 아닌 제3자에 의한 어떤 형태의 당선·낙선운동이든 불법선거운동임을 확인한 2001년 8월 30일 헌법재판소의 결정대로 공직선거및선거부정방지법 제87조(단체의 선거운동금지)에 위배되는 부정선거운동을 고무한 것으로서 동법 제9조 제1항(공무원의 정치적 중립의무) 및 제59조(선거운동기간)를 동시에 위반한 것입니다.

(다) 2004년 2월 27일자 중앙일보에 보도된 열린우리당의 총선전략문건에 언급된 '당·정·청 합동지휘부 구성' '합동지휘부의 영입대상자에 대한 강온설득전략 구사' 표현 등에서 청와대의 조직적 선거개입이 확인되었는바, 이는 명백한 불법관권선거이며 청와대의 장(長)인 노무현 대통령은 이를 지휘한 책임이 있어 공직선거및선거부정방지법 제9조 제1항(공무원의 정치적 중립의무) 및 제86조 제1항 제2호(공무원 등의 선거에 영향을 미치는 행위금지 중 선거운동의 기획에 참여하거나 그 기획의 실시에 관여하는 행위의 금지)를 위반하였습니다.

(라) 2004년 1월 14일 연두기자회견에서는 "개혁을 지지한 사람과 개혁이 불안해 지지하지 않은 사람들이 있어서 갈라졌고, 대선때 날 지지한 사람들이 열린우리당을 하고 있어 함께 하고 싶다"고 발언, 민주당을 반개혁 정당으로 규정하였으며 또한 2003년 12월 24일 측근들과의 회동에서 교묘히 사석을 이용하여 "민주당을 찍으면 한나라당을 돕는다"는 발언을 언론에 유포하여 중앙선거관리위원회로부터 2003년 12월 30일 선거의 자유와 공정성을 해칠 우려가 있다는 이유로 '공명선거 협조요청'의 공식제재조치를 받는 등 국가를 대표하는 대통령으로서 특정정당을 배격하고 말살하는 언행을 반복하여 헌법 제8

조 제3항(국가의 정당보호 의무)을 위반하였습니다.

(마) 노무현 대통령은 국민을 협박하여 특정정당 지지를 유도하고 총선민심에 영향을 미치는 언행을 반복함으로써 국민의 자유선거를 방해하는 행위를 하고 있는 바, 이것은 공직선거및선거부정방지법 제237조 제1항 제3호(선거의 자유 방해죄)에 해당하는 위법행위이며 헌법 제24조(국민기본권으로서의 선거권)·제19조(양심의 자유) 및 제10조(기본권을 보장할 국가의 의무)를 위반한 행위입니다.

(바) 노무현 대통령은 위와 같이 행정부의 수반으로서 입법부 구성을 위한 국회의원 총선거에 무단개입함으로써 헌법의 삼권분립 정신을 파괴하였습니다. 또 2004년 3월 4일 노대통령은 이병완 청와대홍보수석을 통해 선거개입을 경고하는 중앙선거관리위원회의 결정에 "납득할 수 없다"고 반발하며 유감을 표명하고 앞으로도 계속 특정정당을 공개지원 하겠다고 말하는 등 다른 헌법기관의 적법한 결정을 정면으로 묵살하는 헌법파괴적 행위를 하였습니다. 다른 헌법기관에 대한 노대통령의 이러한 경시태도는 2003년 4월 25일 국회 인사청문회의 전원일치로 이루어진 고영구 국가정보원장 부적격 판정에 대한 묵살, 현직 국회의원들을 "뽑아버려야 할 잡초"로 매도한 노대통령의 2003년 5월 8일 대(對)국민 인터넷서신, 2003년 9월 3일 김두관 행정자치부장관 해임결의안 의결 수용에 대한 해태(解怠) 등까지 거슬러 올라가고 최근 2004년 3월 8일에는 노대통령이 국회의 적법한 탄핵추진 자체를 "부당한 횡포"로 폄하한 것 등 헤아릴 수 없이 많은 사례에서 확인되고 있습니다. 나아가 2004년 3월 4일 노대통령은 이병완 청와대홍보수석의 입을 통해 대한민국 대통령으로서 다른 나라 법률은 치켜세우고 대한민국 선거법은 "관권선거시대의 유물"

로 폄하함으로써 자국의 헌정질서와 국법을 수호하고 지키려는 의지가 전혀 없음을 드러냈고 국헌과 국법 자체를 부인하였습니다. 또한 2004년 3월 8일 노대통령은 중앙선거관리위원회가 공직선거및선거부정방지법의 핵심조항인 제9조 공무원의 중립의무 조항을 어긴 것으로 판시한 위법행위를 "경미한 것", "미약하고 모호한 것"으로 절하(切下)하였습니다. 중앙선거관리위원회, 국회 등 다른 헌법기관에 대한 부정과 경시, 헌법과 법률에 대한 무시 등 노대통령의 일련의 초법적 행위는 대한민국 헌정체제의 기본정신인 법치주의 자체를 유린하는 것입니다. 이와 같이 대한민국 헌법기관의 권위와 민주헌법의 근간인 법치주의와 삼권분립 원칙을 부정하는 노대통령의 일련의 초헌법적 행동은 법 위에 군림하는 독재자의 행보요 민주주의와 민주헌정의 존립자체를 뒤흔드는 위험천만한 헌법파괴 행동으로서 헌법 제66조 제2항(헌법수호 의무)과 헌법 제69조(헌법준수 의무)를 동시에 위반하고 있는 것입니다.

둘째, 노무현 대통령은 자신과 측근들, 그리고 참모들의 권력형 부정부패로 인해 국정을 정상적으로 수행할 수 있는 최소한의 도덕적·법적 정당성을 상실하였습니다. 노대통령과 측근·참모들은 새천년민주당 대통령후보선출 경선에서 이기자마자 기다렸다는 듯이 그리고 특히 제16대 대통령선거에서 이긴 후에는 노골적으로 불법자금을 모금하고 수수하였으며 일부의 돈은 개인적으로 유용한 자들입니다. 이들은 이와 같은 범죄행각에서 분명해지듯이 국가권력을 행사할 수 있는 최소한의 도덕의식과 준법정신도 결여하고 있습니다.

(가) 노무현 대통령은 2004년 2월 11일부터 13일까지 열린 법제사법위원회 청문회의 증인들의 증언에서 드러났듯이 대통령후보 시절 썬앤문 기업의 감세청탁을 받아 국세청에 직접 감세압력을 가해 썬앤문의 세금 171억 원을 23억 원으로 감세해 주게 만든 범죄를 저질렀습니다.

(나) 노무현 대통령의 대선캠프를 책임졌던 정대철 공동선거대책위원장은 총 9억 원의 불법정치자금을 수수하여 일부를 대선자금으로 사용하고 일부는 개인적으로 유용하였으며, 이상수 총무위원장은 총 7억 원 이상의 불법정치자금을 수수하였고, 이재정 유세본부장은 총 10억 원의 불법정치자금을 수수하고 이를 노무현대선캠프에 전달하여 모두 구속되었습니다.

(다) 최도술, 안희정, 이광재, 양길승, 여택수 등 노대통령 측근들은 줄줄이 불법정치자금을 수수하고 각종 뇌물과 향응을 받은 것으로 확인되었으며, 노무현 대통령은 이들의 비리행위에 직·간접적으로 관여한 공범관계에 있음이 검찰수사 과정에서 확인되었습니다.

① 지금까지 총 19억 원의 불법정치자금을 수수한 것으로 밝혀진 최도술은 노무현 대통령의 고교동창출신 최측근으로서 2002년 5월 장수천과 관련된 노무현 대통령의 부채를 청산하기 위해 새천년민주당 부산지역 선거대책위원회 계좌에 남아 있던 지방선거 잔금 중 2억 5천만 원을 횡령하여 선봉술 장수천 대표에게 전달하였습니다. 이 횡령행위는 검찰수사에서 노무현 대통령의 교사에 의한 것으로 확인되었습니다. 또한 최도술은 남은 장수천 채무변제를 위해 불법자금을 모아 2002년 12월부터 2003년 2월 6일 사이에 총 5억 원을 선봉술에게 전달하였고, 이 결과를 대통령취임 직

전 노무현 대통령에게 보고하였으며 이에 노대통령은 "알았다"고 대답하였다고 법정에서 진술하였습니다. 최도술은 민주당 대통령 후보선출 경선이 있던 2002년 3월부터 4월 사이에 노무현 대통령의 경선자금을 마련하기 위해 차명계좌를 통해 총 1억 원의 불법 정치자금을 수수한 것으로 특별검사의 수사결과 확인되었습니다.

노무현 대통령과 공범관계에 있던 최도술은 대통령 취임후 청와대 총무비서관으로 재직하는 동안 삼성 등으로부터 4천 7백만 원을 수수하였으며, 청와대 공식계좌를 통해 불법자금을 세탁하는 파렴치한 범죄행위를 한 것으로 확인되었습니다. 검찰이 이러한 최도술 비리의 꼬리를 잡자 노무현 대통령은 2003년 10월 7일부터 9일까지 3일간의 인도네시아 공식방문 중에 "눈앞이 캄캄했다"고 말할 정도로 충격을 받았으며, 자신과 연루된 이 범죄를 감추기 위해 위헌적인 재신임국민투표를 기도하여 나라를 뒤흔들고 국민을 협박하였고, 헌법재판소가 이 재신임 국민투표를 사실상 위헌으로 선언했음에도 불구하고 그 후에도 틈만 나면 거듭 재신임 카드로 국민을 위협하고 있습니다. 이것은 노무현 대통령이 최도술과 관련된 권력형부정부패의 규모가 드러난 것보다 훨씬 크고 자신이 이 부패와 깊이 연루되어 있음을 스스로 고백한 것입니다. 이처럼 노무현 대통령은 최도술에게 공당의 선거자금 횡령을 교사하였고 노대통령 자신의 채무변제를 위해 불법정치자금을 모금한 사실을 인지하였으며, 이런 공범관계에 있는 최도술을 청와대총무비서관으로 임명, 재직케 하여 불법정치자금 수수와 청와대의 공식계좌를 통한 불법자금 세탁을 방조한 것입니다.

② 노무현 대통령의 '동업자'이자 분신같은 최측근으로서 지금까지

총 79억 원의 불법정치자금을 수수한 것으로 밝혀진 안희정은 노무현 대통령의 장수천 채무를 갚기 위해 강금원 창신그룹회장과 함께 이기명의 용인땅을 위장매매하는 계획을 수립하였고 이 계획에 따라 강금원은 2002년 8월 29일부터 2003년 2월까지 이기명에게 총 19억 원을 제공하였습니다. 그 뒤 강금원은 계약을 파기하였으나 제공된 금액을 이기명에게 돌려받지 않는 방식으로 노무현 대통령의 개인채무를 청산케 하였습니다. 노무현 대통령은 안희정과 강금원으로부터 이런 불법 위장매매 거래 계획을 사전에 보고받은 것으로 확인되었습니다. 또한 노무현 대통령은 2002년 7월 장수천과 관련하여 담보로 제공했다가 강제경매로 진영상가를 잃게 된 선봉술과 오철주가 손해보전을 요구하자 안희정과 최도술에게 "손해보전을 해주라"고 지시하였고 이에 따라 안희정은 2002년 9월부터 동년 12월까지 총 7억 9천만 원의 불법정치자금을 모금해 선봉술 등에게 전달한 것으로 확인되었습니다. 안희정은 2002년 민주당 대통령후보선출 경선 당시에도 총 5천만 원의 불법정치자금을 수수하여 노무현 대통령의 경선자금으로 사용하였음이 검찰수사 결과 확인되었습니다. 또 검찰은 안희정이 대선 당시 삼성으로부터 총 30억 원의 불법대선자금을 수수한 것으로 확인하였습니다. 또한 안희정은 노무현 대통령 취임 이후인 2003년 3월에서 8월 사이 강금원 조카명의의 차명계좌로 6억 원을 입금받았으며 2003년 3월과 8월 부산지역 기업체 2곳으로부터 총 4억 원을 수수한 것으로 확인되었습니다. 안희정은 수수한 불법자금 중 2억 원으로 아파트를 사는 등 개인적으로 유용하기도 하였습니다. 말하자면 노무현 대통령은 후보시절과 당선자 시절에는 안희정과의 공범관계에서 범죄를 교사하였고, 대통령직무 개시 이후

에는 국민 앞에 안희정을 '동업자'로 소개하면서 안희정의 불법자
금 모금을 방조한 것입니다.

③ 지금까지 총 1억여 원의 불법정치자금을 수수한 것으로 밝혀진 이
광재는 노무현 대통령의 분신같은 최측근으로서 2002년 11월 9
일 서울 리츠칼튼 호텔에서 노무현 대통령이 문병욱 썬앤문회장과
동석한 조찬을 마치고 방을 나간 직후 문병욱으로부터 1억 원의
불법정치자금을 수수하였습니다.

④ 양길승 청와대부속실장은 2003년 6월 조세포탈, 공갈 및 살인교
사 혐의로 수사를 받고 있던 이원호 키스관광나이트 사장으로부
터 향응을 제공받고 수사무마 청탁 등의 혐의로 구속되었습니다.

⑤ 지금까지 총 3억 3천만 원의 불법정치자금을 수수한 것으로 밝혀
진 여택수는 노무현 대통령의 분신같은 수행비서로서 2002년 12
월 7일 노무현 대통령과 함께 있는 자리에서 문병욱으로부터 3천
만 원의 불법정치자금을 수수하였습니다. 또한 노무현 대통령은
이런 공범관계에 있는 여택수를 취임 이후 청와대행정관으로 재직
케 함으로써 롯데로부터 3억 원의 불법자금을 수수토록 방조하
였습니다.

⑥ 더욱 충격적인 것은 노무현 대통령의 방조로 여택수 행정관이 이 3
억 원의 검은 자금 중 2억 원을 열린우리당에 창당자금으로 제공
했다는 것입니다. 여택수는 노무현 대통령의 직접적인 지휘감독 하
에 있는 분신같은 존재이기 때문에 임의로 창당자금을 제공했다
고는 볼 수 없습니다. 노무현 대통령은 이 불법창당자금 제공과
정에서 간접정범 노릇을 한 것입니다. 이 2억 원은 노대통령이 공

법으로 간여하여 조성한 불법창당자금중의 '빙산의 일각'에 불과
한 것으로 추정됩니다.

(라) 노무현 대통령은 2003년 12월 14일 청와대 정당대표 회동에서 자신
의 불법자금 규모가 한나라당의 10분의 1을 넘으면 정계를 은퇴할
것이라고 공언한 바 있습니다. 그런데 노대통령측의 불법정치자금 수
수규모는 113억 원에 달해 이회창 후보측의 불법자금 823억 원의 10
분의 1을 이미 초과하여 7분의 1에 이르고 있습니다. 이것은 수사가
한나라당이 5대 대기업으로부터 받은 불법대선자금에만 치중된 상황
에서 나온 결과입니다. 최근 안희정이 롯데 6억 원, 삼성 30억 원 등
불법대선자금을 수수한 사실이 드러난 것을 기점으로 앞으로 5대 대
기업에 대한 수사가 공정하게 진행될 경우 노무현 대통령측의 불법대
선자금 규모는 더욱 늘어날 것입니다. 따라서 노무현 대통령은 정치
적으로 더 많은 상처를 입기 전에 자신의 정계은퇴 공약에 따라 대통
령직에서 하야하는 것이 마땅할 것입니다. 노대통령은 이미 불법대선
자금이 7분의 1에 육박함으로써 국가원수로서의 국민적 신뢰를 완전
히 상실할 위험에 처했습니다. 그러나 노대통령은 이런 사태에 대한
책임감을 느끼기는 커녕 부패연루 사실을 감추려는 데에만 급급하
여 경솔하게도 대통령으로서의 막중한 직무조차 헌신짝처럼 내던지
겠다는 재신임 협박과 정계은퇴 호언을 반복해 왔고 지금은 이상한
불법자금 액수조작으로 수치놀음을 하고 있습니다. 그러나 이제 불
법대선자금의 규모가 노대통령이 스스로 제시한 '10분지 1'선 이상
인 것으로 드러나기 시작했기 때문에 하야하는 길밖에 남지 않았습니
다. 대통령의 국민적 신뢰 상실은 대통령으로서 직무를 집행할 최소
한의 권위와 지도력이 와해되었다는 것을 뜻합니다. 국민은 대통령의

고백을 마냥 기다릴 수만은 없습니다. 국회도 이 상황을 더 이상 방치할 수 없습니다. 국회는 많은 토론과 번민 그리고 고뇌 끝에 먼저 대통령의 사과를 촉구하고 헌법과 법률을 존중하겠다는 노대통령의 대국민 선언과 다짐을 기다렸습니다. 그러나 대통령은 중앙선관위가 판시한 선거법 위반을 "경미한 것", "미약하고 모호한 것"으로 치부하며 국회의 탄핵논의에 굴복하지 않겠다는 반(反)법치주의적 발언을 계속하면서 끝내 사과와 재발방지 약속을 거부하고 있습니다. 이에 국회는 노대통령이 이처럼 민주헌정의 근간인 법치주의를 부정하고 또 자신의 정계은퇴 공약조차 무시하면서 하야하지 않고 버티기 때문에 절박한 심정으로 법적 절차에 따라 탄핵을 소추하지 않을 수 없는 상황에 직면했습니다.

(마) 나아가 노무현 대통령은 자신이 연루된 비리사건을 호도하기 위해서 재신임 국민투표를 한다느니 재신임의 다른 방법을 찾겠다느니 하면서 검찰과 국민을 협박하고 '10분지 1선을 넘으면 정계은퇴'니 '티코수준', '수백만 원, 수천만 원'이니 하면서 수사의 가이드라인을 제시해 왔습니다. 노대통령은 이렇듯 대통령후보경선자금, 대선자금, 당선축하금, 열린우리당 창당자금 등 4대 불법자금에 대한 수사를 직간접으로 간섭, 방해해온 것입니다. 5대 대기업이 제공한 불법대선자금 수사결과 이회창후보 대선캠프 732억 원 대(對) 노무현후보 대선캠프 36억 원 수수 또는 불법대선자금 전체에 대한 중간수사 결과 823억 원 대 113억 원이라는 액수에서 드러나듯이 4대 불법자금에 대한 수사는 지극히 편파적으로 진행되어 왔고 또한 미진하기 짝이 없으며 '빙산의 일각'을 드러낸 창당자금의 경우는 여택수의 개인비리로 얼버무리고 경선자금의 경우는 겨우 초보단계에 있습니다. 또한 야당의원들의 비리는 경미한 사유로도 구속조치하는데 반해서 대통

령과 가까운 참모들인 열린우리당의 김원기 대통령정치특보, 신계륜 전 대통령당선자 비서실장, 이호웅 전 노무현후보 대선캠프 조직본부 장 등은 무혐의 처리하거나 불구속 입건을 하는 등 면피용수사로 일 관하고 있습니다. 이것은 모두 노무현 대통령의 수사방해 때문인 것 입니다. 검찰수사에 대한 노대통령의 간섭과 방해는 결코 정치적으로 용납할 수 없는 수준에 달했습니다.

(바) 노무현 대통령은 측근비리 및 비리수사 방해와 관련된 도덕적·정치 적 책임을 피할 수 없을 뿐만 아니라 특히 2003년 2월 25일 직무집 행 개시 이후에 측근과의 공범관계에서 측근을 통해 저지른 범죄행위 에 대해서는 법적 책임을 면할 수 없고 따라서 "직무집행에서" 법률 을 위반한 것이 되는 것입니다. 노무현 대통령은 2003년 2월 25일 대 통령으로서의 직무집행 개시 이후에도 안희정, 최도술, 여택수, 양길 승 등의 비리범죄를 방조함으로써 형법 제30조·제31조·제32조·제33 조에 걸쳐 명시된 공범과 동법 제34조의 간접정범으로서 이 공범들의 비리범죄에 직간접적으로 관여해 왔기 때문입니다. 2003년 12월 29일 검찰도 노무현 대통령과 측근들의 공범관계를 인지하고 확인했음을 공개적으로 밝혔습니다. 다만 검찰은 "나름의 결론을 갖고 있으나 대통령의 헌법상 형사소추를 받지 않는 특권, 직무수행의 계속성, 헌 법정신 등에 비춰 그 내용을 공개하는 것은 적절하지 않다"고 밝히 면서 불가피하게 노무현 대통령에 대한 직접수사와 기소를 유보했습 니다. 노무현 대통령은 자신이 공범으로 연루된 부패사건이 드러날 때마다 검찰에게 수사의 방향과 방침을 제시하면서 직간접적으로 수 사에 영향을 미쳤고 자신의 연루 사실을 덮기 위해 재신임 카드로 국 민을 위협하며 경제난 속에서 나라를 뒤흔들어 왔습니다. 측근비리의 공범인 노대통령이 수사를 방해하고 있는 상황에서 검찰이 이른바 '

살아있는 권력'의 권력형 부패사건을 파헤칠 수 없다는 것은 불문가지일 것입니다. 이 때문에 이제 국회가 나서서 헌법과 법률이 정한 절차에 따라 노무현 대통령을 소추할 수밖에 없습니다.

셋째, 우리경제가 세계적인 경기호황 속에서도 이례적으로 미국보다 훨씬 낮은 성장률에 머물러 있는 점에서 드러나듯이 노무현 대통령은 국민경제와 국정을 파탄시켜 민생을 도탄에 빠뜨림으로써 국민에게 IMF위기 때보다 더 극심한 고통과 불행을 안겨 주고 있습니다.

(가) 경제학자들은 노무현 집권 1년을 '국정실패, 잃어버린 1년'으로 규정하였고 지난 대선에서 노무현 대통령을 찍었던 국민들조차 노무현 대통령에게 등을 돌려 집권 1년만에 레임덕에 빠지는 기가 막힌 사태를 맞고 있습니다.

(나) 이러한 국정파탄의 근본원인은 "대통령 못해먹겠다"는 경솔한 발언을 위시한 노무현 대통령의 거듭된 말실수와 번복, 이라크파병 선언 후 이라크전쟁에 대한 반전입장 표명, 위헌적인 재신임국민투표 제안 및 정계은퇴 공언 등 하등의 진지성과 일관성을 찾아 볼 수 없는 불성실한 직무수행과 경솔한 국정운영, 대통령으로서의 직무는 등한히 한 채 모든 노력을 총선에만 쏟아 붓는 이른바 '올인전략적' 불법 사전선거운동 등 국정의 최고책임자인 노무현 대통령 자신의 부당행위에 있음을 부인할 수 없습니다.

(다) 따라서 노무현 대통령은 지금 국민의 '행복추구권'과 '국가에 의한 기본권보장의 의무'를 규정한 헌법 제10조를 위배하고 헌법 제69조에 명

시된 '대통령으로서의 직책의 성실한 수행' 의무를 방기한 것입니다. 지금 우리나라는 대통령이 초헌법적·초법적 태도로 법치주의를 부정하며 헌법기관인 중앙선거관리위원회의 경고와 국회의 고유한 권한을 묵살하는 헌정파괴의 위기에 처해 있습니다. 헌법 제65조에 의해 탄핵소추의 신성한 권한을 위임받은 국회는 노대통령의 자의적 권력행사로부터 헌법과 법치주의를 지켜내야 할 책무를 지고 있습니다. 국회가 이 책무를 외면한다면 직무유기를 범하는 것이 될 것입니다. 이에 유용태·홍사덕 의원 외 157명의 국회의원은 헌법과 국법질서를 수호하려는 초당적 의지를 모아 대통령의 위법·위헌행위를 차단하고 침해된 법치주의를 회복하여 대한민국의 미래와 국민의 행복을 보장하며 특히 제17대 총선을 정상적으로 치르려는 최후의 방도로서 국민의 뜻을 받들어 대통령 노무현에 대한 탄핵소추를 발의한다.

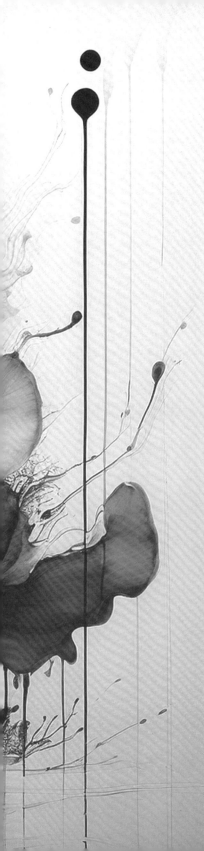

박근혜

"모든 국가의 위대함은 헌법이 어떻게 살아 숨 쉬는가에 달려 있다"

존 마셜

미국 초대 연방대법원장

대통령(박근혜) 탄핵

2017. 3. 10. 사건 2016헌나1 전원재판부

당사자

청 구 인 국회

소추위원 국회 법제사법위원회 위원장

대리인 변호사 명단은 별지와 같음

피청구인 대통령 박근혜

대리인 변호사 명단은 별지와 같음

주문

피청구인 대통령 박근혜를 파면한다.

이유

1. 사건개요

가. 사건의 발단

전국경제인연합회(다음부터 '전경련'이라 한다)가 주도하여 만든 것으로 알려져 있던 재단법인 미르와 재단법인 케이스포츠(다음부터 '미르'와 '케이스포츠'라고 한다)가 설립될 때 청와대가 개입하여 대기업으로부터 500억 원 이상을 모금하였다는 언론 보도가 2016년 7월경 있었다. 청와대가 재단 설립에 관여한 이유 등이 2016년 9월 국회 국정감사에서 중요한 쟁점이 되었는데, 청와대와 전경련은 이런 의혹을 부인하였다.

이 문제가 정치적 쟁점이 되던 중 2016. 10. 24. 청와대의 주요 문건이 최○원(개명 전 최○실)에게 유출되었고 최○원이 비밀리에 국정 운영에 개입해 왔다는 언론 보도가 있었다. 이른바 비선실세가 국정에 개입했다는 취지의 보도에 많은 국민이 충격을 받았고, 이를 허용한 피청구인을 비난하는 여론이 높아졌다. 이에 피청구인은 2016. 10. 25. '최○실 씨는 어려움을 겪을 때 도와 준 인연으로 일부 연설문이나 홍보물의 표현 등에 대해 의견을 들은 적이 있으나 청와대의 보좌

체계가 완비된 이후에는 그만 두었다. 순수한 마음으로 한 일인데 국민 여러분께 심려를 끼친 점에 대해 깊이 사과드린다.'는 취지의 대국민 담화를 발표하였다.

피청구인의 대국민 담화에도 불구하고 최○원의 국정 개입과 관련한 보도가 이어졌고, 2016. 11. 3. 최○원이 직권남용권리행사방해죄 등 혐의로 구속되었다. 피청구인은 그 다음 날인 4일 '최○실 씨 관련 사건으로 큰 실망과 염려를 끼쳐 드린 점 다시 한 번 사과드린다. 국가 경제에 도움이 될 것이라는 바람에서 추진된 일이었는데 특정 개인이 이권을 챙기고 위법행위를 저질렀다고 하니 참담하다. 어느 누구라도 수사를 통해 잘못이 드러나면 책임을 져야 할 것이며 저도 모든 책임을 질 각오가 되어 있다.'는 내용의 제2차 대국민 담화를 발표하였다.

그런데 2016. 11. 6. 대통령비서실 정책조정수석비서관이었던 안○범이 강요미수와 직권남용권리행사방해 등 혐의로, 대통령비서실 부속비서관이었던 정○성이 공무상비밀누설 혐의로 구속되었다. 국회는 11월 14일경부터 피청구인에 대한 탄핵소추안 의결 추진 여부를 논의하기 시작하였고, 17일에는 '박근혜 정부의 최○실 등 민간인에 의한 국정농단 의혹 사건 진상규명을 위한 국정조사계획서 승인의 건'과 '박근혜 정부의 최○실 등 민간인에 의한 국정농단 의혹 사건 규명을 위한 특별검사의 임명 등에 관한 법률안'이 통과되었다.

2016. 11. 20에는 최○원·안○범·정○성이 구속 기소되었는데, 이들의 공소사실 일부에는 피청구인이 공범으로 기재되었다. 더불어민주

당, 국민의당, 정의당 등은 11월 24일 대통령 탄핵소추안을 공동으로 마련하기로 하였고, 11월 28일 공동 탄핵소추안을 마련하여 12월 2일 탄핵안 표결을 추진하기로 합의하였다.

이에 피청구인은 2016. 11. 29. 다시 한 번 '국민 여러분께 큰 심려를 끼쳐 드린 점 깊이 사죄드린다. 국가를 위한 공적 사업이라 믿고 추진했던 일들이고 어떤 개인적 이익도 취하지 않았지만, 주변을 제대로 관리하지 못한 것이 큰 잘못이다. 대통령직 임기 단축을 포함한 진퇴 문제를 국회의 결정에 맡기겠다. 여야 정치권이 국정 혼란과 공백을 최소화하고 안정되게 정권을 이양할 수 있는 방안을 만들어 주면 대통령직에서 물러나겠다.'는 내용의 제3차 대국민 담화를 발표하였다.

나. 탄핵심판 청구

피청구인이 국회의 결정에 따라 대통령직에서 물러나겠다는 담화를 발표하였지만, 국회는 특별위원회를 구성하여 민간인에 의한 국정농단 의혹 사건에 대한 국정조사를 진행하였고 2016. 12. 1. 특별검사의 임명도 이루어졌다. 이어 국회는 우○호·박○원·노○찬 등 171명의 의원이 2016. 12. 3. 발의한 '대통령(박근혜)탄핵소추안'을 8일 본회의에 상정하였다. 2016. 12. 9. 피청구인에 대한 탄핵소추안이 제346회 국회(정기회) 제18차 본회의에서 재적의원 300인 중 234인의 찬성으로 가결되었고, 소추위원은 헌법재판소법 제49조 제2항에 따라 소추의결서 정본을 헌법재판소에 제출하여 피청구인에 대한 탄핵심판을 청구하였다.

다. 탄핵소추사유의 요지

청구인은 피청구인이 직무집행에 있어서 헌법과 법률을 광범위하고 중대하게 위배하였다고 주장하면서, 소추의결서에 다음과 같은 5개 유형의 헌법 위배행위와 4개 유형의 법률 위배행위를 적시하여 이 사건 심판을 청구하였다.

(1) 헌법 위배행위

(가) 피청구인은 최○원에게 공무상 비밀을 누설하고 최○원과 그의 친척이나 그와 친분 있는 주변인 등(다음부터 '최○원 등'이라 한다)이 국가정책과 고위 공직 인사에 관여하게 하였다. 또 대통령의 권력을 남용하여 사기업들로 하여금 수백억 원을 갹출하도록 하고 최○원 등에게 특혜를 주도록 강요하는 등 국가권력을 사익 추구의 도구로 전락하게 하였다. 이는 국민주권주의 및 대의민주주의의 본질을 훼손하고, 국정을 비선 조직에 따른 인치주의로 운영하여 법치국가원칙을 파괴한 것이며, 국무회의에 관한 헌법 규정을 위반하고 대통령의 헌법수호 및 헌법준수의무를 위반한 것이다.

(나) 피청구인은 최○원 등이 추천하거나 그들을 비호하는 사람을 청와대 간부나 문화체육관광부의 장ㆍ차관으로 임명하였고, 이들이 최○원 등의 사익추구를 방조하거나 조장하도록 하였다. 또 피청구인은 최○원 등의 사익추구에 방해될 공직자들을 자의적으로 해임시키거나 전보시켰다. 이는 직업공무원제도의 본질적 내용을 침해하고 대통령의 공무원 임면권을 남용하였으며, 법집행을 할 때 불평등한 대우를 하지 말아야 한다는 평등원칙을 위배하는 한편, 정부재정의 낭

비를 초래한 것이다.

(다) 피청구인은 사기업에 금품 출연을 강요하여 뇌물을 수수하거나 최○
원 등에게 특혜를 주도록 강요하고 사기업 임원 인사에 간섭하였다.
이는 기업의 재산권과 개인의 직업선택의 자유를 침해하고, 기본적 인
권 보장의무를 저버리고 시장경제질서를 훼손하고 대통령의 헌법수
호 및 헌법준수의무를 위반한 것이다.

(라) 피청구인은 최○원 등 비선실세의 전횡을 보도한 언론을 탄압하고 언
론 사주에게 압력을 가해 신문사 사장을 퇴임하게 만들었다. 이는 언
론의 자유와 직업의 자유를 침해한 것이다.

(마) 피청구인은 세월호 참사가 발생하였을 때 국민의 생명과 안전을 보
호하기 위한 적극적 조치를 취하지 아니하여 생명권 보호의무를 위
반하였다.

(2) 법률 위배행위

(가) 재단법인 미르, 재단법인 케이스포츠 설립·모금 관련 범죄

피청구인은 문화발전 및 스포츠 산업 발전을 구실로 피청구인 본인
또는 최○원 등이 지배하는 재단법인을 만들고 전경련 소속 기업으로
부터 출연금 명목으로 돈을 받기로 마음먹었다. 피청구인은 경제수석
비서관 안○범에게 지시하여 전경련을 통하여 기업으로부터 출연받아
미르와 케이스포츠를 설립하도록 하였고, 최○원은 피청구인을 통하

여 재단 이사장 등 임원진을 그가 지정하는 사람으로 구성하여 미르와 케이스포츠의 인사와 운영을 장악하였다.

피청구인은 안○범을 통하여 기업들로 하여금 미르에 486억 원, 케이스포츠에 288억 원을 출연하도록 하였다. 피청구인은 재단법인 설립 전에 7개 그룹의 회장과 단독면담을 하면서 안○범으로부터 주요 그룹의 당면 현안 자료를 제출받았고, 대기업들이 재단법인에 출연금을 납부한 시기를 전후하여 대기업들의 당면 현안을 비롯하여 기업에게 유리한 조치를 다수 시행하였다. 한편, 안○범으로부터 출연 요청을 받은 기업들은 이에 응하지 않을 경우 기업활동 전반에 걸쳐 직·간접적으로 불이익을 받을 것을 두려워하여 출연금 명목으로 위 두 재단법인에 돈을 납부하였다.

피청구인의 이러한 행위는 특정범죄가중처벌등에관한법률위반(뇌물)죄와 형법상 직권남용권리행사방해죄 및 강요죄에 해당한다.

(나) 롯데그룹 추가 출연금 관련 범죄

최○원은 케이스포츠가 주도하여 전국 5대 거점 지역에 체육시설을 건립하는 사업에 소요되는 자금을 기업으로 하여금 케이스포츠에 지원하도록 하고, 시설 건립 등 사업을 그가 설립한 주식회사 더블루케이(다음부터 '더블루케이'라고 한다)에 넘겨주는 방식으로 이익을 취득하기로 하고, 이런 사업계획을 피청구인에게 전달하였다. 피청구인은 롯데그룹 회장 신○빈과 단독 면담을 가진 뒤 안○범에게 롯데그룹이 하남시 체육시설 건립과 관련하여 75억 원을 부담하기로 하였으니 진행상황을 확인하라고 지시하였다. 롯데그룹은 신○빈의 지시에 따라 6개 계열사를 동원하여 케이스포츠에 70억 원을 송금하였다.

롯데그룹은 당시 서울 시내 면세점 사업권의 특허를 신청하였고, 경영권 분쟁과 비자금 등 문제로 검찰 수사를 받고 있었다. 이런 상황에서 피청구인이 경제수석비서관을 통하여 롯데그룹으로 하여금 케이스포츠에 돈을 출연하도록 한 것은 특정범죄가중처벌등에관한법률위반(뇌물)죄와 형법상 직권남용권리행사방해죄 및 강요죄에 해당한다.

(다) 최○원 등에 대한 특혜 제공 관련 범죄

① 최○원은 친분이 있는 문○경으로부터 그 남편인 이○욱이 경영하는 주식회사 케이디코퍼레이션(다음부터 '케이디코퍼레이션'이라 한다)이 대기업 등에 납품할 수 있도록 해 달라는 부탁을 받고, 정○성을 통해 피청구인에게 케이디코퍼레이션 관련 자료를 전달하였다. 피청구인은 안○범에게 현대자동차가 케이디코퍼레이션의 기술을 채택할 수 있는지 알아보라고 지시하였다. 안○범은 현대자동차그룹 회장 정○구와 부회장 김○환에게 피청구인의 지시를 전달하였고, 김○환은 구매담당자에게 지시하여 현대자동차와 기아자동차가 케이디코퍼레이션과 납품계약을 체결하고 제품을 납품받도록 하였다. 또 최○원은 피청구인이 프랑스를 순방할 때 이○욱이 경제사절단으로 동행할 수 있도록·도와주었다. 이○욱은 납품계약 성사 대가로 최○원에게 5,162

만 원 상당의 금품을 주었다. 피청구인의 이런 행위는 특정범죄가중처벌등에관한법률위반(뇌물)죄와 형법상 직권남용권리행사방해죄 및 강요죄에 해당한다.

② 피청구인은 안○범을 통하여 최○원이 설립한 주식회사 플레이그라운드커뮤니케이션즈(다음부터 '플레이그라운드'라고 한다)가 현대자동차 광고를 수주할 수 있도록 해 달라고 김○환에게 요구하였다. 김○환은 현대자동차그룹 계열사가 수주하기로 확정된 광고를 플레이그라운드가 수주할 수 있도록 해 주어 9억 1,807만 원 상당의 수익을 올리도록 하였다. 피청구인의 이런 행위는 형법상 직권남용권리행사방해죄 및 강요죄에 해당한다.

③ 최○원은 주식회사 포스코(다음부터 '포스코'라고 한다)가 배드민턴팀을 창단하면 더블루케이가 그 선수단 관리를 담당하여 이익을 올린다는 기획안을 마련하였다. 피청구인은 포스코 회장 권○준과 단독 면담을 하면서 포스코에서 여자 배드민턴팀을 창단하면 좋겠고, 더블루케이가 자문을 해 줄 수 있을 것이라고 요청하였다. 포스코는 피청구인의 요청에 따라 케이스포츠 사무총장 등과 협의한 끝에 계열사인 포스코 피앤에스 산하에 창단 비용 16억 원 상당의 펜싱팀을 창단하고 그 운영 및 관리를 더블루케이에 맡기기로 하였다. 피청구인의 이런 행위는 형법상 직권남용권리행사방해죄 및 강요죄에 해당한다.

④ 피청구인은 안○범을 통하여 주식회사 케이티(다음부터 '케이티'라 한다)에 요청하여 이○수와 신○성을 채용하도록 한 다음 그 보직을 광고 업무 총괄 내지 담당으로 변경하도록 하였다. 이어 피청구인은 안○범에게 플레이그라운드가 케이티의 광고대행사로 선정될 수 있도록

하라고 지시하였다. 안○범은 케이티 회장 황○규와 이○수에게 요구하여 케이티가 플레이그라운드에게 광고 7건을 발주하도록 하였고, 플레이그라운드는 516,696,500원 상당의 수익을 올렸다. 피청구인의 이런 행위는 형법상 직권남용권리행사방해죄 및 강요죄에 해당한다.

⑤ 최○원은 정○성을 통하여 피청구인에게 더블루케이가 한국관광공사의 자회사인 그랜드코리아레저 주식회사(다음부터 '그랜드코리아레저'라 한다)와 스포츠팀 창단과 운영 관련 업무대행 용역계약을 체결할 수 있도록 주선해 달라고 요청하였다. 피청구인은 안○범에게 같은 취지의 지시를 하였고, 안○범은 그랜드코리아레저 대표이사 이○우에게 더블루케이와 업무용역계약을 체결하도록 요청하였다. 문화체육관광부 차관 김○도 그랜드코리아레저가 장애인 펜싱팀을 창단하고 더블루케이가 선수 대리인 자격으로 그랜드코리아레저와 선수위촉계약을 체결하도록 지원하였다. 더블루케이는 그랜드코리아레저가 선수들에게 전속계약금 명목으로 지급한 돈의 절반인 3천만 원을 에이전트 비용 명목으로 지급받았다. 피청구인의 이런 행위는 형법상 직권남용권리행사방해죄 및 강요죄에 해당한다.

(라) 문서 유출 및 공무상 취득한 비밀 누설 관련 범죄

피청구인은 '복합 체육시설 추가대상지(안) 검토' 문건 등 공무상 비밀 내용을 담고 있는 문건 47건을 최○원에게 이메일 또는 인편 등으로 전달하였다. 피청구인의 이런 행위는 형법상 공무상비밀누설죄에 해당한다.

2. 심판대상

이 사건 심판대상은 대통령이 직무집행에 있어서 헌법이나 법률을 위배했는지 여부 및 대통령에 대한 파면결정을 선고할 것인지 여부이다.

3. 이 사건 심판 진행과정

(1) 헌법재판소는 헌법재판소법과 헌법재판소 심판 규칙, 그리고 탄핵심판의 성질에 반하지 아니하는 한도에서 형사소송에 관한 법령을 준용하여 이 사건 심판절차를 진행하였다. 이 사건이 접수되어 2017. 2. 27. 변론이 종결될 때까지 헌법재판소는 3차례의 변론준비기일과 17차례의 변론기일을 진행하면서 변론을 듣고 증거조사를 실시하였다. 청구인이 제출한 갑 제1호증부터 제174호증까지, 피청구인이 제출한 을 제1호증부터 제60호증까지 서증 중 채택된 서증에 대하여 증거조사를 실시하였다. 또 청구인과 피청구인이 함께 신청한 증인 3명(최○원, 안○범, 정○성), 청구인이 신청한 증인 9명(윤○추, 이○선, 류○인, 조○일, 조○규, 유○룡, 정○식, 박○영, 노○일)과 피청구인이 신청한 증인 14명(김○률, 김○, 차○택, 이○철, 김○현, 유○봉, 모○민, 김○덕, 조○민, 문○표, 이○우, 정○춘, 방○선, 안○범)에 대한 증인신문을 실시하였고, 안○범은 두 차례 출석하여 증언하였다. 그 밖에 직권에 의한 1건, 청구인의 신청에 의한 1건, 피청구인의 신청에 의한 17건 등 모두 19건의 사실조회를 하여 70개 기관과 기업으로부터 답변을 받았다. 이 결정은 이와 같이 적법하게 조사된 증거를 종합하여 인정되는 사실을 기초로 한 것이다.

(2) 헌법재판소는 준비기일에 이 사건 쟁점을 최○원의 국정개입 및 대통령의 권한 남용 행위, 언론의 자유 침해 행위, 생명권 보호 의무 위반 행위, 뇌물수수 등 각종 형사법 위반 행위로 유형화하여 정리하였다. 청구인은 2017. 2. 1. 제출한 준비서면을 통하여 소추사유를 사실관계를 중심으로 유형별로 구체화하면서 뇌물수수 등 각종 형사법 위반 행위 부분은 최○원의 국정개입 및 대통령의 권한 남용 행위에 포함시켜 쟁점을 단순화하였다.

4. 적법요건 판단

가. 소추사유의 특정 여부

(1) 피청구인은, 탄핵심판절차에서도 공소사실 특정에 관한 형사소송법 제254조 제4항이 준용되므로 소추사유에 해당하는 사실을 구체적으로 특정하여야 하는데, 소추의결서에 기재된 소추사실은 그 일시·장소·방법·행위태양 등이 특정되어 있지 않은 채 추상적으로 기재되어 있으므로 부적법하다고 주장한다.

탄핵심판은 고위공직자가 권한을 남용하여 헌법이나 법률을 위반하는 경우 그 권한을 박탈함으로써 헌법질서를 지키는 헌법재판이고(헌재 2004. 5. 14. 2004헌나1), 탄핵결정은 대상자를 공직으로부터 파면함에 그치고 형사상 책임을 면제하지 아니한다(헌법 제65조 제4항)는 점에서 탄핵심판절차는 형사절차나 일반 징계절차와는 성격을 달리 한다. 헌법 제65조 제1항이 정하고 있는 탄핵소추사유는 '공무원이 그 직무집행에 있어서 헌법이나 법률을 위배한' 사실이고, 여기에서 법률은 형사법에 한정되지 아니한다. 그런데 헌법은 물론 형사법이 아닌 법률의 규정이 형사법과 같은 구체성과 명확성을 가지지 않은 경우가 많으므로 탄핵소추사유를 형사소송법상 공소사실과 같이 특정하도록 요구할 수는 없고, 소추의결서에는 피청구인이 방어권을 행사할 수 있고 헌법재판소가 심판대상을 확정할 수 있을 정도로 사실관계를 구체적으로 기재하면 된다고 보아야 한다. 공무원 징계의 경우 징계사유의 특정은 그 대상이 되는 비위사실을 다른 사실과 구별될 정도로 기재하면 충분하므로(대법원 2005. 3. 24. 선고 2004두14380 판결), 탄핵소추사유도 그 대상 사실을 다른 사실과 명백하게 구분할 수 있을 정도의 구체적 사정이 기재되면 충분하다. 이 사건 소추의결서의 헌법 위배행위 부분은 사실관계를 중심으로 기재되어 있지 않아 소추사유가 분명하게 유형별로 구분되지 않은 측면이 없지 않지만, 소추사유로 기재된 사실관계는 법률 위배행위 부분과 함께 보면 다른 소추사유와 명백하게 구분할 수 있을 정도로 충분히 구체적으로 기재되어 있다.

헌법재판소는 변론준비기일에 양 당사자의 동의 아래 소추사유를 사실관계를 중심으로 ① 비선조직에 따른 인치주의로 국민주권주의와 법치국가원칙 등 위배, ② 대통령의 권한 남용, ③ 언론의 자유 침해, ④ 생명권 보호 의무 위반, ⑤ 뇌물수수 등 각종 형사법 위반의 5가지 유형으로 정리하였다. 그 뒤 변론절차에서 이와 같이 정리된 유형에 따라 청구인과 피청구인의 주장과 증거 제출이 이루어졌다. 청구인은 2017. 2. 1. 제10차 변론기일에 다른 유형과 사실관계가 중복되는 각종 형사법 위반 유형을 제외하고 ① 최○원 등 비선조직에 의한 국정농단에 따른 국민주권주의와 법치주의 위반, ② 대통령의 권한 남용, ③ 언론의 자유 침해, ④ 생명권 보호의무와 직책성실수행의무 위반 등 4가지 유형으로 소추사유를 다시 정리하였다. 그런데 피청구인은 청구인의 소추사유의 유형별 정리 자체에 대하여는 이의를 제기하지 아니한 채 변론을 진행하다가 2017. 2. 22. 제16차 변론기일에 이르러 이 사건 심판청구가 여러 가지 적법요건을 갖추지 못하였다고 주장하면서 소추사유가 특정되지 않았고 청구인의 소추사유 정리가 위법하다는 취지의 주장을 하기 시작하였다. 그러나 소추의결서에 소추사유의 구체적 사실관계가 기재되어 있어 소추사유를 확정하는 데 어려움이 없고, 이미 변론준비기일에 양 당사자가 소추사유의 유형별 정리에 합의하고 15차례에 걸쳐 변론을 진행해 온 점 등에 비추어 볼 때 소추사유가 특정되지 않았다는 피청구인의 주장은 받아들일 수 없다.

소추사유 중 공무상 비밀누설행위 부분은 소추의결서에 '복합 체육시설 추가대상지(안) 검토' 문건 등 공무상 비밀 내용을 담고 있는 문건 47건을 최○원에게 전달한 행위로 기재되어 있을 뿐 문건 47건의 구체적 내역을 구체적으로 특정하여 기재하지 않았다. 그러나 소추의결서에 증거자료로 첨부된 정○성에 대한 공소장 중 '정○성과 대통령이 공모하여 공무상 비밀을 누설한 범행' 부분에 문건 47건의 구체적 내역이 기재되어 있고, 청구인과 피청구인은 소추의결서에 기재된 문건 47건이 증거자료에 기재된 문건 47건과 같은 것임을 전제로 제15차 변론기일까지 변론을 진행해 왔으므로, 피청구인도 이 부분 소추사유에 대하여 충분히 방어권을 행사하였다. 또한, 청구인은 2017. 1. 13. 제출한 준비서면을 통해 이 문건 47건의 구체적 내역을 보완하기도 하였다. 그렇다면 소추의결서 자체에 문건 47건 목록을 첨부하지 않았다고 하여 이 부분 소추사유가 특정되지 않아 부적법하다고 볼 수도 없다.

(2) 피청구인은 이 사건 소추의결서에 따르면 탄핵사유의 내용과 그에 적용된 헌법 위반 또는 법률 위반 조항이 모두 복합적으로 나열되어 있

어서 과연 각 소추사유가 무슨 법령 위반인지 특정할 수 없으므로 부적법하다고 주장한다.

헌법재판소는 원칙적으로 국회의 소추의결서에 기재된 소추사유에 의하여 구속을 받고, 소추의결서에 기재되지 아니한 소추사유를 판단의 대상으로 삼을 수 없다. 그러나 소추의결서에서 그 위반을 주장하는 '법규정의 판단'에 관하여 헌법재판소는 원칙적으로 구속을 받지 않으므로, 청구인이 그 위반을 주장한 법규정 외에 다른 관련 법규정에 근거하여 탄핵의 원인이 된 사실관계를 판단할 수 있다. 또 헌법재판소는 소추사유를 판단할 때 국회의 소추의결서에서 분류된 소추사유의 체계에 구속되지 않으므로, 소추사유를 어떤 연관관계에서 법적으로 고려할 것인가 하는 것은 전적으로 헌법재판소의 판단에 달려 있다(헌재 2004. 5. 14. 2004헌나1). 따라서 이 부분 피청구인의 주장도 받아들일 수 없다.

(3) 피청구인은 청구인이 2017. 2. 1. 제출한 준비서면은 소추사유를 추가하거나 변경한 것인데 이 부분에 대한 국회의 소추의결이 없었으므로 심판대상이 될 수 없다고 주장한다.

국회가 탄핵심판을 청구한 뒤 별도의 의결절차 없이 소추사유를 추가하거나 기존의 소추사유와 동일성이 인정되지 않는 정도로 소추사유를 변경하는 것은 허용되지 아니한다. 따라서 청구인이 2017. 2. 1. 제출한 준비서면 등에서 주장한 소추사유 중 소추의결서에 기재되지 아니한 소추사유를 추가하거나 변경한 것으로 볼 여지가 있는 부분은 이 사건 판단 범위에서 제외한다.

나. 국회 의결절차의 위법 여부

(1) 피청구인은 대통령에 대한 탄핵소추의결은 객관적 조사와 증거에 의해서 뒷받침되는 소추사실에 기초하여야 하는데, 국회 스스로 탄핵소추안 의결에 필요한 증거를 수집하기 위해 국정조사와 특별검사에 의한 수사를 실시하기로 의결하고도 그 결과를 보지도 않고 법제사법위원회의 조사절차도 거치지 아니한 채 검찰의 공소장과 의혹 보도 수준의 신문기사만을 증거로 탄핵소추안을 의결한 것은 위법하다고 주장한다.

국회가 탄핵소추를 하기 전에 소추사유에 관하여 충분한 조사를 하는 것이 바람직하다는 것은 의문의 여지가 없다. 그러나 국회의 의사절차에 헌법이나 법률을 명백히 위반한 흠이 있는 경우가 아니면 국회 의사절차의 자율권은 권력분립의 원칙상 존중되어야 하고, 국회법 제130조 제1항은 탄핵소추의 발의가 있을 때 그 사유 등에 대한 조사 여부를 국회의 재량으로 규정하고 있으므로, 국회가 탄핵소추사유에 대하여 별도의 조사를 하지 않았다거나 국정조사결과나 특별검사의 수사결과를 기다리지 않고 탄핵소추안을 의결하였다고 하여 그 의결이 헌법이나 법률을 위반한 것이라고 볼 수 없다(헌재 2004. 5. 14. 2004헌나1). 따라서 이 부분 피청구인의 주장은 받아들이지 아니한다.

(2) 피청구인은, 이 사건 소추의결은 아무런 토론 없이 진행되었으므로 부적법하다고 주장한다.

탄핵소추의 중대성에 비추어 소추의결을 하기 전에 충분한 찬반토론을 거치는 것이 바람직하다. 그러나 국회법에 탄핵소추안에 대하여 표결 전에 반드시 토론을 거쳐야 한다는 명문 규정은 없다. 또 본회의에 상정된 안건에 대하여 토론하고자 하는 의원은 국회법 제106조에 따라 미리 찬성 또는 반대의 뜻을 의장에게 통지하고 얼마든지 토론할 수 있는데, 이 사건 소추의결 당시 토론을 희망한 의원이 없었기 때문에 탄핵소추안에 대한 제안 설명만 듣고 토론 없이 표결이 이루어졌을 뿐, 의장이 토론을 희망하는 의원이 있었는데도 고의로 토론을 못하게 하거나 방해한 사실은 없다. 따라서 피청구인의 이 부분 주장도 받아들일 수 없다.

(3) 피청구인은, 탄핵사유는 개별 사유별로 독립된 탄핵사유가 되는 것이므로 각각의 탄핵사유에 대하여 별도로 의결절차를 거쳐야 하는데, 국회가 여러 개 탄핵사유 전체에 대하여 일괄하여 의결한 것은 헌법에 위배된다고 주장한다.

탄핵소추안을 각 소추사유별로 나누어 발의할 것인지 아니면 여러 소추사유를 포함하여 하나의 안으로 발의할 것인지는 소추안을 발의하는 의원들의 자유로운 의사에 달린 것이다. 대통령이 헌법이나 법률을 위배한 사실이 여러 가지일 때 그 중 한 가지 사실만으로도 충분히 파면 결정을 받을 수 있다고 판단되면 그 한 가지 사유만으로 탄핵소추안을 발의할 수도 있고, 여러 가지 소추사유를 종합할 때 파면할 만하다고 판단되면 여러 가지 소추사유를 함께 묶어 하나의 탄핵소추안으로 발의할 수도 있다.

이 사건과 같이 국회 재적의원 과반수에 해당하는 171명의 의원이 여러 개 탄핵사유가 포함된 하나의 탄핵소추안을 마련한 다음 이를 발의하고 안건 수정 없이 그대로 본회의에 상정된 경우에는 그 탄핵소추안에 대하여 찬반 표결을 하게 된다. 그리고 본회의에 상정된 의안에 대하여

표결절차에 들어갈 때 국회의장에게는 '표결할 안건의 제목을 선포'
할 권한만 있는 것이지(국회법 제110조 제1항), 직권으로 이 사건 탄핵
소추안에 포함된 개개 소추사유를 분리하여 여러 개의 탄핵소추안으
로 만든 다음 이를 각각 표결에 부칠 수는 없다. 그러므로 이 부분 피
청구인의 주장도 받아들일 수 없다.

(4) 피청구인은 국회가 탄핵소추를 의결하면서 피청구인에게 혐의사실을
알려주지 않고 의견 제출의 기회도 주지 않았으므로 적법절차원칙에 위
반된다고 주장한다.

탄핵소추절차는 국회와 대통령이라는 헌법기관 사이의 문제이고, 국회
의 탄핵소추의결에 따라 사인으로서 대통령 개인의 기본권이 침해되는
것이 아니며 국가기관으로서 대통령의 권한행사가 정지될 뿐이다. 따
라서 국가기관이 국민에 대하여 공권력을 행사할 때 준수하여야 하는
법원칙으로 형성된 적법절차의 원칙을 국가기관에 대하여 헌법을 수호
하고자 하는 탄핵소추절차에 직접 적용할 수 없다(헌재 2004. 5. 14.
2004헌나1). 그 밖에 이 사건 탄핵소추절차에서 피소추인이 의견 진술
의 기회를 요청하였는데도 국회가 그 기회를 주지 않았다고 볼 사정이
없으므로, 피청구인의 이 부분 주장 역시 받아들일 수 없다.

다. 8인 재판관에 의한 탄핵심판 결정 가부

피청구인은, 현재 헌법재판관 1인이 결원된 상태여서 헌법재판소법 제
23조에 따라 사건을 심리할 수는 있지만 8인의 재판관만으로는 탄핵
심판 여부에 대한 결정을 할 수 없고, 8인의 재판관이 결정을 하는 것

은 피청구인의 '9인으로 구성된 재판부로부터 공정한 재판을 받을 권리'를 침해하는 것이라고 주장한다.

헌법 제111조 제2항과 제3항은 대통령이 임명하는 3인, 국회가 선출하는 3인, 대법원장이 지명하는 3인 등 모두 9인의 재판관으로 헌법재판소를 구성한다고 규정하고 있다. 이와 같이 입법·사법·행정 3부가 동등하게 참여하는 헌법재판소의 구성방식에 비추어 볼 때, 헌법재판은 9인의 재판관으로 구성된 재판부에 의하여 이루어지는 것이 원칙임은 분명하다.

그러나 현실적으로는 재판관의 공무상 출장이나 질병 또는 재판관 퇴직 이후 후임 재판관 임명까지 사이의 공백 등 다양한 사유로 일부 재판관이 재판에 참여할 수 없는 경우가 발생할 수밖에 없다. 이럴 때마다 헌법재판을 할 수 없다고 한다면 헌법재판소의 헌법 수호 기능에 심각한 제약이 따르게 된다. 이에 헌법과 헌법재판소법은 재판관 중 결원이 발생한 경우에도 헌법재판소의 헌법 수호 기능이 중단되지 않도록 7명 이상의 재판관이 출석하면 사건을 심리하고 결정할 수 있음을 분명히 하고 있다. 즉, 헌법 제113조 제1항은 헌법재판소에서 법률의 위헌결정, 탄핵의 결정, 정당해산의 결정 또는 헌법소원에 관한 인용결정을 할 때에는 재판관 6인 이상의 찬성이 있어야 한다고 규정하고 있다. 또 헌법재판소법 제23조 제1항은 헌법재판관 7명 이상의 출석으로 사건을 심리한다고 규정하고, 제36조 제2항은 결정서를 작성할 때 '심판에 관여한' 재판관 전원이 서명날인하여야 한다고 규정하고 있다.

재판관 결원이 발생하더라도 시급하게 결정할 필요가 없는 사건이라면 재판관 공석 상황이 해소될 때까지 기다려 9인의 재판관이 결정하는 것이 바람직할 수 있다. 하지만 대통령에 대한 탄핵소추가 의결되면 헌법 제65조 제3항에 따라 대통령의 권한행사가 정지된다. 헌법재판소장이 임기 만료로 퇴임하여 공석이 발생한 현 상황에서 대통령 권한대행인 국무총리가 헌법재판소장을 임명할 수 있는지 여부에 관하여는 논란이 있다. 국회에서도 이 문제에 관하여 정당 사이에 견해의 대립이 있는데 대통령 권한대행이 헌법재판소장을 임명할 수 없다는 의견에 따라 헌법재판소장 임명절차가 전혀 진행되지 않고 있다. 대통령의 권한행사가 정지되고 대통령 권한대행이 행사할 수 있는 권한의 범위에 관하여 논쟁이 존재하는 현 상황은 심각한 헌정위기 상황이다. 게다가 대통령 권한대행이 헌법재판소장을 임명할 수 없다는 견해를 따르면 헌법재판소장의 임기 만료로 발생한 현재의 재판관 공석 상태를 종결하고 9인 재판부를 완성할 수 있는 방법도 없다.

　이와 같이 헌법재판관 1인이 결원이 되어 8인의 재판관으로 재판부가 구성되더라도 탄핵심판을 심리하고 결정하는 데 헌법과 법률상 아무런 문제가 없다. 또 새로운 헌법재판소장 임명을 기다리며 현재의 헌정위기 상황을 방치할 수 없는 현실적 제약을 감안하면 8인의 재판관으로 구성된 현 재판부가 이 사건 결정을 할 수밖에 없다. 탄핵의 결정을 하기 위해서는 재판관 6인 이상의 찬성이 있어야 하는데 결원 상태인 1인의 재판관은 사실상 탄핵에 찬성하지 않는 의견을 표명한 것과 같은 결과를 가져 오므로, 재판관 결원 상태가 오히려 피청구인에게 유리하게 작용할 것이라는 점에서 피청구인의 공정한 재판받을 권리가 침해된다고 보기도 어렵다. 따라서 이 부분 피청구인의 주장도 받아들이지 아니한다.

5. 탄핵의 요건

가. 직무집행에 있어서 헌법이나 법률 위배

헌법은 탄핵소추 사유를 '헌법이나 법률을 위배한 경우'라고 명시하고 헌법재판소가 탄핵심판을 관장하게 함으로써 탄핵절차를 정치적 심판절차가 아닌 규범적 심판절차로 규정하고 있다. 탄핵제도는 누구도 법 위에 있지 않다는 법의 지배 원리를 구현하고 헌법을 수호하기 위한 제도이다. 국민에 의하여 직접 선출된 대통령을 파면하는 경우 상당한 정치적 혼란이 발생할 수 있지만 이는 국가공동체가 자유민주적 기본질서를 지키기 위하여 불가피하게 치러야 하는 민주주의의 비용이다.

헌법 제65조는 대통령이 '그 직무집행에 있어서 헌법이나 법률을 위배한 때'를 탄핵사유로 규정하고 있다. 여기에서 '직무'란 법제상 소관 직무에 속하는 고유 업무와 사회통념상 이와 관련된 업무를 말하고, 법령에 근거한 행위뿐만 아니라 대통령의 지위에서 국정수행과 관련하여 행하는 모든 행위를 포괄하는 개념이다. 또 '헌법'에는 명문의 헌법규정뿐만 아니라 헌법재판소의 결정에 따라 형성되어 확립된 불문

헌법도 포함되고, '법률'에는 형식적 의미의 법률과 이와 동등한 효력을 가지는 국제조약 및 일반적으로 승인된 국제법규 등이 포함된다(헌재 2004. 5. 14. 2004헌나1).

나. 헌법이나 법률 위배의 중대성

헌법재판소법 제53조 제1항은 '탄핵심판 청구가 이유 있는 경우' 피청구인을 파면하는 결정을 선고하도록 규정하고 있다. 그런데 대통령에 대한 파면결정은 국민이 선거를 통하여 대통령에게 부여한 민주적 정당성을 임기 중 박탈하는 것으로서 국정 공백과 정치적 혼란 등 국가적으로 큰 손실을 가져올 수 있으므로 신중하게 이루어져야 한다. 따라서 대통령을 탄핵하기 위해서는 대통령의 법 위배 행위가 헌법질서에 미치는 부정적 영향과 해악이 중대하여 대통령을 파면함으로써 얻는 헌법 수호의 이익이 대통령 파면에 따르는 국가적 손실을 압도할 정도로 커야 한다. 즉, '탄핵심판청구가 이유 있는 경우'란 대통령의 파면을 정당화할 수 있을 정도로 중대한 헌법이나 법률 위배가 있는 때를 말한다.

대통령의 파면을 정당화할 수 있는 헌법이나 법률 위배의 중대성을 판단하는 기준은 탄핵심판절차가 헌법을 수호하기 위한 제도라는 관점과 파면결정이 대통령에게 부여한 국민의 신임을 박탈한다는 관점에서 찾을 수 있다. 탄핵심판절차가 궁극적으로 헌법의 수호에 기여하는 절차라는 관점에서 보면, 파면결정을 통하여 손상된 헌법질서를 회복하는 것이 요청될 정도로 대통령의 법 위배 행위가 헌법 수호의 관점에서 중대한 의미를 가지는 경우에 비로소 파면결정이 정당화된다. 또 대통령이 국민으로부터 직접 민주적 정당성을 부여받은 대의기관이라는 관점에서 보면, 대통령에게 부여한 국민의 신임을 임기 중 박탈하여야 할 정도로 대통령이 법 위배행위를 통하여 국민의 신임을 배반한 경우에 한하여 대통령에 대한 탄핵사유가 존재한다고 보아야 한다(헌재 2004. 5. 14. 2004헌나1).

다. 판단 순서

이 사건에서는 피청구인이 그 직무를 집행하면서 헌법이나 법률을 위배하였는지에 대하여 (1) 사인의 국정개입 허용과 대통령 권한 남용 여부, (2) 공무원 임면권 남용 여부, (3) 언론의 자유 침해 여부, (4) 생명권 보호의무 등 위반 여부의 순서로 판단한다. 이어 법 위배행위가 인정될 경우 그 위배행위가 피청구인의 파면을 정당화할 수 있을 정도로 중대한지 여부에 대하여 판단한다.

6. 사인의 국정개입 허용과 대통령 권한 남용 여부

가. 사건의 배경

피청구인은 전 대통령 박정희와 영부인 육영수의 장녀로 태어나 1974. 8. 15. 육영수가 사망한 뒤 1979. 10. 26. 박정희가 사망할 때까지 영부인 역할을 대신하였다. 피청구인은 육영수가 사망한 무렵 최○민을 알게 되어 최○민이 총재로 있던 대한구국선교단의 명예총재를 맡았고, 1982년 육영재단 이사장으로 취임한 뒤에는 최○민을 육영재단 고문으로 선임하는 등 오랫동안 최○민과 함께 활동하였다. 피청구인은 최○민의 딸인 최○원과도 친분을 유지하였는데, 육영재단 부설 어린이회관이 최○원이 운영하는 유치원과 자매결연을 맺기도 하였고, 피청구인의 개인적 일을 처리할 때 최○원의 도움을 받기도 하였다.

피청구인은 1997년 한나라당에 입당하여 제15대 대통령선거에서 한나라당 후보 이○창을 지원하면서 정치활동을 시작하였고, 1998. 4. 2. 대구광역시 달성군 국회의원 보궐선거에서 국회의원으로 당선되었다. 피청구인이 정치활동을 시작한 뒤 최○원의 남편이었던 정○회가 피청구인의 비서실장으로 불리며 피청구인의 보좌진을 이끌었다. 피청구인이 보궐선거에 출마하면서 정○성·이○만·안○근·이○상(2012년 사망) 등이 피청구인의 보좌진으로 활동하였고, 이들은 피청구인이 국회의원으로 활동할 때 보좌관이나 비서관으로 일하였다.

피청구인이 2012. 12. 19. 대통령에 당선된 뒤 정○성·이○만·안○근은 대통령직 인수위원회에 참여하였으며, 취임 후에는 대통령비서실에서 비서관으로 근무하였다. 피청구인은 대통령직을 수행하면서 공식 회의 이외에는 대부분의 보고를 관계 공무원을 대면하지 않고 서면으로 받았는데, 정○성·이○만·안○근이 피청구인에 대한 각종 보고 및 의사소통 경로를 장악하였다는 뜻에서 '문고리 3인방'이라 불리기도 하였다. 특히 정○성은 피청구인이 대통령에 취임한 뒤에는 '제1부속비서관'으로, 제1·2 부속비서관실이 통합된 2015. 1. 23. 이후부터는 '부속비서관'으로 재직하면서, 피청구인을 수신자로 하는 문건 대부분을 정리하여 보고하는 역할을 담당하였다.

피청구인은 대통령으로 취임한 뒤에도 관저에서 최○원과의 사적 만남을 꾸준히 지속하였다. 최○원은 정○성을 비롯한 피청구인의 일부 보좌진과 차명 휴대전화 등으로 상시 연락하였고, 피청구인의 일정을 확인하고 그에 맞는 의상을 준비하기도 하였다. 피청구인의 일부 보좌진은 최○원을 피청구인 관저에 청와대 공무차량으로 출입시켜 신분확인절차 없이 자유롭게 드나들 수 있도록 하는 등 피청구인과 최○원이 사적으로 만나는 데 필요한 각종 편의를 제공하였다.

나. 국정에 관한 문건 유출 지시·묵인

피청구인은 대통령으로 취임한 뒤 공식회의 이외에는 주로 서면을 통하여 보고를 받고 전화를 이용하여 지시하는 등 대면 보고와 지시를 최소화하는 방식으로 업무를 집행하였다. 피청구인에게 보고되는 서류는 대부분 정○성이 모아서 정리한 다음 피청구인에게 전달하였다. 정○성은 피청구인에게 보고하는 서류 중 인사에 관한 자료, 각종 현안과 정책에 관한 보고서, 연설문이나 각종 회의에서 발언하는 데 필요한 말씀자료, 피청구인의 공식 일정 등 국정에 관한 문건 중 일부를 이메일을 이용하여 보내 주거나 직접 서류를 전달하는 방법 등으로 최○원에게 전달하였다. 최○원도 정○성을 통하여 국정에 관한 문건을 전달받아 열람한 사실을 인정하고 있다. 피청구인은 일부 문건에 대하여는 정○성에게 최○원의 의견을 받았는지 확인하고 이를 반드시 반영하도록 지시하기도 하였다.

정○성은 공무상비밀누설 혐의로 검찰에서 조사받으면서, 연설문과 말씀자료는 피청구인의 포괄적 지시에 따라 대부분 최○원에게 보냈고 각종 보고서나 참고자료 등은 필요한 경우에만 보냈으며, 공직자 인선안 등도 피청구인이 최○원의 의견을 들어보라고 하여 보냈다고 하면서, 이와 같은 문건 유출은 큰 틀에서 피청구인의 뜻에 따른 것이라는 취지로 진술하였다. 정○성은 2013년 1월경부터 2016년 4월경까지 공무상 비밀 내용을 담고 있는 문건 47건을 최○원에게 전달하여 공무상비밀누설죄를 저질렀다는 공소사실로 2016. 11. 20. 기소되어 서울중앙지방법원에서 형사재판을 받고 있다. 검찰은 정○성이 피청구인의 지시를 받아 공무상 비밀을 누설한 것이라고 보고 공소장에 피청구인과 정○성이 공모하여 법령에 의한 직무상 비밀을 누설하였다고 기재하였다.

피청구인은 2016. 10. 25. 제1차 대국민 담화에서 "최○실 씨는 과거 제가 어려움을 겪을 때 도와준 인연으로 지난 대선 때 주로 연설이나 홍보 등의 분야에서 저의 선거 운동이 국민들에게 어떻게 전달되는지에 대해 개인적인 의견이나 소감을 전달해 주는 역할을 하였습니다. 일부 연설문이나 홍보물도 같은 맥락에서 표현 등에서 도움을 받은 적이 있습니다. 취임 후에도 일정 기간 동안은 일부 자료들에 대해 의견을 들은 적도 있으나 청와대의 보좌 체계가 완비된 이후에는 그만두었습니다."라고 발표하였다. 또 피청구인은 이 사건 심판과정에서 연설문 등의 표현방법을 국민 눈높이에 맞추기 위해 최○원의 의견을 들은 사실은 있지만, 연설문이나 말씀자료 이외에 인사에 관한 자료나 정책보고서 등 다른 문건을 최○원에게 전달하도록 지시한 사실은 없다고 주장하고 있다.

그런데 2014년 11월 최○원의 전 남편 정○회가 청와대 일부 비서관 등과 합세하여 비밀리에 국정에 개입하고 있다는 취지의 신문 보도가 있었고, 이때 청와대 내부 문건이 외부로 유출되었다는 의혹이 제기된 바 있다. 정○성은 검찰에서 그 무렵 '상황이 이러하니 최○원에게 자료를 보내 의견을 받는 것은 그만두는 것이 좋겠다.'고 피청구인에게 건의하였고, 피청구인이 이를 수용하였다고 진술하였다. 또 최○원의 추천으로 문화융성위원회 위원으로 위촉된 차○택은 2015년 4월경 최○원에게 문화창조융합의 개념에 대해 삼성과 구글 및 알리바바 등 기업의 예를 들어 설명한 문구를 적어 주었는데 피청구인이 그 문구를 청와대 회의에서 그대로 사용한 사실이 있다고 증언하였다. 그리고 뒤에 보는 것처럼 2015년 2월경부터 2016년 1월경까지 추진된 미르와 케이스포츠 설립 과정에서 최○원이 마련한 재단 명칭과 사무실 위치 및 임원 명단 등 자료가 피청구인에게 전달되었고, 피청구인이 보고 받은 재단 설립 관련 정보가 최○원에게 전달된 사실이 인정된다. 이런 사실을 종합하면 피청구인은 취임 후 2년이 넘어서까지 최○원에게 연설문 등 문건을 전달하고 그 의견을 들은 사실이 인정된다. 그렇다면 청와대 보좌 체계가 완비될 때까지만 최○원의 의견을 들었다는 피청구인의 주장은 객관적 사실과 부합하지 않는다.

또한, 정○성은 검찰에서 각종 연설문 외에 감사원장, 국가정보원 2차장 및 기획조정실장 인사안이나 차관급 21명에 대한 인선안 등 여러 종류의 인사 관련 문건, 법원의 조정을 받아들일지 여부를 검토한 민정수석비서관실 보고서, 수석비서관에 대한 지시사항을 담은 문건 등을 피청구인의 지시로 최○원에게 전달하였다고 진술하였다. 정○성은 청와대 비서관으로 재직하는 동안 연설문이나 말씀자료 이외에도 대통령 해외순방일정 등 수많은 비밀 문건을 최○원에게 전달하였는데, 보안이 철저하게 유지되는 청와대에서 이와 같이 많은 문건이 오랜 기간 동안 외부로 유출된 것은 피청구인의 지시나 묵인 없이는 불가능한 일이다. 한편, 최○원은 비밀문서인 대통령의 해외순방 일정 등을 정○성을 통해 미리 받아보고 피청구인이 순방 시 입을 의상을 결정하고 또 해외순방 중 계획된 문화행사 계획을 변경하도록 조언하여 관철시키기도 했다. 최○원이 피청구인의 해외순방 일정을 상세히 알고 여러 가지 조언을 하였고 피청구인이 이를 수용한 점에 비추어 보더라도 관련 문건이나 정보가 최○원에게 전달된 사실을 피청구인이 전혀 모르고 있었다고 보는 것은 상식에 맞지 않는다. 이런 사정에 비추어 보면 인사에 관한 자료나 정책보고서 등 말씀자료가 아닌 문건을 최○원에게 전달하도록 지시한 사실이 없다는 피청구인의 주장도 믿기 어렵다.

최○원은 정○성을 통하여 받은 문건을 보고 이에 관한 의견을 주거나 내용을 직접 수정하여 회신하기도 하였고, 파악한 정보를 기초로 피청구인의 일정 조정에 간섭하는 등 직무활동에 관여하기도 하였다. 최○원은 행정각부나 대통령비서실의 현안과 정책에 관한 보고 문건 등을 통해 피청구인의 관심사나 정부의 정책 추진 방향 또는 고위공무원 등 인사에 관한 정보를 미리 알 수 있었다. 최○원은 이와 같이 파악한 정보를 토대로 공직자 인선에 관여하고 미르와 케이스포츠 설립 및 그 운영 등에 개입하면서 개인적 이익을 추구하다가 적발되어 직권남용권리행사방해죄 등 혐의로 구속 기소되었다.

다. 최○원의 추천에 따른 공직자 인선

피청구인은 최○원이 추천하는 인사를 다수 공직에 임명하였다. 최○원은 문화와 체육 분야의 주요 공직자 후보를 피청구인에게 추천하였다. 최○원은 뒤에 보는 것처럼 미르와 케이스포츠를 설립한 다음 이 두 재단이 정부 예산사업을 수행하도록 하고 그 사업을 자신이 운영하는 회사가 수주하는 방식으로 이권을 확보하려고 하였는데, 최○원이 추천한 일부 공직자는 최○원의 이권 추구를 돕는 역할을 하였다.

피청구인은 2013. 10. 29. 최○원이 추천한 한양대학교 스포츠산업

학과 교수 김○을 문화체육관광부 제2차관으로 임명하였다. 김○은 제2차관으로 임명된 뒤 체육계 현안과 정책 등에 관한 문화체육관광부 내부 문건을 최○원에게 전달하고 최○원의 요구 사항을 정책에 반영하는 등 최○원에게 적극적으로 협력하였다.

피청구인은 2014년 8월경에는 광고제작회사를 운영하고 있던 차○택을 최○원의 추천에 따라 문화융성위원회 위원으로 위촉하였다. 최○원은 차○택이 2015년 4월경 민관합동 창조경제추진단 단장과 문화창조융합본부 단장으로 취임할 때도 결정적 역할을 하였다. 차○택은 자신의 지인을 최○원에게 미르의 임원으로 추천하였는데, 이들은 최○원의 요구사항대로 미르를 운영하는 등 최○원의 사익 추구에 적극적으로 협력하였다. 피청구인은 최○원의 추천으로 2014. 8. 20. 차○택의 은사 김○덕을 문화체육관광부 장관으로 임명하고, 2014. 11. 18. 차○택의 외삼촌 김○률을 대통령비서실 교육문화수석비서관으로 임명하였다.

라. 케이디코퍼레이션 관련

최○원은 케이디코퍼레이션의 대표이사 이○욱으로부터 자사 제품을 현대자동차에 납품할 수 있도록 해 달라는 부탁을 받고, 케이디코퍼레이션 관련 자료를 정○성을 통하여 피청구인에게 전달하였다. 피청구인은 2014년 11월경 안○범에게 케이디코퍼레이션이 새로운 기술을 가지고 있는 중소기업이니 현대자동차가 그 기술을 채택할 수 있는지 알아보라고 지시하였다. 안○범은 2014. 11. 27. 피청구인이 현대자동차그룹 회장 정○구를 면담하는 기회에 함께 온 부회장 김○환에게 피청구인의 지시를 전달하면서 현대자동차가 케이디코퍼레이션과 거래하여 줄 것을 부탁하였다.

케이디코퍼레이션은 김○환이 안○범에게 다시 회사 이름과 연락처를 물어야 할 정도로 현대자동차그룹 내에서 알려지지 않은 기업이었다. 그러나 케이디코퍼레이션은 거래업체 선정 시 통상 거쳐야 하는 제품시험과 입찰 등 절차를 거치지 않고 수의계약으로 현대자동차와 계약을 맺고, 2015년 2월경부터 2016년 9월경까지 현대자동차에 제품을 납품하였다. 안○범은 현대자동차와 케이디코퍼레이션 사이의 계약 진행 상황을 확인하여 피청구인에게 보고하였다. 최○원은 케이디코퍼레이션이 현대자동차에 제품을 납품하게 된 대가로 이○욱으로부터 1천만 원이 넘는 금품을 받았다.

검찰은 최○원과 안○범이 현대자동차로 하여금 케이디코퍼레이션과 제품 납품계약을 체결하도록 한 행위가 직권남용권리행사방해와 강요죄에 해당한다고 보고 최○원과 안○범을 기소하였다. 검찰의 공소장에는 피청구인은 최○원 및 안○범과 공모하여 대통령의 직권과 경제수석비서관의 직권을 남용하였고, 이에 두려움을 느낀 현대자동차 부회장 김○환으로 하여금 납품계약을 체결하도록 하여 의무 없는 일을 하게 한 것으로 기재되어 있다.

마. 미르와 케이스포츠 관련

(1) 문화와 체육 관련 재단법인 설립 지시

피청구인은 2015년 2월경 안○범에게 문화와 체육 관련 재단법인을 설립하는 방안을 검토하라고 지시하였다. 안○범은 소속 비서관에게 피청구인의 지시를 전달하였고, 이에 따라 대기업이 출연하여 비영리법인을 설립하고 이 법인에서 정부 예산이 투입되는 사업을 시행한다는 취지의 간략한 보고서가 작성되었다.

피청구인은 2015. 2. 24. 한국메세나협회 창립 20주년을 기념하는 오찬 행사에서 대기업 회장들에게 문화와 체육 분야에 적극적으로 투자해 줄 것을 요청하였고, 이어 2015년 7월경 안○범에게 대기업 회장들과 개별 면담을 계획하라고 지시하였다. 안○범은 7개 대기업 회장 면담 일정을 확정하고 각 기업별 현안 등을 정리한 면담자료를 만들어 피청구인에게 보고하였다. 피청구인은 2015. 7. 24.과 25일 이틀에 걸쳐 삼성, 현대자동차, 에스케이, 엘지, 씨제이, 한화, 한진 등 7개 대기업 회장들과 개별 면담을 하였다. 피청구인은 이 자리에서 각 기업의 애로사항이나 투자 상황 등을 청취하는 동시에, 문화 및 체육 관련 재단법인 설립의 필요성을 강조하면서 법인 설립에 필요한 지원을 요구하였다.

피청구인은 대기업 회장들과의 개별 면담을 마친 뒤 안○범에게 10개 정도 대기업이 30억 원씩 출연하면 300억 원 규모의 문화 재단과 체육 재단을 설립할 수 있을 것이라는 취지로 이야기하면서 재단법인 설립을 지시하였다. 안○범은 2015년 8월경 전경련 부회장 이○철에게 전경련이 대기업으로부터 출연금을 걷어 300억 원 규모의 재단 설립을 추진하도록 요청하였다. 그러나 전경련이나 피청구인의 요구를 받은 대기업은 재단 설립에 협조해 달라는 요청을 받았을 뿐 추가로 구체적 요구사항을 전달받지는 않아 재단 설립을 바로 추진하지는 않았다.

그런데 최○원은 전경련이 재단법인 설립을 본격적으로 추진하기 전에 이미 재단 설립 사실을 알고 차○택 등의 추천을 받아 2015년 9월 말경 김○수, 이○한, 이○상, 장○각 등을 면담하고 이들을 문화 재단 임원진으로 선정하였다. 이와 관련하여 차○택은 미르가 설립되기 두 달 전쯤 최○원으로부터 문화계 사람들 중 믿을 수 있는 사람을 소개해 달라는 부탁을 받았고, 이에 따라 김□현·김○탁·이○한·이□선·전○석을 소개하였는데, 이 때 최○원이 곧 문화 재단이 만들어질 것이라는 취지의 이야기를 하였다고 진술하였다. 또 차○택은 그로부터 한 달 정도 지나 최○원이 재단 이사진을 추천해달라고 하여, 김○화·김○원·장○각·이□선 등을 추천하였다고 진술하였다. 최○원과 안○범은 서로 모르는 사이였다고 주장하고 있고 이 두 사람이 서로 연락한 흔적은 전혀 발견되지 않는다. 그런데도 최○원이 피청구인의 지시로 문화 관련 재단법인이 설립될 것이라는 사실을 미리 알 수 있었던 것을 보면, 피청구인이 그런 계획을 미리 알려 주었을 가능성이 매우 높다.

(2) 미르 설립

피청구인은 2015. 10. 19.경 안○범에게 10월 말 리커창 중국 총리가 방한하면 양국 문화 재단 사이에 양해각서를 체결할 수 있도록 재단 법인 설립을 서두르라고 지시하였다. 안○범은 즉시 이○철과 경제금융 비서관 최○목에게 300억 원 규모의 문화 재단을 설립하라고 지시하였다. 최○목은 2015. 10. 21.부터 24일까지 4일 동안 매일 청와대에서 전경련 관계자 및 관계 부처 공무원들과 재단 설립 관련 회의를 하면서 재단 설립 절차 등을 논의하였다.

피청구인은 2015. 10. 21.경 안○범에게 재단의 명칭을 '미르'로 하라고 지시하면서 재단의 이사장 등 임원진 명단 등을 알려 주고, 임원진 이력서와 재단 로고 등 자료를 전달하였다. 그런데 피청구인에게 이와 같은 재단 관련 자료를 전달한 대통령비서실 비서진이나 정부부처 관계자는 아무도 없고, 피청구인도 이런 자료를 누구로부터 어떻게 입수하였는지 밝히고 있지 않다. 앞서 본 것처럼 최○원이 재단의 주요 임원을 면접 등을 통하여 미리 선정해 둔 사실 등에 비추어 볼 때 이런 자료는 최○원이 피청구인에게 전달한 것으로 보인다.

최○목을 비롯한 대통령비서실 비서진과 관계 부처 공무원 및 전경련 관계자들은 10월 말 이전에는 문화 재단을 반드시 설립하라는 피청구인의 지시에 따라 재단법인 설립을 서둘렀고, 전경련의 사회협력회계 분담금 기준으로 기업별 출연 금액을 정한 다음 법인 설립 절차는 문화체육관광부에서 적극적으로 협력하기로 하였다. 이에 따라 전경련 관계자가 2015. 10. 23.경 해당 기업들에게 개별적으로 출연 요청을 하였다.

그런데 피청구인은 재단 출연금 300억 원을 500억 원으로 올리도록 지시하였고, 안○범은 2015. 10. 24.경 이○철에게 피청구인의 지시를 전달하면서 출연 기업에 케이티·금호·신세계·아모레퍼시픽을 포함시키고 현대중공업과 포스코 등 추가할 만한 대기업이 있는지 알아봐 달라고 요청하였다. 이에 전경련 관계자들은 2015. 10. 24. 재단 출연금을 500억 원으로 한 새로운 출연금 분배안을 작성하고, 이미 출연하기로 하였던 기업들에는 증액을 요청하였으며, 케이티·금호·아모레퍼시픽·포스코·엘에스·대림 등 출연기업 명단에 포함되어 있지 않았던 6개 기업에는 청와대의 지시로 문화 재단을 설립하니 속히 출연 여부를 결정하여 달라고 요청하였다.

　출연 요청을 받은 기업들은 재단 출연 금액을 일방적으로 통보받았으며, 재단의 구체적 사업계획서 등 자료를 받거나 재단의 사업계획이나 소요 예산 등에 관한 설명도 듣지 못하였다. 그럼에도 전경련 관계자들은 늦어도 2015. 10. 26.까지 출연 여부 결정을 해달라고 요청하였고, 출연 요청을 받은 기업들은 사업의 타당성이나 출연 규모 등에 대한 충분한 사전 검토를 하지 못하고 재단 설립이 대통령의 관심사항으로서 경제수석비서관이 주도하여 청와대가 추진하는 사업이라는 점 때문에 서둘러 출연 여부를 결정하였다. 이에 따라 전경련 관계자들이 2015. 10. 24. 토요일 기업들에 출연 금액 증액을 통보하거나 새로운 기업들에 출연을 요청한 때로부터 불과 이틀 뒤인 2015. 10. 26. 월요일에는 기업들의 재단 출연 증서 작성이 전부 완료되었다. 기업 중 일부는 출연을 결정한 다음 미르 측에 사업계획서를 보여 달라고 요구하였으나 거절당하기도 하였다.

전경련 관계자들은 2015. 10. 26. 출연하기로 한 기업 관계자들로부터 재산출연 증서와 법인인감증명서 등 재단 설립에 필요한 서류를 받아, 실제로 개최되지 않은 창립총회가 전경련 컨퍼런스 센터에서 개최된 것처럼 창립총회 회의록을 허위로 만들고 피청구인이 안○범을 통해 전달한 미르 정관에 법인 인감을 날인하였다. 재단 설립을 서두르는 과정에 안○범은 처분에 엄격한 제한이 따르는 기본재산과 자유로운 처분이 가능한 보통재산의 비율을 9:1에서 2:8로 변경하라고 전경련 측에 요구하였다. 이에 따라 전경련 관계자들은 급히 기본재산과 보통재산 비율을 수정하여 정관 등을 새로 작성하고, 이미 날인한 기업 관계자들에게 연락하여 새로운 정관과 창립총회 회의록에 다시 날인하도록 하였으나 결국 발기인으로 참여한 기업 중 에스케이하이닉스의 날인은 받지 못하였다.

전경련 관계자들은 청와대에서 요구한 시한인 2015. 10. 27.까지 재단 설립 허가 절차를 마치기 위하여 미르의 설립 허가 신청서를 문화체육관광부 서울사무소에 접수할 수 있도록 요청하였다. 문화체육관광부 담당공무원은 2015. 10. 26. 서울사무소로 담당 주무관을 출장 보내 에스케이하이닉스의 날인이 누락된 설립 허가 신청서를 접수하도록 하였고, 다음날 09:36경 설립 허가 절차를 마무리한 뒤 곧바로 전경련에 미르 설립허가를 통보하였다. 미르에 출연하기로 약정한 기업들은 2015년 11월경부터 12월경까지 합계 486억 원의 출연금을 납입하였다.

최○원과 안○범은 기업들로부터 미르에 출연하도록 한 행위와 관련하여 직권남용권리행사방해 및 강요죄로 구속 기소되었다. 검찰의 공소장에는 피청구인은 최○원 및 안○범과 공모하여 대통령의 직권과 경제수석비서관의 직권을 남용하였고, 이에 두려움을 느낀 전경련 임직원과 기업체 대표 및 담당 임원 등으로 하여금 미르에 출연하도록 하여 의무 없는 일을 하게 한 것으로 기재되어 있다.

(3) 케이스포츠 설립

미르가 설립된 뒤 최○원은 2015년 12월경 체육계 인사 김○승에게 체육 관련 재단법인 설립에 관한 사업계획서를 작성하여 달라고 요청하였다. 이어 향후 설립될 재단법인에서 일할 임직원으로 사무총장 정○식·상임이사 김○승 등을 면접을 거쳐 선정한 다음, 정○성을 통해 피청구인에게 그 명단을 전달하였다.

피청구인은 2015. 12. 11.과 20일경 안○범에게 최○원으로부터 받은 임원진 명단을 알려주고, 서울 강남에 재단법인 사무실을 구하라고 지시한 뒤 정관과 조직도도 전달하였다. 안○범은 2015. 12. 19.경 김○승을 만나 전경련과 협조하여 재단을 설립하라고 한 뒤, 경제수석실 행정관 이○영에게 재단의 임원진 명단과 정관 등을 주면서 김○승과 연락하여 재단 설립을 진행하라고 지시하였다. 안○범은 이○철에게 미르와 별도로 300억 원 규모의 체육 재단도 설립해야 하니 미르 때처럼 진행하라고 요청하였다. 케이스포츠 설립도 미르와 마찬가지로 청와대

주도로 전경련을 통하여 대기업으로부터 출연받아 이루어졌고, 피청
구인과 최○원이 임원진을 선정하는 등 그 설립을 사실상 주도하였다.

전경련 관계자들은 미르 설립 과정에서 연락했던 기업 명단을 토대
로 기업의 매출액을 기준으로 출연 금액을 할당하고, 각 기업 관계자
에게 청와대의 요청에 따라 300억 원 규모의 체육 재단도 설립하여야
하니 출연금을 내달라고 요청하였다. 출연 요청을 받은 기업들은 케이
스포츠의 구체적 사업계획 등도 알지 못한 채 재단 설립이 대통령의 관
심사항으로서 경제수석비서관이 주도하여 청와대가 추진하는 사업이
라는 점 때문에 출연을 결정하였다. 전경련 관계자들은 2016. 1. 12.경
전경련회관으로 출연 기업 관계자들을 불러 재산출연 증서 등 필요한
서류를 받았고, 출연 기업들은 실제로는 개최되지 아니한 창립총회가
개최된 것처럼 허위로 작성된 창립총회 회의록과 케이스포츠 정관에 법
인 인감을 날인하였다. 일부 기업에 대해서는 전경련 관계자가 직접 방
문하여 서류를 제출받고 날인을 받았다.

대통령비서실 교육문화수석실 선임행정관은 2016. 1. 8.경 문화체육
관광부 담당국장에게 케이스포츠 설립을 최대한 빨리 허가하라고 요
청하였다. 문화체육관광부 담당 공무원들은 2016. 1. 12. 전경련이 케
이스포츠 설립허가 신청서를 접수하자 그 날 중으로 서류를 보완하도
록 한 뒤 다음날 법인 설립을 허가하였다. 기업들은 2016년 2월경부터
8월경까지 케이스포츠에 288억 원의 출연금을 납입하였다.

최○원과 안○범은 기업들로부터 케이스포츠에 출연하도록 한 행위

와 관련하여 직권남용권리행사방해 및 강요죄로 구속 기소되었다. 검찰의 공소장에는 피청구인은 최○원 및 안○범과 공모하여 대통령의 직권과 경제수석비서관의 직권을 남용하였고, 이에 두려움을 느낀 전경련 임직원과 기업체 대표 및 담당 임원 등으로 하여금 케이스포츠에 출연하도록 하여 의무 없는 일을 하게 한 것으로 기재되어 있다.

(4) 재단법인 운영 개입

이 사건 제5차 변론기일에서 최○원은 피청구인이 자신에게 미르와 케이스포츠 운영을 살펴봐 달라고 요청하였다고 증언하였다. 최○원은 미르와 케이스포츠에 출연한 것도 아니고 아무런 직책이나 이해관계가 없음에도 불구하고, 재단 관계자로부터 보고를 받고 구체적 업무 지시를 하였으며, 재단의 임직원 임명·추진하는 사업의 내용·자금의 집행 등을 결정하였다. 미르와 케이스포츠 이사회의 결정은 형식적인 것에 불과하였고, 출연 주체인 기업들 역시 재단 운영에 전혀 관여하지 못하였다.

미르와 케이스포츠 임직원 등은 최○원이 피청구인과 밀접한 관계가 있다는 사실을 알고 최○원을 회장이라 부르며 그의 지시에 따라 일하였다. 재단 임직원 등은 피청구인과 최○원의 관계나 최○원이 지시한 내용을 안○범이 다시 그대로 지시하는 등 정황에 비추어 보았을 때 최○원의 뜻이 피청구인의 뜻이라고 믿을 수밖에 없었다는 취지로 진술하고 있다. 이 사건 제11차 변론기일에서 케이스포츠 이사장

정○춘은 최○원의 국정 개입 등이 심각한 문제로 대두되면서 안○범과 전경련 관계자가 이사장직에서 사임할 것을 요청하였지만 최○원이 사임하면 안 된다고 하여 사임하지 않았다고 증언하면서, 안○범보다는 최○원이 피청구인의 뜻을 대변하고 있다고 이해하였다는 취지로 진술하였다.

이와 관련하여 피청구인은 문화 융성과 경제 발전에 도움이 될 것이라는 취지에서 기업의 문화 및 체육 분야 투자를 적극 권유하고 비서실을 통하여 재단법인 설립절차를 지원하였을 뿐 기업의 출연 과정이나 법인 운영에 개입한 사실은 전혀 없다고 주장한다.

그러나 안○범은 미르와 케이스포츠 설립을 추진하는 과정에서 전경련 관계자에게 청와대 개입 사실을 비밀로 하라고 요청하였다. 또 2016년 9월경 국회 국정감사에서 이○철은 재단 설립 과정에서 이루어진 모금은 자발적인 것이었다고 청와대 개입 사실을 부인하였지만, 이 사건 제8차 변론기일에서는 미르와 케이스포츠가 안○범의 지시에 따라 설립되었고 안○범의 요청을 받고 청와대의 압력에 부담을 느껴 국회에서 거짓으로 진술하였다고 증언하였다. 2016년 10월경 미르와 케이스포츠 설립 과정의 위법행위에 대한 검찰 수사가 시작되자, 안○범은 이○철에게 전화하여 미르와 케이스포츠 설립은 전경련이 주도하였고 청와대는 개입하지 않은 것으로 진술하라고 지시하고 자신의 휴대전화를 폐기하였다. 이와 관련하여 안○범은 증거인멸교사 혐의로 기소되었다.

피청구인의 주장이 사실이라면 미르와 케이스포츠 설립을 청와대가 지원한 사실을 비밀로 할 이유가 없고 그 뒤 관련 증거를 없애고 위증을 지시할 이유도 전혀 없다. 최○원과 안○범 및 재단 관련자 등의 증언과 진술에 비추어 보더라도 피청구인의 이 부분 주장도 믿기 어렵다.

바. 플레이그라운드 관련

(1) 플레이그라운드 설립과 운영

최○원은 2015. 10. 7. 광고회사인 플레이그라운드를 설립하였고, 정부의 지원을 받는 미르와 용역계약을 체결하고 용역대금을 받는 방식으로 수익을 창출할 계획을 세웠다. 최○원은 김○탁을 플레이그라운드의 명목상 대표이사로 내세웠으나, 주식 70%를 차명으로 보유하면서 플레이그라운드를 실질적으로 운영하였다.

(2) 플레이그라운드와 미르의 관계

피청구인의 지시로 미르가 설립된 뒤, 최○원은 자신이 추천한 사람이 미르의 임원으로 임명되자 이들을 통하여 사업방향을 정하는 등 재단을 실질적으로 장악하였다. 최○원은 2016년 1월 미르 사무총장이었던 이○한에게 미르와 플레이그라운드 사이에 용역계약을 체결할 것을 지시하였다. 미르는 총괄파트너 선정 작업을 진행하면서 입찰과정에 플레이그라운드를 참여시키고 '비즈원'이라는 회사를 형식적으로 참여하도록 한 다음 플레이그라운드를 총괄파트너로 선정하였다. 플레이그라운드는 미르와 프로젝트 계약 7건을 체결하고 1억 3,860만 원을 지급받았다.

(3) 케이티 인사 및 광고대행사 선정 개입

최○원은 차○택에게 케이티 광고 분야에서 일할 사람을 알아봐 달라고 부탁하여 이○수를 추천받았다. 피청구인은 2015년 1월경 안○범에게 홍보전문가인 이○수가 케이티에 채용될 수 있도록 하라고 지시하였다. 안○범은 케이티 회장 황○규에게 피청구인의 말을 전달하면서 이○수를 채용해 달라고 요구하였다. 케이티는 통상적 공모 절차를 거치지 않고 이○수에게 직접 연락하여 채용 절차를 진행하였고, 2015. 2. 16. 전무급인 브랜드지원센터장 자리를 새로 만들어 이○수를 채용하였다.

피청구인은 2015년 10월경 안○범에게 케이티 광고 쪽에 문제가 있다고 하는데 이○수를 그쪽으로 보낼 수 있는지 알아보라고 지시하였다. 안○범은 황○규에게 이○수의 보직 변경을 요구하였고, 케이티는 정기인사 시기가 아님에도 2015. 10. 6. 이○수의 직책을 광고업무를 총괄하는 담당 본부장으로 변경하였다.

한편, 피청구인은 2015년 8월경 안○범에게 신○성이 케이티에서 이

○수와 함께 일할 수 있도록 하라는 취지의 지시를 하였다. 신○성은 최○원의 조카 이○헌의 지인인 김□수와 사실혼 관계에 있는 사람이다. 안○범은 황○규에게 피청구인의 지시를 전달하였고, 케이티는 2015. 12. 7. 상무보급 브랜드지원담당 자리를 새로 만들어 신○성을 채용하였다. 이후 신○성은 2016. 1. 25. 광고 담당으로 보직이 변경되어 이○수와 함께 일하게 되었다.

그 뒤 안○범은 이○수 등에게 플레이그라운드가 케이티의 광고대행사로 선정될 수 있도록 해 달라고 요청하였다. 케이티는 플레이그라운드를 광고대행사로 선정하기 위하여 광고대행사 선정기준 중 광고실적을 요구하는 조건을 삭제하였고, 플레이그라운드에서 제출한 서류의 일부가 사실과 달리 기재되어 있는 것을 발견하고도 플레이그라운드를 광고대행사로 선정하였다. 플레이그라운드는 2016년에 케이티 광고 7건(발주금액 총 68억 1,767만 원 상당)을 수주하였다.

(4) 현대자동차그룹 광고 계약 개입

피청구인은 2016년 2월경 안○범에게 플레이그라운드 소개자료가 든 봉투를 전달하면서, 대기업에서 플레이그라운드에 도움을 줄 수 있도록 하라고 지시하였다. 안○범은 2016. 2. 15. 피청구인이 현대자동차 회장 정○구, 부회장 김○환과 독대한 뒤 헤어지는 자리에서 김○환에게 플레이그라운드 소개자료가 든 봉투를 전달하였다.

현대자동차와 기아자동차는 이례적으로 신생 광고회사인 플레이그라운드에 먼저 연락하여 2016년에 5건의 광고를 발주하고 제작비로 총 9억 1,807만 원을 지급하였다. 현대자동차와 기아자동차는 통상적으로 이런 광고를 현대자동차 계열 광고회사인 주식회사 이노션 등에 발주해 왔는데, 이들 기업에 양해를 구하고 플레이그라운드에게 광고를 발주하였다.

사. 더블루케이 관련

(1) 더블루케이 설립과 운영

최○원은 케이스포츠가 정부의 지원으로 사업을 수행하면 그 사업경영을 위탁받는 등의 방법으로 수익을 창출할 계획을 세우고 2016. 1. 13. 케이스포츠가 설립되기 하루 전인 12일 스포츠 경영 등을 목적으로 하는 더블루케이를 설립하였다. 더블루케이의 명목상 대표이사는 조○민, 사내이사는 고○태였으나, 조○민은 주식포기각서를 최○원에게 제출한 뒤 매월 최○원에게 결산보고를 하였다. 최○원은 더블루케이 대표이사와 직원들의 채용 및 급여 수준을 직접 결정하고 자금지출을 결정하며 사업에 관해 지시하는 등 더블루케이를 실질적으로 운영하였다.

(2) 더블루케이와 케이스포츠의 관계

최○원은 자신이 선발하여 채용한 케이스포츠의 노○일 부장과 박○영 과장에게 더블루케이 관련 업무를 하도록 지시하였다. 노○일과 박○영은 매주 적게는 2~3일, 많게는 매일 더블루케이 사무실로 출근하여 용역제안서 작성 등 더블루케이의 업무를 수행하였다. 최○원은 더블루케이 사무실에서 수시로 회의를 주재하였는데, 이 회의에서는 더블루케이 사업뿐만 아니라 케이스포츠 업무 및 케이스포츠와 더블루케이가 함께 추진하는 사업에 관하여서도 모두 논의가 이루어졌다. 최○원은 케이스포츠와 더블루케이의 인력과 사업을 연계하여 운용하였고, 더블루케이는 2016. 3. 10.경 케이스포츠와 업무협약을 체결하여 케이스포츠가 수행하는 사업의 운영을 담당할 근거를 마련하였다.

(3) 그랜드코리아레저 장애인 펜싱팀 창단 개입

피청구인은 2016. 1. 23. 안○범에게 그랜드코리아레저가 스포츠팀을 창단하고, 더블루케이가 운영 자문 등을 할 수 있도록 그랜드코리아레저에 더블루케이를 소개하라고 지시하면서 더블루케이 대표이사의 이름과 연락처를 전달하였다. 안○범은 다음날 그랜드코리아레저 대표이사 이○우에게 피청구인의 요구사항을 전달하고 더블루케이 대표이사 조○민에게도 연락하였다. 또 안○범은 피청구인의 지시에 따라 2016. 1. 26. 문화체육관광부 제2차관 김○을 정○식과 조○민에게 소개시켜 주었다.

더블루케이의 조〇민과 고〇태는 2016년 1월 하순경 그랜드코리아레저에 80억 원 정도의 사업비가 드는 남녀 성인 배드민턴팀과 펜싱팀을 창단하는 사업에 관련한 용역계약 제안서를 전달하였으나, 이〇우는 사업 규모가 너무 커 수용하기 곤란하다는 뜻을 밝혔다. 김〇은 이〇우에게 가능한 한 긍정적으로 검토하라고 요구하면서, 그랜드코리아레저와 더블루케이에게 일반인 팀 대신 장애인 팀을 창단하고 용역계약 대신 선수 관리 및 대리 계약(에이전트 계약)을 체결하는 방안을 제시하였다. 이에 따라 그랜드코리아레저와 더블루케이는 2016. 2. 26. 그랜드코리아레저가 장애인 펜싱팀을 창단하고 더블루케이가 그 선수들의 관리 등 업무를 맡기로 합의하였다.

(4) 포스코 펜싱팀 창단 개입

피청구인은 2016. 2. 22. 포스코 회장 권〇준과 독대하면서 스포츠팀 창단을 권유하였다. 안〇범도 대통령 독대를 마친 권〇준에게 체육과 관련하여 포스코가 역할을 해 달라고 요구하면서 더블루케이의 조〇민을 만나보라고 하였다. 권〇준은 정〇성으로부터 조〇민의 연락처를 받아, 포스코 경영지원본부장 황〇연에게 조〇민을 만나보라고 지시하였다. 이후 피청구인은 안〇범에게 '포스코에서 스포츠팀을 창단하는데 더블루케이가 자문을 해줄 수 있을 것이라고 권〇준 회장에게 말해 놓았으니 잘 되고 있는지 확인해보라.'고 지시하기도 하였다.

더블루케이 관계자들은 2016. 2. 25. 포스코 측에 포스코가 여자 배드민턴팀을 창단하고 더블루케이가 운영을 담당하는 안을 전달하였으나, 황○연은 경영 적자와 다른 스포츠팀이 이미 존재한다는 등의 이유로 거절의사를 밝혔다. 안○범은 2016. 2. 26. 정○식으로부터 이 사실을 보고받고 황○연에게 연락하여 통합 스포츠단 창단을 검토해 달라고 요구하였다. 최○원은 2016년 3월 노○일에게 지시하여 포스코가 통합 스포츠단을 창단하고 더블루케이가 운영을 담당하는 사업계획안을 만들어 포스코에 전달하도록 하였다. 포스코 담당 임원은 2016년 3월 경 더블루케이에 통합 스포츠단 창단의 어려움을 설명하고, 대신 계열회사인 주식회사 포스코 피앤에스 산하에 2017년부터 창단 비용 16억 원 상당의 펜싱팀을 창단하고 그 운영을 더블루케이에 맡기기로 하였다.

(5) 케이스포츠클럽 관련 이권 개입

최○원은 김○으로부터 문화체육관광부 작성의 2015. 12. 1.자 '종합형 스포츠클럽 운영현황 및 개선방안 보고' 문건 등을 건네받아 이를 박○영에게 주면서 '한국형 선진 스포츠클럽 문화 정착을 위한 케이스포츠클럽 활성화 방안 제안서'라는 문건을 작성하게 하였다. 박○영은 문화체육관광부의 문건을 참고하여 지역별로 운영 중인 '종합형 스포츠클럽 지원 사업'에 문제점이 있으므로 '케이스포츠클럽 컨트롤타워'를 새로 만들어 각 지역 스포츠클럽 운영과 관리를 총괄하도록 하는 방향으로 개선해야 한다는 내용의 제안서를 작성하였다.

피청구인은 2016년 2월경 교육문화수석비서관 김○률에게 스포츠
클럽 관련 예산의 효율적 집행을 위하여 각 지역 스포츠클럽의 운영
과 관리를 전담할 '컨트롤타워'를 설립하고, 컨트롤타워 운영에 케이
스포츠가 관여하는 방안을 마련하여 시행하라고 지시하였다. 김○률
은 피청구인의 지시사항을 김○에게 전달하여 문화체육관광부에서 검
토하도록 하였다. 김○은 문화체육관광부 내부 검토를 거쳐, 각 지역
스포츠클럽의 운영을 지원하는 광역 거점 스포츠클럽을 새롭게 설치
하는 방안을 마련하여 시행하였다. 문화체육관광부는 '광역 거점 케
이스포츠클럽' 운영주체를 공모하는 절차를 진행하여 케이스포츠가
이 절차에 참여할 수 있게 하였다.

케이스포츠가 광역 거점 케이스포츠클럽의 운영주체로 지정되고 더
블루케이가 케이스포츠에 대한 경영 자문을 하게 될 경우, 케이스포
츠와 더블루케이를 실질적으로 장악한 최○원은 광역 거점 케이스포
츠클럽에 배정된 국가 예산 집행 과정에서 상당한 이득을 취할 수 있
었을 것이다.

(6) 롯데그룹의 케이스포츠 추가 출연 개입

최○원은 김○을 통해 정부가 전국에 5대 거점 체육시설을 건립하
는 사업을 추진하고 있다는 정보를 전달받고, 2016년 2월경 박○영
에게 케이스포츠가 체육인재 육성을 위해 전국 5대 거점 지역에 체육
시설을 건립한다는 내용의 기획안을 마련하라고 지시하였다. 박○영

은 2016년 3월경 '5대 거점 체육인재 육성사업 기획안'을 작성하였는데, 위 기획안에는 하남시에 있는 대한체육회의 부지를 1차 후보지로 하고 케이스포츠가 더블루케이와 협력하여 체육시설 건립을 추진한다는 내용이 포함되어 있었다.

피청구인은 2016. 3. 14. 롯데그룹 회장 신○빈을 독대하면서, 정부가 체육인재 육성사업의 하나로 하남 거점을 포함하여 전국 5대 거점 지역에 체육시설을 건립하려고 계획하고 있고 케이스포츠가 이를 추진할 것이니 지원해주기 바란다고 요청하였다. 신○빈은 부회장 이○원에게 피청구인의 자금지원 요청 건을 처리하도록 지시하였고, 이○원은 담당 임원들에게 케이스포츠 관계자들을 만나보라고 지시하였다. 또 피청구인은 면담 뒤 안○범에게도 롯데그룹이 하남시 체육시설 건립과 관련하여 75억 원을 부담하기로 하였으니 그 진행상황을 챙겨보라고 지시하였다. 안○범은 정○식으로부터 관련 자료를 송부받거나 롯데그룹 임직원들과 수시로 연락하면서 75억 지원에 관한 진행상황을 점검하고 피청구인에게 이를 보고하였다.

최○원은 2016년 3월 중순경 정○식과 박○영 및 고○태에게 하남시 체육시설 건립 사업과 관련하여 롯데그룹에 자금지원을 요청할 것을 지시하였다. 정○식과 박○영은 2016. 3. 17. 롯데그룹 임원을 만나 '5대 거점 체육인재 육성사업 기획안'을 제시하면서 체육시설 건립에 필요한 자금 지원을 요청하였고, 박○영과 고○태는 2016. 3. 22. 체육시설 건설비 70억 원과 부대비용 5억 원 등 합계 75억 원의 지원을 요구하였다. 롯데그룹 담당 임원들은 지원을 요구받은 금액의 절반 정도

인 35억 원만 지원하는 방안을 제시하기도 하였으나, 요구대로 따르는 것이 좋겠다는 이○원의 뜻에 따라 2016. 5. 25.부터 5. 31.까지 6개 계열사를 동원하여 케이스포츠에 70억 원을 송금하였다.

아. 직권남용권리행사 및 강요 혐의

최○원과 안○범은 (1) 플레이그라운드의 케이티 광고대행사 선정 및 광고제작비 수령, 현대자동차 광고 수주, (2) 더블루케이의 그랜드코리아레저 장애인 펜싱팀과 포스코 펜싱팀 계약 체결, 롯데그룹의 케이스포츠에 대한 70억 원 추가 지원 등과 관련하여 직권남용권리행사방해 및 강요죄로 기소되었다. 검찰의 공소장에는 피청구인이 최○원, 안○범과 공모하여 대통령의 직권과 경제수석비서관의 직권을 남용함과 동시에 이에 두려움을 느낀 기업 임직원 등으로 하여금 의무 없는 일을 하도록 하였다고 기재되어 있다.

자. 평가

(1) 공익실현의무 위반(헌법 제7조 제1항 등 위반)

① 공무원은 대의민주제에서 주권자인 국민으로부터 국가권력의 행사를 위임받은 사람이므로 업무를 수행할 때 중립적 위치에서 공익을 위해 일해야 한다. 헌법 제7조 제1항은 국민주권주의와 대의민주주의를 바

탕으로 공무원을 '국민 전체에 대한 봉사자'로 규정하고 공무원의 공
익실현의무를 천명하고 있다.

대통령은 행정부의 수반이자 국가 원수로서 가장 강력한 권한을 가지
고 있는 공무원이므로 누구보다도 '국민 전체'를 위하여 국정을 운
영해야 한다. 헌법 제69조는 대통령이 취임에 즈음하여 '헌법을 준수'
하고 '국민의 복리 증진'에 노력하여 '대통령으로서의 직책을 성실히
수행'할 것을 선서하도록 함으로써 대통령의 공익실현의무를 다시 한
번 강조하고 있다. 대통령은 '국민 전체'에 대한 봉사자이므로 특정
정당, 자신이 속한 계급 · 종교 · 지역 · 사회단체, 자신과 친분 있는 세
력의 특수한 이익 등으로부터 독립하여 국민 전체를 위하여 공정하고
균형 있게 업무를 수행할 의무가 있다(헌재 2004. 5. 14. 2004헌나1).

대통령의 공익실현의무는 국가공무원법 제59조, 공직자윤리법 제2조의
2 제3항, '부패방지 및 국민권익위원회의 설치와 운영에 관한 법률'(다
음부터 '부패방지권익위법'이라 한다) 제2조 제4호 가목, 제7조 등 법
률을 통해 구체화되고 있다. 국가공무원법 제59조는 "공무원은 국민
전체의 봉사자로서 친절하고 공정하게 직무를 수행하여야 한다."고 하
여 공정한 직무수행의무를 규정하고 있고, 공직자윤리법 제2조의2 제3
항은 "공직자는 공직을 이용하여 사적 이익을 추구하거나 개인이나 기
관·단체에 부정한 특혜를 주어서는 아니" 된다고 규정하고 있다. 부패
방지권익위법은 제2조 제4호 가목에서 "공직자가 직무와 관련하여 그
지위 또는 권한을 남용하거나 법령을 위반하여 자기 또는 제3자의 이
익을 도모하는 행위"를 부패행위로 규정하고, 제7조에서 "공직자는 법
령을 준수하고 친절하고 공정하게 집무하여야 하며 일체의 부패행위와
품위를 손상하는 행위를 하여서는 아니 된다."고 하여 공직자의 청렴

의무를 규정하고 있다.

② 피청구인은 최○원이 추천한 인사를 다수 공직에 임명하였고 이렇게 임명된 일부 공직자는 최○원의 이권 추구를 돕는 역할을 하였다. 또한, 피청구인은 사기업으로부터 재원을 마련하여 미르와 케이스포츠를 설립하도록 지시하였고, 대통령의 지위와 권한을 이용하여 기업들에게 출연을 요구하였다. 이어 최○원이 추천하는 사람들을 미르와 케이스포츠의 임원진이 되도록 하여 최○원이 두 재단을 실질적으로 장악할 수 있도록 해 주었다. 그 결과 최○원은 자신이 실질적으로 운영하는 플레이그라운드와 더블루케이를 통해 위 재단을 이권 창출의 수단으로 활용할 수 있었다.

한편, 피청구인은 기업에 대하여 특정인을 채용하도록 요구하고 특정 회사와 계약을 체결하도록 요청하는 등 대통령의 지위와 권한을 이용하여 사기업 경영에 관여하였다. 이에 대하여 피청구인은 우수 중소기업 지원이나 우수 인재 추천 등 정부 정책에 따른 업무 수행일 뿐이라고 주장한다. 그러나 대통령이 특정 개인의 사기업 취업을 알선하는 것은 이례적인 일일 뿐만 아니라, 피청구인이 채용을 요구한 사람들은 모두 최○원과 관계있는 사람들로 채용된 기업에서 최○원의 이권 창출을 돕는 역할을 하였다. 또 피청구인이 우수 중소기업으로 알고 지원하였다는 플레이그라운드나 더블루케이는 모두 최○원이 미르와 케이스포츠를 이용하여 이권을 창출하려는 의도로 경영하던 회사이고, 케이디코퍼레이션도 최○원의 지인이 경영하는 회사이다. 그 중 더블루케이는 직원이 대표이사를 포함하여 3명밖에 없고 아무런 실적도 없는 회사인데 이런 회사를 우수 중소기업으로 알고 지원하였다는 피청구인의 주장은 납득할 수 없다.

그 밖에 피청구인은 스포츠클럽 개편과 같은 최○원의 이권과 관련된 정책 수립을 지시하였고, 롯데그룹으로 하여금 5대 거점 체육인재 육성사업을 위한 시설 건립과 관련하여 케이스포츠에 거액의 자금을 출연하도록 하였다.

③ 피청구인의 이러한 일련의 행위는 최○원 등의 이익을 위해 대통령으로서의 지위와 권한을 남용한 것으로서 공정한 직무수행이라 할 수 없다. 피청구인은 헌법 제7조 제1항, 국가공무원법 제59조, 공직자윤리법 제2조의2 제3항, 부패방지권익위법 제2조 제4호 가목, 제7조를 위배하였다.

④ 피청구인은 최○원이 사사로운 이익을 추구하고 있다는 사실을 몰랐을 뿐만 아니라, 최○원이 여러 가지 문제 있는 행위를 한 것은 그와 함께 일하던 고○태 등에게 속거나 협박당하여 한 것이라는 취지의 주장을 한다. 그러나 피청구인이 최○원과 함께 위에서 본 것처럼 미르와 케이스포츠를 설립하고 최○원 등이 운영하는 회사에 이익이 돌아가도록 적극적으로 지원한 사실은 증거에 의하여 분명히 인정된다. 피청구인이 플레이그라운드·더블루케이·케이디코퍼레이션 등이 최○원과 관계있는 회사라는 사실을 몰랐다고 하더라도 대통령으로서 특정 기업의 이익 창출을 위해 그 권한을 남용한 것은 객관적 사실이므로, 헌법과 국가공무원법 등 위배에 해당함은 변함이 없다. 또 최○원이 위와 같은 행위를 한 동기가 무엇인지 여부는 피청구인의 법적 책임을 묻는 데 아무런 영향이 없으므로, 최○원이 고○태 등에게 속거나 협박을 당하였는지 여부는 이 사건 판단과 상관이 없다.

(2) 기업의 자유와 재산권 침해(헌법 제15조, 제23조 제1항 등 위반)

① 헌법 제15조는 기업의 자유로운 운영을 내용으로 하는 기업경영의 자유를 보장하고, 헌법 제23조 제1항은 모든 국민의 재산권을 보장한다(헌재 2009. 5. 28. 2006헌바86; 헌재 2015. 9. 24. 2013헌바393 참조). 또 헌법 제37조 제2항은 기본권은 필요한 경우에 한하여 법률로써 제한할 수 있다는 한계를 설정하고 있다.

② 피청구인은 직접 또는 경제수석비서관을 통하여 대기업 임원 등에게 미르와 케이스포츠에 출연할 것을 요구하였다. 기업들은 미르와 케이스포츠의 설립 취지나 운영 방안 등 구체적 사항은 전혀 알지 못한 채 재단 설립이 대통령의 관심사항으로서 경제수석비서관이 주도하여 추진된다는 점 때문에 서둘러 출연 여부를 결정하였다. 재단이 설립된 이후에도 출연 기업들은 재단의 운영에 관여하지 못하였다.

대통령의 재정·경제 분야에 대한 광범위한 권한과 영향력, 비정상적 재단 설립 과정과 운영 상황 등을 종합하여 보면, 피청구인으로부터 출연 요구를 받은 기업으로서는 이를 수용하지 않을 수 없는 부담과 압박을 느꼈을 것이고 이에 응하지 않을 경우 기업 운영이나 현안 해결과 관련하여 불이익이 있을지 모른다는 우려 등으로 사실상 피청구인의 요구를 거부하기 어려웠을 것으로 보인다. 기업이 피청구인의 요구를 수용할지를 자율적으로 결정하기 어려웠다면, 피청구인의 요구는 임의적 협력을 기대하는 단순한 의견제시나 권고가 아니라 사실상 구속력 있는 행위라고 보아야 한다.

피청구인이 '문화융성'이라는 국정과제 수행을 위해 미르와 케이스포츠의 설립이 필요하다고 판단했다면, 공권력 개입을 정당화할 수 있는 기준과 요건을 법률로 정하고 공개적으로 재단을 설립했어야 했다. 그런데 이와 반대로 비밀리에 대통령의 권한을 이용하여 기업으로 하여금 재단법인에 출연하도록 한 피청구인의 행위는 해당 기업의 재산권 및 기업경영의 자유를 침해한 것이다.

③ 피청구인은 롯데그룹에 최○원의 이권 사업과 관련 있는 하남시 체육시설 건립 사업 지원을 요구하였고, 안○범으로 하여금 사업 진행 상황을 수시로 점검하도록 하였다. 피청구인은 현대자동차그룹에 최○원의 지인이 경영하는 회사와 납품계약을 체결하도록 요구하였고, 케이티에는 최○원과 관계있는 인물의 채용과 보직 변경을 요구하였다. 그 밖에도 피청구인은 기업에 스포츠팀 창단 및 더블루케이와의 계약 체결을 요구하였고, 그 과정에서 고위공직자인 안○범이나 김○을 이용하여 영향력을 행사하였다.

피청구인의 요구를 받은 기업은 현실적으로 이에 따를 수밖에 없는 부담과 압박을 느꼈을 것으로 보이고 사실상 피청구인의 요구를 거부하기 어려웠을 것이다. 피청구인은 대통령으로서는 이례적으로 사기업 임원의 임용에 개입하고 계약 상대방을 특정하는 방식으로 기업 경영에 적극적으로 개입하였으며, 해당 기업들은 피청구인의 요구에 따르기 위해 통상의 과정에 어긋나게 인사를 시행하고 계약을 체결하였다.

피청구인의 이와 같은 일련의 행위들은 기업의 임의적 협력을 기대하는 단순한 의견제시나 권고가 아니라 구속적 성격을 지닌 것으로 평가된다. 만약 피청구인이 체육진흥·중소기업 육성·인재 추천 등을 위해 이러한 행위가 필요하다고 판단했을지라도 법적 근거와 절차를 따랐어야 한다. 아무런 법적 근거 없이 대통령의 권한을 이용하여 기업의 사적

자치 영역에 간섭한 피청구인의 행위는 헌법상 법률유보 원칙을 위반하여 해당 기업의 재산권 및 기업경영의 자유를 침해한 것이다.

(3) 비밀엄수의무 위배

국가공무원법 제60조에 따라 공무원은 직무상 알게 된 비밀을 엄수하여야 한다. 비밀엄수의무는 공무원이 국민전체에 대한 봉사자라는 지위에 기하여 부담하는 의무이다(헌재 2013. 8. 29. 2010헌바354등 참조). 특히 대통령은 고도의 정책적 결정을 내리는 과정에서 중요한 국가기밀을 다수 알게 되므로, 대통령의 비밀엄수의무가 가지는 중요성은 다른 어떤 공무원의 경우보다 크고 무겁다.

피청구인의 지시와 묵인에 따라 최○원에게 많은 문건이 유출되었고, 여기에는 대통령의 일정·외교·인사·정책 등에 관한 내용이 포함되어 있다. 이런 정보는 대통령의 직무와 관련된 것으로 일반에 알려질 경우 행정 목적을 해할 우려가 있고 실질적으로 비밀로 보호할 가치가 있으므로 직무상 비밀에 해당한다. 그럼에도 불구하고 피청구인은 최○원에게 위와 같은 문건이 유출되도록 지시 또는 방치하였으므로, 이는 국가공무원법 제60조의 비밀엄수의무 위배에 해당한다.

7. 공무원 임면권 남용 여부

가. 문화체육관광부 소속 공무원에 대한 문책성 인사

(1) 최○원은 딸 정○라가 2013. 4. 14. 상주국제승마장에서 개최된 한국
마사회컵 전국 승마대회에서 준우승에 그치자 판정에 이의를 제기하였
다. 교육문화수석비서관 모○민은 2013년 7월경 문화체육관광부 담
당과장으로 하여금 대한승마협회 박○오를 만나 협회의 문제점을 확
인하라는 정○성의 말을 듣고, 문화체육관광부 장관 유○룡에게 그
뜻을 전달하면서 대한승마협회의 비리를 조사하라고 하였다. 유○룡
은 문화체육관광부 체육정책국 국장 노○강과 체육정책과 과장 진○
수에게 위 협회에 대한 조사를 지시하였다. 노○강과 진○수는 대한
승마협회를 조사한 뒤 박○오와 그에게 반대하는 협회 사람들 모두
문제가 있다는 내용의 보고서를 작성하여 유○룡을 거쳐 모○민에게
보고하였고, 모○민은 이 내용을 피청구인에게 보고하였다.

유○룡은 2013. 7. 23. 국무회의에서 '체육단체 운영비리 및 개선방
안'을 보고하였고, 문화체육관광부는 체육 단체 운영실태 전반에 대
한 감사에 착수하는 등 후속 조치를 취하였다. 한편, 피청구인은 2013
년 8월경 정○성에게 체육계 비리 척결에 진척이 없는 이유를 파악하라
고 지시하였고, 정○성은 이를 대통령비서실 공직기강비서관에게 전달
하였다. 대통령비서실 민정수석비서관 홍○식은 모○민에게 공직기강
비서관의 조사 결과를 알려주면서 '노○강과 진○수는 체육 개혁 의
지가 부족하고 공무원으로서의 품위에 문제가 있다'는 취지의 언급
을 하였다.

그 뒤 피청구인은 모○민을 통하여 유○룡에게 '대한승마협회를 포

함한 체육계 비리에 대한 구체적 대책'을 주제로 대면 보고하라고 지시하였고, 유○룡은 2013. 8. 21. 모○민이 배석한 자리에서 피청구인에게 보고하였다. 그 자리에서 피청구인은 노○강과 진○수를 문책하라는 취지의 지시를 하였다. 유○룡은 정기 인사에 맞추어 노○강과 진○수에 대한 인사를 하려 하였으나, 모○민으로부터 피청구인이 노○강과 진○수에 대한 문책 여부와 그 결과를 확인하고자 한다는 이야기를 듣고 2013. 9. 2.경 이들에 대한 문책성 인사를 시행하였다.

그로부터 약 2년 뒤인 2016년 4월경 피청구인은 노○강이 국립중앙박물관 교육문화교류단장으로 근무 중인 사실을 확인하고, 교육문화수석비서관 김○률에게 노○강을 산하단체로 보내라는 취지의 지시를 하였다. 김○률은 피청구인의 지시내용을 문화체육관광부 장관 김○덕에게 전달하였으며, 노○강은 2016. 5. 31. 명예퇴직하였다.

(2) 피청구인은 2014년 7월경 후임 장관을 지명하지 않은 상태에서 유○룡을 문화체육관광부장관직에서 면직하였다. 이어 대통령비서실장 김기춘은 문화체육관광부 장관 후임으로 김○덕이 임명된 직후인 2014년 9월경 문화체육관광부 제1차관 김○범에게 문화체육관광부 소속 1급 공무원 6명으로부터 사직서를 받으라고 지시하였다. 그 뒤 2014년 10월경 위 6명의 공무원 중 3명의 사직서가 수리되었다.

나. 판단

청구인은 피청구인이 최○원 등의 사익 추구에 방해되는 노○강과 진○수의 문책성 인사를 지시하고 유○룡을 면직하는 한편 1급 공무원에게 사직서를 제출하도록 압력을 행사하여 직업공무원제도의 본질을 침해하고 공무원 임면권을 남용하였다고 주장한다. 그러나 위에서 본 사실만으로는 피청구인이 노○강과 진○수에 대하여 문책성 인사를 하도록 지시한 이유가 이들이 최○원의 사익 추구에 방해가 되기 때문이었다고 보기는 부족하고, 달리 이 사건에서 이러한 사실을 인정할 수 있는 증거가 없다. 또 피청구인이 유○룡을 면직한 이유나 대통령비서실장이 1급 공무원 6인으로부터 사직서를 제출받도록 지시한 이유도 이 사건에서 제출된 증거만으로는 분명하지 않다. 따라서 이 부분 소추사유는 받아들일 수 없다.

8. 언론의 자유 침해 여부

가. 세계일보 사장 해임 등

세계일보는 2014. 11. 24. 청와대 민정수석비서관실에서 정○회가 정부 고위직 인사에 개입한다는 정보를 입수하여 감찰 조사를 벌였다고 보도하였다. 이어 28일에는 대통령비서실에서 작성된 '청 비서실장 교체설 등 관련 브이아이피(VIP) 측근(정○회) 동향'이라는 문건 등 이른바 '정○회 문건'을 공개하였다. 이 문건은 2014. 1. 6. 공직기강비서관실에서 작성된 것으로, 최○원의 남편 정○회가 대통령비서실 소속 공무원을 포함한 이른바 '십상시'라고 불리는 사람들과 대통령의 국정 운영과 청와대 내부상황을 확인하고 의견을 제시한다는 내용이 적혀 있었다.

세계일보의 이 보도 이후 피청구인은 2014. 12. 1. 수석비서관회의에서 청와대 문건의 외부 유출은 국기문란 행위이고 검찰이 철저하게 수사해서 진실을 밝혀야 한다고 하며 문건 유출을 비판하였다. 그 뒤 2015. 1. 31. 세계일보를 실질적으로 운영하는 통일교의 한○자 총재는 조○규를 대표이사직에서 해임한다고 통고하였고, 조○규는 2015. 2. 27. 해임되었다.

나. 판단

피청구인의 청와대 문건 유출에 대한 비판 발언 등을 종합하면 피청구인이 세계일보의 정○회 문건 보도에 비판적 입장을 표명하였다고 볼 수 있다. 그러나 이러한 입장 표명만으로 세계일보의 언론의 자유를 침해하였다고 볼 수는 없다.

청구인은 청와대 고위관계자가 한○자에게 조○규의 해임을 요구하였다고 주장하나, 청와대 고위관계자 중 누가 해임을 요구하였는지는 밝히지 못하고 있다. 조○규와 세계일보 기자 조○일이 조○규의 해임에 청와대의 압력이 있었다는 취지로 증언하고 있으나 구체적으로 누가 압력을 행사하였는지는 알지 못한다고 진술하였다. 또한, 주식회사 세계일보에 대한 사실조회결과, 조○규가 세계일보를 상대로 손해배상청구 소송을 제기하였다가 취하한 경위, 그리고 세계일보가 조○규를 상대로 명예훼손을 이유로 손해배상청구 소송을 제기한 경위 등에 비추어 볼 때, 조○규의 대표이사직 해임에 피청구인이 관여하였다고 인정하기에는 증거가 부족하다. 따라서 이 부분 소추사유도 받아들일 수 없다.

9. 생명권 보호의무 등 위반 여부

가. 세월호 침몰 경과

여객선 세월호는 수학여행을 가는 단원고등학교 학생 325명을 포함한 승객 443명과 승무원 33명 등 476명을 태우고 2014. 4. 15. 인천 연안여객터미널에서 제주도로 출항하였다. 세월호는 항해 중 2014. 4. 16. 08:48경 전남 진도군 조도면 병풍도 북방 1.8해리 해상에서 선체가 왼쪽으로 기울어지기 시작하였다. 세월호 승객이 08:54경 119로 사고 사실을 신고하였고 이 신고는 목포해양경찰서 상황실에 전달되었으며, 세월호 항해사 강○식도 08:55경 제주 해상교통관제센터에 구조를 요청하였다. 세월호 승무원은 08:52경부터 09:50경까지 승객들에게 구명조끼를 입고 배 안에서 기다리라는 안내방송을 여러 차례 하였다.

목포해양경찰서 소속 경비정 123정은 09:30경 사고현장 1마일 앞 해상에 도착하였는데, 세월호는 09:34경 이미 약 52도 기울어져 복원력을 상실하였다. 123정은 세월호에 접근하여 선장 이○석과 일부 승무원을 구조하였고, 09:30경부터 09:45경 사이에는 해양경찰 소속 헬기도 사고 현장에 도착하여 승객들을 구조하였다. 그런데 안내방송에 따라 배 안에서 기다리고 있던 승객들에게 퇴선안내가 이루어지지 않았고, 123정의 승조원들도 세월호 승객에게 탈출하도록 안내하거나 퇴선을 유도하지 않았다. 10:21경까지 해경의 선박과 헬기 및 인근에 있던 어선 등이 모두 172명을 구조하였으나, 승객 및 승무원 중 304명은 배 안에서 탈출하지 못하였고 이들은 모두 사망하거나 실종되었다.

당일 날씨가 맑고 파도가 잔잔하였으며 사고 무렵 해수 온도는 12.6도 정도였다. 123정 등 현장에 도착한 구조대가 승객들에게 퇴선 안내를 신속하게 하였다면 더 많은 승객을 구조하여 피해를 크게 줄일 수 있었을 가능성이 크다.

나. 피청구인의 대응

피청구인은 세월호가 침몰된 날 청와대 본관 집무실로 출근하지 않고 관저에 머물러 있었다. 피청구인은 10:00경 국가안보실로부터 세월호가 침수 중이라는 서면 보고를 받고 국가안보실장 김△수에게 전화하여 '단 한 명의 인명 피해도 발생하지 않도록 할 것'을 지시했다고 주장한다. 김△수는 당시 피청구인에게 텔레비전을 통해 사고보도를 볼 것을 조언하였다고 국회에서 증언하였다. 피청구인은 10:22경과 10:30경 김△수와 해양경찰청장에게 전화하여 인명 구조를 지시하였다고 주장한다.

그날 11:01경부터 세월호에 승선한 단원고등학교 학생이 모두 구조되었다고 사실과 다른 보도가 방송되기 시작했는데, 11:19 에스비에스가 정정보도를 시작하여 11:50경에는 대부분의 방송사가 오보를 정정하였다. 당시 국가안보실은 현장에서 구조를 지휘하는 해양경찰과 연락을 주고받아 구조가 순조롭지 못한 사실을 알고 있었고 학생 전원이 구조되었다는 방송이 정확하지 않다는 것을 알고 있었다.

피청구인은 10:40경부터 12:33경까지 국가안보실과 사회안전비서관으로부터 수차례 보고서를 받아 보았고, 11:23경 국가안보실장 김△수로부터 전화 보고도 받았다고 주장한다. 피청구인의 주장과 같이 비서실의 보고서를 받아 보고 비서진과 통화하였다면 당시 선실에 갇혀 탈출하지 못한 학생들이 많았던 당시의 심각한 상황을 알 수 있었을 것이다.

그런데 피청구인은 11:34경 외국 대통령 방한시기의 재조정에 관한 외교안보수석실의 보고서를 검토하고, 11:43경 자율형 사립고등학교의 문제점에 관한 교육문화수석실의 보고서를 검토하는 등 일상적 직무를 수행하였다고 주장하고 있다. 피청구인이 제출한 통화기록에 따르면 피청구인은 12:50경 고용복지수석비서관 최○영과 10분간 통화하였는데, 당시 기초연금법에 관하여 이야기를 나누었다고 한다.

한편, 피청구인은 13:07경 구조된 사람이 370명에 이른다고 잘못 계산된 사회안전비서관의 보고서를 받았고, 13:13경 국가안보실장도 피청구인에게 전화로 370명이 구조된 것으로 잘못 보고하였다고 한다. 피청구인은 14:11경 국가안보실장에게 정확한 구조상황을 확인하도록 지시하였고, 14:50경 구조인원이 잘못 계산되었다는 보고를 받고 비로소 인명 피해가 심각할 수 있다는 사실을 알게 되어 그 무렵 중앙재난안전대책본부 방문을 지시하게 되었다고 설명하고 있다.

다. 생명권 보호의무 위반 여부

국가는 개인이 가지는 불가침의 기본적 인권을 확인하고 이를 보장할 의무를 진다(헌법 제10조). 생명·신체의 안전에 관한 권리는 인간의 존엄과 가치의 근간을 이루는 기본권이고, 국민의 생명·신체의 안전이 위협받거나 받게 될 우려가 있는 경우 국가는 그 위험의 원인과 정도에 따라 사회·경제적 여건과 재정사정 등을 감안하여 국민의 생명·신체의 안전을 보호하기에 필요한 적절하고 효율적인 입법·행정상의 조치를 취하여 그 침해의 위험을 방지하고 이를 유지할 포괄적 의무를 진다(헌재 2008. 12. 26. 2008헌마419등 참조).

피청구인은 행정부의 수반으로서 국가가 국민의 생명과 신체의 안전 보호의무를 충실하게 이행할 수 있도록 권한을 행사하고 직책을 수행하여야 하는 의무를 부담한다. 하지만 국민의 생명이 위협받는 재난상황이 발생하였다고 하여 피청구인이 직접 구조 활동에 참여하여야 하는 등 구체적이고 특정한 행위의무까지 바로 발생한다고 보기는 어렵다. 세월호 참사로 많은 국민이 사망하였고 그에 대한 피청구인의 대응조치에 미흡하고 부적절한 면이 있었다고 하여 곧바로 피청구인이 생명권 보호의무를 위반하였다고 인정하기는 어렵다. 그 밖에 세월호 참사와 관련하여 피청구인이 생명권 보호의무를 위반하였다고 인정할 수 있는 자료가 없다.

라. 성실한 직책수행의무 위반 여부

헌법 제69조는 대통령의 취임 선서를 규정하면서 대통령으로서 직책을 성실히 수행할 의무를 언급하고 있다. 헌법 제69조는 단순히 대통령의 취임 선서의 의무만 규정한 것이 아니라 선서의 내용을 명시적으로 밝힘으로써 헌법 제66조 제2항 및 제3항에 따라 대통령의 직무에 부과되는 헌법적 의무를 다시 한 번 강조하고 그 내용을 구체화하는 규정이다.

대통령의 '직책을 성실히 수행할 의무'는 헌법적 의무에 해당하지만, '헌법을 수호해야 할 의무'와는 달리 규범적으로 그 이행이 관철될 수 있는 성격의 의무가 아니므로 원칙적으로 사법적 판단의 대상이 되기는 어렵다. 대통령이 임기 중 성실하게 직책을 수행하였는지 여부는 다음 선거에서 국민의 심판의 대상이 될 수 있다. 그러나 대통령 단임제를 채택한 현행 헌법 하에서 대통령은 법적으로 뿐만 아니라 정치적으로도 국민에 대하여 직접적으로는 책임을 질 방법이 없고, 다만 대통령의 성실한 직책수행 여부가 간접적으로 그가 소속된 정당에 대하여 정치적 반사이익 또는 불이익을 가져다 줄 수 있을 뿐이다.

헌법 제65조 제1항은 탄핵사유를 '헌법이나 법률에 위배한 경우'로 제한하고 있고, 헌법재판소의 탄핵심판절차는 법적 관점에서 단지 탄핵사유의 존부만을 판단하는 것이므로, 이 사건에서 청구인이 주장하는 것과 같은 세월호 참사 당일 피청구인이 직책을 성실히 수행하였는지 여부는 그 자체로 소추사유가 될 수 없어, 탄핵심판절차의 판단대상이 되지 아니한다(헌재 2004. 5. 14. 2004헌나1 참조).

마. 결론

이 부분 소추사유도 받아들이지 아니한다.

10. 피청구인을 파면할 것인지 여부

가. 피청구인은 최○원에게 공무상 비밀이 포함된 국정에 관한 문건을 전달했고, 공직자가 아닌 최○원의 의견을 비밀리에 국정 운영에 반영하였다. 피청구인의 이러한 위법행위는 일시적·단편적으로 이루어진 것이 아니고 피청구인이 대통령으로 취임한 때부터 3년 이상 지속되었다. 피청구인은 최○원이 주로 말씀자료나 연설문의 문구 수정에만 관여하였다고 주장하지만, 대통령의 공적 발언이나 연설은 정부 정책 집행의 지침이 되고 외교관계에도 영향을 줄 수 있는 것이므로 말씀자료라고 하여 가볍게 볼 것이 아니다. 더구나 피청구인의 주장과 달리 최○원은 공직자 인사와 대통령의 공식일정 및 체육정책 등 여러 분야의 국가정보를 전달받고 국정에 개입하였다.

또한 피청구인은 국민으로부터 위임받은 권한을 사적 용도로 남용하였다. 이는 결과적으로 최○원의 사익 추구를 도와 준 것으로서 적극적·반복적으로 이루어졌다. 특히, 대통령의 지위를 이용하거나 국가의 기관과 조직을 동원하였다는 점에서 그 법 위반의 정도가 매우 엄중하다.

미르와 케이스포츠 설립과 관련하여 피청구인은 기업들이 자발적으로 모금하였다고 주장하지만 기업들이 스스로 결정할 수 있었던 사항은 거의 없었다. 기업들은 출연금이 어떻게 쓰일 것인지 알지도 못한 채 전경련에서 정해 준 금액을 납부하기만 하고 재단 운영에는 관여하지 못하였다. 미르와 케이스포츠는 피청구인의 지시로 긴급하게 설립되었지만 막상 설립된 뒤 문화와 체육 분야에서 긴요한 공익 목적을 수행한 것도 없다. 오히려 미르와 케이스포츠는 실질적으로 최○원에 의해 운영되면서 주로 최○원의 사익 추구에 이용되었다.

국민으로부터 직접 민주적 정당성을 부여받고 주권 행사를 위임받은 대통령은 그 권한을 헌법과 법률에 따라 합법적으로 행사하여야 함은 물론, 그 성질상 보안이 요구되는 직무를 제외한 공무 수행은 투명하게 공개하여 국민의 평가를 받아야 한다. 그런데 피청구인은 최○원의 국정 개입을 허용하면서 이 사실을 철저히 비밀에 부쳤다. 피청구인이 행정부처나 대통령비서실 등 공적 조직이 아닌 이른바 비선 조직의 조언을 듣고 국정을 운영한다는 의혹이 여러 차례 제기되었으나, 그때마다 피청구인은 이를 부인하고 의혹 제기 행위만을 비난하였다.

2014년 11월 세계일보가 정○회 문건을 보도하였을 때에도 피청구인은 비선의 국정 개입 의혹은 거짓이고 청와대 문건 유출이 국기문란 행위라고 비판하였다. 이와 같이 피청구인이 대외적으로는 최○원의 존재 자체를 철저히 숨기면서 그의 국정 개입을 허용하였기 때문에, 권력분립원리에 따른 국회 등 헌법기관에 의한 견제나 언론 등 민간에 의한 감시 장치가 제대로 작동될 수 없었다.

국회와 언론의 지적에도 불구하고 피청구인은 잘못을 시정하지 않고 오히려 사실을 은폐하고 관련자를 단속하였기 때문에, 피청구인의 지시에 따라 일한 안○범과 김○ 등 공무원들이 최○원과 공모하여 직권남용권리행사방해죄를 저질렀다는 등 부패범죄 혐의로 구속 기소되는 중대한 사태로까지 이어지게 되었다. 피청구인이 최○원의 국정 개입을 허용하고 국민으로부터 위임받은 권한을 남용하여 최○원 등의 사익 추구를 도와주는 한편 이러한 사실을 철저히 은폐한 것은, 대의민주제의 원리와 법치주의의 정신을 훼손한 행위로서 대통령으로서의 공익실현의무를 중대하게 위반한 것이다.

나. 피청구인은 최○원의 국정 개입 등이 문제로 대두되자 2016. 10. 25. 제1차 대국민 담화를 발표하면서 국민에게 사과하였으나, 그 내용 중 최○원이 국정에 개입한 기간과 내용 등은 객관적 사실과 일치하지 않는 것으로 진정성이 부족하였다. 이어진 제2차 대국민 담화에서 피청구인은 제기된 의혹과 관련하여 진상 규명에 최대한 협조하겠다고 하고 검찰 조사나 특별검사에 의한 수사도 수용하겠다고 발표하였다. 그러나 검찰이나 특별검사의 조사에 응하지 않았고 청와대에 대

한 압수수색도 거부하여 피청구인에 대한 조사는 이루어지지 않았다.

위와 같이 피청구인은 자신의 헌법과 법률 위배행위에 대하여 국민의 신뢰를 회복하고자 하는 노력을 하는 대신 국민을 상대로 진실성 없는 사과를 하고 국민에게 한 약속도 지키지 않았다. 이 사건 소추사유와 관련하여 피청구인의 이러한 언행을 보면 피청구인의 헌법수호 의지가 분명하게 드러나지 않는다.

다. 이상과 같은 사정을 종합하여 보면, 피청구인의 이 사건 헌법과 법률 위배행위는 국민의 신임을 배반한 행위로서 헌법수호의 관점에서 용납될 수 없는 중대한 법 위배행위라고 보아야 한다. 그렇다면 피청구인의 법 위배행위가 헌법질서에 미치게 된 부정적 영향과 파급 효과가 중대하므로, 국민으로부터 직접 민주적 정당성을 부여받은 피청구인을 파면함으로써 얻는 헌법수호의 이익이 대통령 파면에 따르는 국가적 손실을 압도할 정도로 크다고 인정된다.

11. 결론

피청구인을 대통령직에서 파면한다. 이 결정은 아래 12. 재판관 김이수, 재판관 이진성의 보충의견과 13. 재판관 안창호의 보충의견이 있는 외에는 재판관 전원의 일치된 의견에 따른 것이다.

12. 재판관 김이수, 재판관 이진성의 보충의견

피청구인의 생명권 보호의무 위반부분을 인정하지 못하는 것은 다수의견과 같다.

우리는 피청구인이 참사 당일 시시각각 급변하는 상황에 관한 파악과 대처 과정에서 자신의 법적 의무를 제대로 이행하지 아니함으로써 헌법상 대통령의 성실한 직책수행의무 및 국가공무원법상 성실의무를 위반하였으나, 이 사유만으로는 파면사유를 구성하기 어렵다고 판단하므로 다음과 같이 보충의견을 밝힌다.

가. 성실한 직책수행의무 위반이 탄핵 사유가 되는지

(1) 헌법 제69조는 대통령 취임선서의 내용으로 '대통령으로서의 직책을 성실히 수행할 의무'를 규정한다. 헌법 제69조는 헌법 제66조 제2항 및 제3항에 의하여 대통령의 직무에 부과되는 헌법적 의무를 다시 강조하고 내용을 구체화하는 규정이므로, 대통령의 '성실한 직책수행의무'는 헌법적 의무에 해당한다(헌재 2004. 5. 14. 2004헌나1 참조). 헌법재판소는 대통령의 '성실한 직책수행의무'는 규범적으로 이행이 관철될 수 있는 성격의 의무가 아니므로 원칙적으로 사법적 판단의 대상이 될 수 없다고 하면서, 정치적 무능력이나 정책결정상의 잘못 등 직책수행의 성실성 여부는 그 자체로서 소추사유가 될 수 없다고 하였다(헌재 2004. 5. 14. 2004헌나1 참조). 그러나 직책수행의 성실성에 관한 추상적 판단에 그치지 않고, 헌법이나 법률에 따라 대통령에

게 성실한 직책수행의무가 구체적으로 부여되는 경우에 그 의무 위반
은 헌법 또는 법률 위반이 되어 사법 심사의 대상이 될 수 있으므로,
탄핵 사유를 구성한다.

(2) 국가공무원법 제56조는 '모든 공무원은 성실히 직무를 수행하여야
한다.'라고 공무원의 성실 의무를 규정하고 있어 어느 공무원이든 이
를 위반한 경우 징계사유가 된다(같은 법 제78조 제1항, '공무원 징
계령 시행규칙' 별표 1). 국가공무원법 제56조는 대통령을 포함한 모
든 공무원에게 동일하게 적용되고, 대통령이라고 하여 이를 달리 적용
하여야 할 명문 규정이나 해석상 근거는 없다. 따라서 대통령도 국가
공무원법 제56조의 성실 의무에 위반한 경우에는 사법적 판단이 가능
하고 대통령에게도 헌법과 법률이 정하는 책임을 물어야 한다. 그렇지
아니하면 공무원들에게는 징계 사유가 되는 행위를 최고위 공무원인
대통령이 행한 경우에는 아무런 법적 책임을 부담하지 않는 결과가 되
어 형평에 반하기 때문이다.

(3) 대통령은 국가원수로서 국가의 독립, 영토의 보전, 국가의 계속성과
헌법을 수호할 책무를 지고(헌법 제66조 제1항, 제2항), 국가의 제1 임
무는 개인의 생명과 안전을 보장하는 일이다. 우리 헌법은 "우리들과
우리들의 자손의 안전…을 영원히 확보할 것"(전문)과, "국가는 재해
를 예방하고 그 위험으로부터 국민을 보호하기 위하여 노력하여야 한
다."(제34조 제6항)고 선언하고 있다. 국가를 대표하는 국가원수는
이러한 국가의 의무 이행에 관한 최고책임자에 해당한다.

따라서 국가주권 또는 국가를 구성하는 정치·경제·사회·문화 체
계 등 국가의 핵심요소나 가치, 다수 국민의 생명과 안전 등에 중대한

위해가 가해질 가능성이 있거나 가해지고 있는 '국가위기' 상황이 발생한 경우, 국가원수인 대통령은 국가위기 상황에 대한 시의적절한 조치를 취하여 국가와 국민을 보호할 구체적인 작위의무를 부담한다. 이러한 국가위기에는 군사적 위협과 같은 전통적 안보 위기뿐만 아니라, 자연재난이나 사회재난, 테러 등으로 인한 안보 위기 역시 포함되며, 현대 국가에서는 후자의 중요성이 점점 더 커지고 있다.

이처럼 대통령에게 구체적인 작위의무가 부여된 경우에는 대통령의 성실한 직책수행의무는 단순히 도의적, 정치적 의무에 불과한 것이 아니라 법적 의무이고, 그 불이행은 사법심사의 대상이 된다. 헌법 제69조의 성실한 직책수행의무 및 국가공무원법 제56조의 성실 의무는 대통령에게 구체적인 작위의무가 부여된 경우 탄핵사유에서 말하는 헌법 또는 법률 위반의 기준이 되는 규범이 된다.

(4) 대통령의 성실한 직책수행의무 위반을 인정하기 위해서는, 첫째, 국가주권 또는 국가를 구성하는 정치·경제·사회·문화 체계 등 국가의 핵심요소나 가치, 다수 국민의 생명과 안전 등에 중대한 위해가 가해지거나 가해질 가능성이 있는 국가위기 상황이 발생하여야 하고(작위의무 발생), 둘째, 대통령이 국가의 존립과 국민의 생명 및 안전을 보호하는 직무를 성실히 수행하지 않았어야 한다(불성실한 직무수행).

나. 피청구인이 성실한 직책수행의무를 위반하였는지

(1) 인정하는 사실

（가） 다수의견과 중복되지 않는 범위에서 세월호 사건의 경과 및 당시의 정황을 살펴본다. 세월호는 2014. 4. 16. 08:48경 전남 진도군 조도면 병풍도 북방 1.8해리 해상에 이르러 선체가 좌현 측으로 급속히 기울어졌고, 복원력이 상실되어 결국 좌현으로 약 30도 기울었다. 세월호는 09:34경 52.2도로 기울면서 그 침수한계선이 수면에 잠긴 후, 점점 급속히 기울어지다가 10:10:43경 77.9도가 되었고 10:17:06경 108.1도로 전복되었다.

10:10경 4층 좌현 선미 쪽 선실에 있었던 고등학생 11명이 갑판으로 이동하여 구조되었다. 위 선실에 있던 승객들 중 일부는 10:13경까지 선미 쪽 출입문을 통해 세월호에서 탈출하였다. 10:19경 세월호 우현 난간에서 10명이 넘는 승객이 마지막으로 탈출하였다. 10:21경 마지막 생존자가 구조되었다. 서해해양경찰청 소속 특공대원 7명은 세월호가 침몰한 후인 11:35경에야 현장에 도착하였는데, 당일 선내에 진입하지 못하였다.

당일 09:00경은 조류의 흐름이 바뀌는 시기로서 인근 해역의 조류의 세기는 0.2노트 또는 0.5노트였고, 10:00경은 0.4노트 또는 1.9노트였으며, 10:30경까지 그 곳 조류의 세기는 2노트를 넘지 않았다. 바다로 뛰어든 승객들은 큰 움직임 없이 떠 있다가 구명뗏목이 펼쳐지자 그 쪽으로 헤엄쳐 다가갈 수 있었다. 구조헬기에서 바다로 내려가 구명뗏목을 이동시켰던 권□준은 법원에서 구명뗏목을 이동시키는 데에 조류의 영향은 크게 느끼지 못했고 세월호의 선체가 조류를 막아주는 역할을 했다고 진술하였다. 실제로 세월호가 전복될 당시 탈출에 성공한 사람들은 모두 해양경찰(이하 '해경'이라 한다) 또는 어선에 의해 구조되어 다른 선박으로 옮겨졌다.

123정에는 약 50명의 인원이 승선할 수 있었는데 측면에 사다리가 있어 바다에 표류하는 인원이 쉽게 승선할 수 있었다. 세월호 주변에는 전라남도 소속 전남 201호가 10:06경 도착하였으며, 당시 10척 정도의 선박들이 근처에서 대기하였다. 전남 201호보다 먼저 도착한 어선 중에는 50명 정도의 인원이 승선할 수 있는 것들도 있었고, 어선들의 높이가 낮아 어선에서 바다에 표류하는 사람을 쉽게 올릴 수 있었다. 그밖에 많은 사람들을 수용할 수 있는 둘라에이스호와 드래곤에이스11호도 세월호 근처에서 대기하고 있었다.

(나) 국가안보실은 당일 09:19경 와이티엔(YTN)이 보도한 세월호 사고 관련 속보를 보고 09:20경 및 09:22경 해경에 유선으로 문의하여 '승선인원 474명의 배가 침수되어 기울었다'는 답변을 들었다. 국가안보실은 09:24경 청와대 주요 직위자에게 업무용 휴대전화로 "474명 탑승 여객선 침수신고 접수, 확인 중"이라는 문자메시지를 발송하였고, 09:33경 해경으로부터 '승선원 450명, 승무원 24명이 승선한 6,647톤급 세월호가 침수 중 침몰위험이 있다고 신고하여, 해경 경비함정 및 수색 항공기에 긴급 이동지시하고, 인근 항해선박 및 해군함정에 협조 요청 하였다'는 상황보고서를 팩스로 전파받았다.

09:10경 해경에 중앙구조본부가, 09:39경 국방부에 재난대책본부가, 09:40경 해양수산부에 중앙사고수습본부가, 09:45경 안전행정부(이하 '안행부'라 한다)에 중앙재난안전대책본부(이하 '중대본'이라 한

다)가 설치되었다. 해양수산부는 09:40경 위기경보 '심각' 단계를 발령하였다. 국가안보실은 09:54경 해경과의 유선 연락을 통하여 그 시각 세월호가 60도 정도 기울었고 구조인원이 56명이라는 사실을 확인하였으며, 10:30경 해경에 '완전히 침수되어 침몰된 겁니까?'라고 문의하였다. 국가안보실은 10:52경 해경으로부터 세월호가 전복되어 선수만 보이고, 탑승객들은 대부분 선실에서 나오지 못하였다는 답변을 들었다. 11:10경부터는 해경 513호에서 송출한 이엔지(ENG) 영상이 청와대 위기관리센터 상황실(이하 '청와대 상황실'이라 한다)로 실시간으로 송출되었다.

피청구인은 당일 집무실에 출근하지 않고 관저에 머물러 있다가, 17:15경 중대본을 방문하여 구조 상황 등을 보고받고 지시하였다.

(2) 작위의무의 발생

세월호 사건은 총 476명의 탑승객을 태운 배가 침몰하여 304명이 사망한 대규모 재난이자 참사이다. 앞서 보았듯이 세월호는 2014. 4. 16. 08:48경 좌현으로 약 30도 기울면서 빠른 속도로 기울다가 10:17경 전복되었는데, 그 동안 승객들의 생명에 대한 위험이 급격하게 증가하였다. 선체가 물에 완전히 잠긴 후에도 세월호의 크기와 구조를 고려할 때 탑승자들이 한동안 생존해 있을 가능성이 지속적으로 제기되었다. 이는 그 당시를 기준으로 하여도 다수 국민의 생명과 안전에 중대하고 급박한 위험이 가해지거나 가해질 가능성이 있는 국가 위기 상황에 해당함이 명백하므로, 피청구인은 상황을 신속히 인식하고 시

의적절한 조치를 취하여 국민의 생명, 신체를 보호할 구체적인 작위의
무를 부담하게 되었다.

(3) 불성실한 직무수행의 존재

(가) 피청구인의 주장

피청구인이 주장하는 당일 피청구인의 주요 행적은 다음과 같다.
2014. 4. 16.은 공식 일정이 없는 날이었고, 피청구인의 몸이 좋지 않아
서 본관 집무실에 가지 않고 관저에 머물면서 각종 보고서를 검토하였
고 이메일, 팩스, 인편으로 전달된 보고를 받거나 전화로 지시하는 방
식으로 업무를 처리하였다.

10:00경 국가안보실로부터 세월호 사건에 대하여 처음 서면보고를
받아 사고 발생 사실을 알게 되었다. 그 내용은 사고 일시, 장소, 사
고 선박명 및 톤수와 승선원(474명), 경위(세월호가 08:58경 "침수 중" 조난신고),
구조상황(현재까지 56명 구조), 구조세력 현황 등이었다. 10:15경 국가안보
실장에게 전화하여 상황을 파악한 후, '단 한명의 인명 피해도 발생
하지 않도록 (구조에 만전을 기)할 것. 여객선 내 객실 등을 철저히 확
인하여 누락 인원이 없도록 할 것'을 지시하였고, 10:22경 국가안보실
장에게 전화하여 '샅샅이 뒤져서 철저히 구조해라'라고 강조 지시하였
다. 10:30경 해경청장에게 전화하여 '특공대를 투입해서라도 인원 구
조에 최선을 다할 것'을 지시하였다. 그 후 15:30경까지 세월호의 침

몰 상황과 구조 현황 등에 대하여 국가안보실로부터 5회(서면 2회, 유선 3회), 사회안전비서관으로부터 서면으로 7회, 행정자치비서관실로부터 서면으로 1회 보고받아 검토하고 필요한 지시를 하였다. 안○근 비서관이 오전에 관저로 피청구인을 찾아와서, 정○성 비서관이 점심식사 후 세월호 상황을 대면보고 하였다. 대통령이 현장 상황에 지나치게 개입할 경우 구조 작업에 방해가 된다고 판단하여 구조 상황에 대한 진척된 보고를 기다렸다.

당시 '학생 전원구조' 등 언론의 오보와 관계기관의 잘못된 보고로 인하여 상황이 종료된 것으로 판단하였다(피청구인의 의견서). 13:07경 및 13:13경 사회안전비서관실과 국가안보실장으로부터 190명이 추가 구조되어 총 370명이 구조되었다는 내용의 보고를 받았다. 14:11경 국가안보실장에게 전화하여 정확한 구조 상황을 확인하도록 지시하였고, 국가안보실장이 14:50경 위 보고가 잘못되었다고 최종 확인하자 15:00경 피해 상황이 심각하다는 것을 인식하고 중대본 방문 준비를 지시하였다. 15:35경 미용 담당자가 들어와서 약 20분 간 머리 손질을 하였다. 16:30경 경호실에서 중대본 방문 준비가 완료되었다고 보고하여 차량으로 이동하면서 17:11경 사회안전비서관실의 보고서를 받아 검토하였고, 17:15경 중대본을 방문하여 모든 역량을 동원해서 구조에 최선을 다하도록 지시하는 등, 대통령으로서 최선을 다해 할 수 있는 조치를 취하였다. 따라서 피청구인은 성실한 직책수행의무를 위반하지 아니하였다.

(나) 판단

1) 위기상황의 인식

가) 앞서 보았듯이 국가안보실은 09:19경 방송으로 처음 알고 해경에 사실관계를 확인한 후 09:24경 청와대 주요직위자에게 업무용 휴대전화로 "474명 탑승 여객선 침수신고 접수, 확인 중"이라는 문자메시지를 발송하였다. 따라서 만약 피청구인이 09:00에 집무실로 출근하여 정상 근무를 하였다면, 위와 같이 청와대 주요직위자에게 전파된 내용을 당연히 보고받았을 것이므로, 09:24경에는 발생 사실을 알 수 있었다고 봄이 타당하다. 피청구인이 당일 오전 집무실로 정상 출근하지 않고 관저에 머물면서 불성실하게 직무를 수행함에 따라, 구조 과정에서 가장 중요한 초기에 30분 이상 발생 사실을 늦게 인식하게 되었다.

나) 다음과 같은 사정을 고려하면, 당일 15:00에야 상황의 심각성을 인지하였다는 피청구인의 주장은 받아들일 수 없다.

① 국가안보실은 09:33경 해경으로부터 '승선원 450명, 승무원 24명이 승선한 6,647톤급 세월호가 침수 중 침몰위험이 있다고 신고하여, 해경 경비함정 및 수색 항공기에 긴급 이동지시하고, 인근 항해선박 및 해군함정에 협조요청 하였다'는 상황보고를 받았다. 09:10경 해경에 중앙구조본부가, 09:39경 국방부에 재난대책본부가, 09:40경 해양수산부에 중앙사고수습본부가, 09:45경 안행부에 중대본이 설치되었다. 해양수산부는 09:40경 위기경보 '심각' 단계를 발령하였는데, 그 당시 적용되던 「해양사고(선박)」위기관리 실무매뉴얼(2013. 6.)은 대규모 선박사고로 인해 국가적 차원의 대응 및 조치가 요구되는 경우 대통령실(위기관리센터) 및 안행부와 사전 협

의하여 최상위단계인 '심각' 단계의 위기 경보를 발령하도록 하고 있다. 따라서 국가안보실은 늦어도 09:40경 이전에 상황의 중대성과 심각성을 알았고, 피청구인이 09:00에 집무실에 출근하여 정상근무를 하였다면 피청구인 역시 당일 09:40경에는 상황의 심각성을 알 수 있었다고 봄이 타당하다.

② 피청구인이 제출한 국가안보실 명의의 '진도 인근 여객선(세월號) 침수, 승선원 474명 구조작업 中(1보)(2014. 4. 16. 10:00)' 보고서에는 '현재까지 56명 구조'라는 구조인원은 기재되어 있으나, 세월호의 기울기 등 상태는 기재되어 있지 않다. 피청구인은 10:00경 보고로 사태를 파악한 즉시 응당 국가안보실장에게 세월호의 상태를 확인하였어야 하고, 그랬다면 세월호의 당시 기울기가 60도 정도라는 사실을 바로 알 수 있었을 것이다. 위 보고서에 의하면 474명이 승선한 배가 침수 중이고, 사건 발생 1시간 이상이 지났는데도 그중 불과 56명만 구조되었고 400명 이상이 구조되지 않았다는 것이므로, 매우 심각하고 급박한 상황이라는 점을 곧바로 인지할 수 있었다고 봄이 상당하다.

③ 김△수 당시 국가안보실장은 국회 국정조사에서 당일 10:15경 피청구인과 통화하면서 '와이티엔(YTN)을 같이 보시면서 상황을 판단하시는 것도 도움이 될 것 같습니다'라고 하였다고 증언하였다. 11:10경부터는 해경 513호에서 송출한 이엔지(ENG) 영상이 청와대 상황실로 실시간으로 송출되고 있었으므로, 피청구인이 당시 청와대 상황실에 위치하였다면 세월호가 침몰하고 있다는 상황의 심각성을 제대로 파악할 수 있었다. 따라서 10:00경 이후에도 피청구인이 조금만 노력을 기울였다면 그 심각성을 정확히 알 수 있었던 기

회가 얼마든지 있었다.

④ 피청구인은 그 후 11:28경, 12:05경, 12:33경 사회안전비서관실로부터 세월호의 침몰 상황 보고서를 받아 검토하였고, 12:54경 행정자치비서관실로부터 세월호 침몰 관련 중대본 대처 상황 보고서를 수령하여 검토하였다고 주장한다. 세월호는 오전 11시 이전에 전복되어 침몰하였으므로, 실제로 위와 같이 보고들이 이루어졌고 그 보고 내용이 거짓으로 작성되지 않았다면, 당시 세월호의 침몰 사실이 반영되어 있었을 것이 분명하다. 따라서 피청구인이 실제 위 보고서들을 모두 검토하였다면 상황의 심각성을 15:00경에야 깨달았을 리가 없다.

⑤ 피청구인은 관계기관의 잘못된 보고와 언론사의 오보 때문에 상황을 정확하고 신속하게 파악하는 데 어려움이 있었다는 취지로 주장한다.

하지만 피청구인이 당일 국가안보실이나 비서실 등으로부터 오보들을 보고받았다고 볼 만한 자료가 없다. 앞서 보았듯이 청와대는 10:30경 이미 세월호가 배 밑바닥이 보일 정도로 기울었고, 10:52경 세월호는 전복되어 선수만 보이고, 탑승객들은 대부분 선실 안에서 나오지 못하였다는 사실도 인지하였으므로, 10:36 케이비에스의 낙관적인 보도가 있었다 하여 국가안보실 등이 피청구인에게 위 보도를 그대로 보고하였을 것으로 보기 어렵다. 청와대는 11:07경 해경에 문의하여 '학생 전원구조'라는 언론보도가 해경에서 공식적으로 확인하지 않은 보도라는 사실을 그 시점에 이미 파악하고 있었다. 따라서 위와 같은 오보는 피청구인이 10:00경 상황에 관한 심각성을 인식하였으리라는 판단에 지장을 주지 아니한다.

⑥ 피청구인은 당일 13:07경 사회안전비서관실 및 13:13경 국가안보실장으로부터 '190명이 추가 구조되어 총 370명이 구조되었다'는 내용의 보고를 받아 상황이 종료된 것으로 판단하였다가, 국가안보실장이 14:50경 위 보도가 잘못된 것이라고 보고하자 15:00경 비로소 상황의 심각성을 깨닫고 중대본 방문을 바로 지시하였다고 주장한다. 그러나 국가안보실은 세월호가 침몰한 후에도 2시간 이상 구조자 수를 파악하고 있었는데, 갑자기 구조자 수가 2배로 증가한 보고를 받았으므로 이를 재차 확인하였어야 한다. 피청구인이 이를 그대로 보고받았다 하더라도 당시 보고된 세월호 탑승객 474명에서 이를 제하면 104명의 승객이 아직 구조되지 못한 상황이라는 것을 쉽게 알 수 있었으므로 370명 구조를 이유로 상황이 종료되었다고 판단하였다는 피청구인의 주장은 받아들일 수 없고, 피청구인이 상황의 심각성을 인식한 시점 또는 인식 가능하였던 시점이 15:00경으로 늦어질 수 없다.

무릇 국가의 지도자는 안전한 상황보다는 위험한 상황에 대하여 훨씬 많은 주의와 관심을 기울이는 법이고 그래야 마땅하다. 피청구인의 주장대로라면 피청구인은 상황의 위험성을 경고하는 보고에 대하여는 전혀 주의를 기울이지 않고 낙관적 보고에만 관심을 가져 상황이 종료된 것으로 판단한 셈이 되는데, 이는 그 자체로 위기 상황에서 피청구인의 불성실함을 드러내는 징표이다.

(다) 소결

피청구인은 09:40경, 늦어도 10:00경에는 세월호 사건의 중대성과 심각성을 인지하였거나, 조금만 노력을 기울였다면 인지할 수 있었을 것으로 판단된다. 15:00에야 상황의 심각성을 인지하였다는 피청구인의 주장은 받아들일 수 없다.

2) 피청구인의 대처

가) 피청구인이 하였어야 하는 행위

피청구인은 늦어도 10:00경에는 상황의 심각성을 인식하였거나 인식할 수 있었던 것으로 보이므로, 그 즉시 재난에 관한 국가의 모든 정보가 수집되고 주요 관계기관과의 직통 연락망이 구축되어 있는 청와대 상황실로 가서, 실시간으로 현황을 보고받으면서 필요한 조치가 무엇인지 파악하고 그에 맞게 국가적 역량을 총동원하여 신속하고 적절하게 관계기관의 재난대응을 총괄·지휘·감독하였어야 한다. 당일 10:00경 세월호 주위 해역에 승객 모두를 수용할 수 있는 10대 이상의 선박들이 대기하고 있었으므로, 승객들이 퇴선하여 모두 표류하더라도 구조가 가능한 상황이었고, 헬기 및 항공기도 구조작업을 펼치고 있었다.

나) 집무실에 출근하지 않고 관저에 머문 행위

당일은 휴일이 아니었으므로, 피청구인은 정당한 사유가 없는 한 업무시간 중에는 집무실에 출근하여 업무를 수행하여야 했다. 피청구인은 당일 오전부터 17:15 중대본을 방문하기 전까지 집무실에 출근하지 않고 관저에 머물렀다. 관저는 기본적으로 대통령의 휴식과 개인 생활을 위한 사적인 공간이므로, 그곳에서의 근무는 직무를 위한 모든 인적, 물적 시설이 완비된 집무실에서의 근무와 업무의 효율, 보고 및 지시의 용이성 면에서 근본적인 차이가 있다. 피청구인이 업무시간 중에 집무실에 있지 않고 관저에 머무르게 되면, 긴급한 순간에 참모들은 대통령의 위치부터 파악하여야 하므로 보고에 지장이 생기게 될 것은 명백하다.

특히 대형 재난이 발생하여 상황이 급박하게 전개되고 있는 국가위기 상황의 경우에는 최고행정책임자인 피청구인은 즉각적인 의사소통과 신속하고 정확한 업무수행을 위하여 청와대 상황실에 위치하여야 한다. 따라서 피청구인은 상황의 심각성을 인식한 10:00경에는 시급히 출근하여 청와대 상황실에서 상황을 파악, 지휘하였어야 한다. 그럼에도 피청구인은 그 심각성을 인식한 시점부터 약 7시간이 경과할 때까지 별다른 이유 없이 관저에 있으면서 전화로 다음에서 살피는 것처럼 원론적인 지시를 하였다.

다) 피청구인이 주장하는 각종 지시

① 피청구인은 당일 10:00경부터 12:05경까지 국가안보실로부터 4회(서면 3회, 유선 1회), 사회안전비서관으로부터 4회(서면)에 걸쳐 세 월호 상황에 대한 보고를 받는 등, 17:15 중대본을 방문하기 전까 지 총 12회의 서면보고와 3회의 유선보고를 받아 검토하였고, 5회 의 유선지시를 하였다고 주장하나, 다음에서 보듯이 그 중 대부분 은 그러한 지시나 검토가 있었다고 볼 수 없다.

피청구인은, 10:15경 국가안보실장에게 전화하여 '단 한 명의 인명 피해도 발생하지 않도록 할 것. 여객선 내 객실 등을 철저히 확인하 여 누락 인원이 없도록 할 것'을 지시하였고, 10:22경 국가안보실장 에게 전화하여 '샅샅이 뒤져서 철저히 구조해라'라고 강조 지시하 였으며, 10:30경 해경청장에게 전화하여 '특공대를 투입해서라도 인 원 구조에 최선을 다할 것'을 지시하였다고 주장한다.

피청구인은 12:50경 당시 고용복지수석으로부터 기초연금법 관련 국회 협상 상황에 대하여 10분 간 전화로 보고를 받은 통화기록이 있다고 하였다. 국가안보실장 및 해경청장과 피청구인이 실제로 통 화를 하였다면 그 통화기록도 당연히 존재할 것인데, 피청구인은 이 를 제출하지 아니하고 그 통화기록이 있다는 주장도 하지 않았으 므로, 위와 같은 통화가 실제로 있었다고 보기 어렵다.

청와대와 해경 사이의 10:25경 통화 녹취록을 보면 '단 한 명의 인 명 피해도 발생하지 않도록 하라. 객실 등을 철저히 확인하여 누 락 인원이 없도록 하라고 하면서 이는 피청구인의 지시이니 해경청 장에게 전달하라'고 기재되어 있다. 국가안보실장과 피청구인 사이의 통화를 객관적으로 증명하는 것은 이 녹취록이 유일한데, 이에 의하면 피청구인의 지시는 그 무렵 이루어진 것으로 보인다. 이 녹취록에 해경청장에 대한 특공대 투입 등 지시를 전달하거나 그 지시의 이행 상황을 점검하는 내용의 대화는 없다. 또한 김○균 당시 해경청장은 국회 국정조사에서 당일 09:53경 이미 특공대를 투입하라고 지시하였다고 증언하였다. 피청구인이 실제로 해경청장과 통화를 하였다면 해경청장이 이미 지시한 사항을 보고하였을 것인데도 같은 내용을 다시 지시할 수 없을 것이고, 세월호는 10:17:06경 108.1도로 전복되어 급속도로 침몰하고 있어 잠수를 통하여 승객을 구조할 수밖에 없었으므로, 해경청장에게 지시하였다는 주장을 인정할 수 없다.

② 지시의 내용에 관하여 본다. 피청구인 주장의 최초 지시 내용은 '단 한명의 인명 피해도 발생하지 않도록 할 것. 여객선 내 객실 등을 철저히 확인하여 누락 인원이 없도록 할 것'이다. 위 내용은 지시받는 자에게 매우 당연하고 원론적인 내용으로서, 급박한 위험에 적절히 대처할 수 있는 어떠한 지도적 내용도 담고 있지 않다. 이 지시에는 현장에 구체적으로 어떤 문제가 있는지에 관한 인식이 없고, 어느 해법을 강구할지에 관하여 어떠한 고민도 담겨 있지 않다.

세월호는 당일 10:17:06경 108.1도로 전복되었으므로, 위 지시가 있었다는 10:15경에는 선체가 전복되어 모든 객실의 출입구가 물에 잠긴 상황이었다. 재난은 시시각각으로 상황이 급변하므로 그때그때 상황을 정확히 파악하고 지시해야 하는데, 피청구인은 상황을 파악하고 그에 맞게 대응하려는 관심이나 노력을 기울이지 않았기에 위와 같이 구체성이 없는 지시를 한 것이다.

라) 결국, 피청구인은 세월호 사건의 심각성을 인식하였을 것으로 보이는 시점부터 약 7시간이 경과한 중대본 방문 이전 까지 관저에 계속 머물면서 상황에 맞지 않아 부적절한 전화 지시를 하였을 뿐이다. 그 내용과 피청구인의 행적을 볼 때, 피청구인이 위기에 처한 수많은 국민의 생명과 안전을 보호하기 위한 적극적이고 심도 있는 대응이나 노력을 기울이지 않았다는 점을 알 수 있다.

마) 대규모 재난과 같은 국가위기 상황에서 대통령이 그 상황을 지휘하고 통솔하는 것은 실질적인 효과뿐만 아니라 상징적인 효과까지 갖는다. 실질적으로는, 국가원수이자 행정수반이며 국군통수권자인 대통령이 위기 상황을 지휘, 감독함으로써 경찰력, 행정력, 군사력 등 국가의 모든 역량을 집중적으로 발휘할 수 있고, 인력과 물적 자원 배분의 우선순위를 정할 수 있으므로, 구조 및 위기 수습이 빠르고 효율적으로 진척될 수 있다. 상징적으로는, 국정의 최고책임자가 재난 상황의 해결을 최우선 과제로 여기고 있다는 점을 대내외적으로 보여줌으로써 그 자체로 구조 작업자들에게 강한 동기부여를 할 수 있고, 피해자나 그 가족들에게 구조에 대한 희망을 갖게 하며, 그 결과가 좋지 않더라도 정부가 위기 상황의 해결을 위하여 최선의 노력을 다하였음을 알 수 있어 최소한의 위로를 받고 그 재난을 딛고 일어설 힘을 갖게 한다.

바) 진정한 국가 지도자는 국가위기의 순간에 상황을 신속하게 파악하고 그때그때의 상황에 알맞게 대처함으로써 피해를 최소화하고 피해자 및 그 가족들과 아픔을 함께하며, 국민에게 어둠이 걷힐 수 있다는 희망을 주어야 한다. 물론 대통령이 진정한 지도자상에 부합하지 않는다고 해서 성실의무를 위반하였다고 할 수 없음은 당연하다. 하지만 국민이 국정 최고책임자의 지도력을 가장 필요로 하는 순간은 국가 구

조가 원활하게 돌아가는 전형적이고 일상적인 상황이 아니라, 전쟁이나 대규모 재난 등 국가위기가 발생하여 그 상황이 예측할 수 없는 방향으로 급격하게 흘러가고, 이를 통제, 관리해야 할 국가 구조가 제대로 작동하지 않을 때이다. 세월호 참사가 있었던 2014. 4. 16.이 바로 이러한 날에 해당한다. 피해자와 그 가족들은 물론이고 지켜보는 국민 모두가 어느 때보다도 피청구인이 대통령의 위치에서 최소한의 지도력이라도 발휘해 국민 보호에 앞장서 주기를 간절하게 바라고 있었다.

그러나 피청구인은 그날 저녁까지 별다른 이유 없이 집무실에 출근하지도 않고 관저에 머물렀다. 그 결과 유례를 찾기 어려운 대형 재난이 발생하여 최상위 단계인 '심각' 단계의 위기 경보가 발령되었는데도 그 심각성을 아주 뒤늦게 알았고 상황을 파악하고 승객 구조를 지원하기 위하여 대통령으로서 지도력을 발휘하지 않은 채 무성의한 태도로 일관하였다. 400명이 넘는 국민들의 생명과 안전에 중대하고 급박한 위험이 발생한 그 순간에 피청구인은 8시간 동안이나 국민 앞에 자신의 모습을 보이지 아니하였다.

(4) 소결

이상과 같이 국민의 생명과 안전에 급박한 위험이 초래되어 대규모 피해가 생기거나 예견되는 국가위기 상황이 발생하였음에도, 상황의 중대성 및 급박성 등을 고려할 때 그에 대한 피청구인의 대응은 현저하게 불성실하였다. 피청구인은 최상위 단계의 위기 경보가 발령되었고 상황의 심각성을 파악하였음에도 재난 상황을 해결하려는 의지나 노력이 부족하였다. 그렇다면 피청구인은 국민의 생명과 안전을 보호하여야할 구체적인 작위의무가 발생하였음에도 자신의 직무를 성실히 수행하지 않았으므로, 헌법 제69조 및 국가공무원법 제56조에 따라 대통령에게 구체적으로 부여된 성실한 직책수행의무를 위반한 경우에 해당한다.

다. 결론

어떠한 법위반이 있는 경우에 대통령에 대한 파면 결정을 할 것인지는 파면결정을 통하여 헌법을 수호하고 손상된 헌법질서를 다시 회복하는 것이 요청될 정도로 대통령의 법위반행위가 헌법 수호의 관점에서 중대한 의미를 가지는지, 또는 대통령이 자신에게 부여한 국민의 신임을 임기 중 박탈해야 할 정도로 법위반행위를 통하여 국민의 신임을 저버린 것인지를 판단하여 정한다(헌재 2004. 5. 14. 2004헌나1 참조).

대통령의 성실의무 위반을 일반적 파면사유로 볼 경우 사소한 성실의무 위반도 파면사유가 될 수 있다. 대통령이 국민으로부터 부여받은 민주적 정당성과 헌정질서의 막중함을 고려하면, 대통령의 성실의무 위반을 파면사유로 삼기 위하여는 그 위반이 당해 상황에 적용되는 행위의무를 규정한 구체적 법률을 위반하였거나 직무를 의식적으로 방임하거나 포기한 경우와 같은 중대한 성실의무 위반으로 한정함이 상당하다. 이 사건에서 피청구인은 국가공무원법 상의 성실의무를 위반하였으나 당해 상황에 적용되는 행위의무를 규정한 구체적 법률을 위반하였음을 인정할 자료가 없고, 위에서 살핀 것처럼 성실의무를 현저하게 위반하였지만 직무를 의식적으로 방임하거나 포기한 경우에 해당한다고 보기는 어렵다.

그렇다면 피청구인은 헌법상 대통령의 성실한 직책수행의무 및 국가공무원법상 성실의무를 위반하였으나, 이 사유만 가지고는 국민이 부여한 민주적 정당성을 임기 중 박탈할 정도로 국민의 신임을 상실하였다고 보기는 어려워 파면사유에 해당한다고 볼 수 없다.

앞으로도 국민 다수의 지지로 당선된 대통령들이 그 직책을 수행할 것이다. 국가 최고지도자가 국가위기 상황에서 직무를 불성실하게 수행하여도 무방하다는 그릇된 인식이 우리의 유산으로 남겨져서는 안 된다. 대통령의 불성실 때문에 수많은 국민의 생명이 상실되고 안전이 위협받아 이 나라의 앞날과 국민의 가슴이 무너져 내리는 불행한 일이 반복되어서는 안 되므로 우리는 피청구인의 성실한 직책수행의무 위반을 지적하는 것이다.

13. 재판관 안창호의 보충의견

나는 피청구인의 헌법과 법률 위반행위가 '헌법 수호의 관점에서 용납될 수 없는 중대한 법 위반 행위'에 해당하여 피청구인이 파면되어야 한다는 법정의견과 뜻을 같이 한다. 나는 이른바 '제왕적 대통령제(imperial presidency)'로 비판되는 우리 헌법의 권력구조가 이러한 헌법과 법률 위반행위를 가능하게 한 필요조건이라고 본다. 따라서 이를 명확히 밝히는 것이 이 사건 심판의 헌법적 의미를 분명하게 드러내고 향후 헌법개정의 방향을 모색하는 데 필요하다고 생각하여 다음과 같이 보충의견을 개진한다.

가. 우리 헌정사와 제왕적 대통령제

현행 헌법은 "모든 국민은 인간으로서의 존엄과 가치를 가지며, 행복을 추구할 권리를 가진다. 국가는 개인이 가지는 불가침의 기본적 인권을 확인하고 이를 보장할 의무를 진다."고 규정하고 있다(제10조). 인간의 존엄과 가치는 헌법의 근본적 성격을 결정하고 개인과 공동체의 관계를 규정하는 핵심개념이다. 그런데 인간의 존엄과 가치를 구현하고자 하는 민주주의 헌법은 이상적인 형태가 따로 존재하는 것이 아니라 국가공동체의 정치적·경제적·사회적·문화적 환경과 그 시대의 이념적 지향점이 무엇이냐에 따라 각기 다른 모습을 가지게 된다.

우리 헌법은 제정 이후 현행 헌법에 이르기까지 아홉 차례의 개헌이 있었다. 4·19 혁명 직후 의원내각제 도입과 3·15 부정선거관련자 처벌을 위한 헌법개정을 제외한 나머지 헌법개정은 주로 대통령의 선출방식·임기·지위·권한 등과 관련해 이루어졌다. 그동안 우리 헌법이 채택한 대통령제는 대통령에게 정치권력을 집중시켰음에도 그 권력에 대한 견제장치가 미흡한 제왕적 대통령제로 평가된다.

현행 헌법은 1987년 6월 민주항쟁 이후 여야합의로 개정된 것으로서, 인간의 존엄성과 국민의 기본권을 최대한 보장하는 정치공동체를 실현하려는 국민의 열망을 담고 있다. 대통령직선제를 규정하여 대통령의 민주적 정당성을 강화하였으며, 대통령임기를 5년 단임제로 하고 대통령의 국회해산권 등을 폐지하여 장기독재의 가능성을 차단하였다. 국회의 국정감사권을 부활시키고 헌법재판소를 신설하는 등으로 대통령의 권한을 제한하고 기본권규정을 강화하였다.

그러나 이 사건 심판은 현행 헌법 아래에서도 정경유착과 같은 제왕적 대통령제의 폐해가 상존하고 있음을 확인하였다. 권위주의적 권력구조를 청산하고자 했던 현행 헌법에서 이러한 폐해가 근절되지 않고 계속되는 까닭은 무엇인가?

나. 현행 헌법상 권력구조의 문제점

1987년 대통령직선제 헌법개정으로 대통령 '권력형성'의 민주적 정당성 측면에서는 획기적인 변화가 있었지만, 대통령 '권력행사'의 민주적 정당성 측면에서는 과거 권위주의적 방식에서 크게 벗어나지 못하고 있다. 대통령에게 법률안제출권과 예산편성·제출권, 광범위한 행정입법권 등 그 권한이 집중되어 있지만, 이에 대한 효과적인 견제장치가 없거나 제대로 작동하지 않고 있다. 이러한 현행 헌법의 권력구조는 피청구인의 리더십 문제와 결합하여 '비선조직의 국정개입, 대통령의 권한남용, 재벌기업과의 정경유착'과 같은 정치적 폐습을 가능하게 하였다.

(1) 비선조직의 국정개입

헌법 제67조 제1항에 따라 대통령은 국민의 보통·평등·직접·비밀선거에 의해 선출되어 민주적 정당성을 부여받게 된다. 이때 대통령은 권력형성과정에서 선거를 통해 민주적 정당성을 확보해야 할 뿐만 아니라 권력행사과정에서도 투명한 절차와 소통을 통해 민주적 정당성을 끊임없이 확보해야 한다.

비선조직 이른바 '비선실세'의 국정개입은 대통령 권력이 과도하게 집중된 제왕적 대통령제와 관련된다. 현행 헌법의 대통령은 제왕적 대통령제라는 신조어를 만들어낸 워터게이트사건이 문제된 미국 대통령보다 집중된 권력을 행사할 수 있는 것으로 평가된다. 우리나라에서는 미국과 달리 행정부가 법률안제출권과 예산편성·제출권을 갖고 있으며, 반면 국회의 동의를 받거나 인사청문회를 거치는 공직자의 범위는 제한적이다. 우리나라의 지방자치단체는 연방국가인 미국과 달리 중앙정부에 종속되어 있으며 자율과 책임이 미흡한 지방자치가 시행되고 있을 뿐이다.

1987년 제9차 헌법개정 때보다 국가경제의 규모가 십여 배 확장되고 사회적 갈등구조가 다층적으로 심화되고 있는 현실에서는, 국가의 원수이자 행정부의 수반인 대통령의 업무는 양적으로 증가되었을 뿐만 아니라 질적으로 전문화·다양화·복잡화 되었다. 이에 따라 대통령 권력은 실질적으로 확대되었고, 민주적 정당성을 부여받지 못한 비선조직은 강력한 대통령 권력에 기대어 활동공간을 넓힐 수 있었다.

비선조직의 국정개입은 정책결정의 투명성·공정성 제고, 국민의 예측·통제가능성 확보, 권력행사에 따른 책임의 담보라는 측면에서 취약하다. 특히 비선조직의 '계속적인' 국정개입은 국민과 국가기관 사이의 '민주적 정당성의 연결고리'를 단절하고, '정치과정의 투명성'과 '정치과정에서 국민의 참여 가능성'을 차단함으로써 대의민주제 원리를 형해화할 수 있다.

이 사건 심판에서 민주적 정당성이 없는 이른바 비선실세 최○원은 피청구인에게 장·차관, 청와대 참모를 추천하는 등 고위 공직자의 인사에 개입하고, 국가정책결정에 영향력을 행사하는 등 '계속적으로' 국정에 개입한 사실이 확인되었다. 대통령 권력을 과도하게 집중시킨 현행 헌법의 권력구조는 최○원의 국정개입을 조장함으로써 권력행사의 민주적 정당성과 절차적 투명성 확보에 심각한 문제점을 보이고 있다.

(2) 대통령의 권한남용

제왕적 대통령의 지시나 말 한마디는 국가기관의 인적 구성이나 국가정책의 결정에서 절대적인 영향력을 발휘한다. 대통령의 리더십에 따라 정도의 차이가 있지만, 국무총리를 비롯한 국무위원과 청와대 참모는 대통령의 의사결정과 지시에 복종할 뿐, 대통령의 뜻과 다른 의견을 자유롭게 개진하기 어렵다. 더욱이 현행 헌법상 대통령 권력의 과도한 집중은 아직 청산되지 않은 하향식 의사결정문화와 정의적(情意的) 연고주의와 결합하여 대통령의 자의적 권력행사의 문제점을 더욱 심각하게 할 수 있다. 따라서 현행 헌법의 대통령제는 대통령의 자의적 권력행사를 가능하게 하는 필요조건이 될 수 있다.

우리나라는 선거에서 1표라도 더 얻으면 제왕적 정치권력을 획득하고 그렇지 못하면 권력으로부터 소외되는 승자독식 다수대표제를 채택하고 있다. 그 결과 우리 사회의 중요한 가치와 자원은 정치권력을 중심으로 편성되고, 정치권은 그 권력 획득을 위해 극한 대립과 투쟁으로 분열되어 있다. 정치세력간의 이전투구는 이념대립과 지역주의를 부추기고 사회적 갈등을 유발하기도 한다. 이에 따라 국가기관의 인적 구성이나 국가정책의 결정이 투명한 절차를 통해 공정하고 객관적으로 이루어지는 것이 아니라, 대통령의 사적·당파적 이익에 따라 자의적으로 이루어지기도 한다.

대통령을 비롯한 국가기관의 모든 의사결정은 법이 정한 절차에 따라 이루어져야 하고 실질적으로 법의 기속을 받아야 한다. 대통령의 권한남용은 법치국가의 이념을 훼손하고, 개인의 기본권을 침해할 수 있으며, 직업공무원제도의 본질적인 내용을 훼손할 수 있다. 특히 대통령의 권한남용이 사익추구를 이유로 할 경우에는 국가공동체가 지향하는 공동선과 공통가치를 훼손할 수 있다.

이 사건 심판에서 피청구인은 국가기관의 기밀문서가 최○원에게 상당기간 유출되도록 지시 또는 묵인하였고, 국가권력의 공공성을 방과(放過)하여 사기업 경영 등에 개입한 사실이 확인되었다. 이처럼 현행 헌법의 권력구조는 대통령 권력을 과도하게 집중시킴으로써 대통령의 자의적 권력행사와 권한남용을 조장하는 등 권력행사의 공정성과 합법성 확보에 문제점을 보이고 있다.

(3) 재벌기업과의 정경유착

현행 헌법상 대통령 권력의 과도한 집중은 우리사회의 고질적 문제점으로 지적되는 '재벌기업과의 정경유착'과도 깊이 관련되어 있다. 과거 재벌기업은 정치권력의 보호 속에서 고도 경제성장을 이뤄낸 산업화의 주역이었음을 부인할 수는 없다. 그러나 재벌기업 중심의 경제성장은 정경유착과 이로 인한 불법과 부패의 원인이 되기도 하였다. 정치권력의 재벌기업과의 정경유착은 재벌기업에게는 특권적 지위를 부여하는 반면, 다른 경제주체의 자발성과 창의성을 위축시키는 결과를 초래하기도 하였다.

현행 헌법은 "대한민국의 경제질서는 개인과 기업의 경제상의 자유와 창의를 존중함을 기본으로 한다."(제119조 제1항), "국가는 균형 있는 국민경제의 성장 및 안정과 적정한 소득의 분배를 유지하고, 시장의 지배와 경제력의 남용을 방지하며, 경제주체간의 조화를 통한 경제의 민주화를 위하여 경제에 관한 규제와 조정을 할 수 있다."(제119조 제2항)라고 규정하고 있다. 이는 개인과 기업의 경제상의 자유와 창의를 보장하면서도 과거 재벌기업 중심의 경제정책과 정경유착에서 벗어나 경제민주화를 실현하겠다는 헌법적 선언이다.

그러나 1987년 헌법개정 이후에도 정치권력과 재벌기업의 정경유착의 모습은 계속 나타나고 있다. 이 사건 심판에서도 피청구인은 비밀리에 대통령의 권한을 이용하여 재벌기업으로 하여금 피청구인이 주도하는 재단에 기금을 출연하도록 한 사실이 확인되었다. 대통령 권력의 과도한 집중은 정경유착의 원인이 되어 시장경제질서의 골간인 개인·기업의 재산권과 경제적 자유를 침해하고 경제적 정의와 사회적 공정성 실현의 걸림돌이 될 수 있음을 단적으로 보여준다.

(4) 소결론

현행 헌법의 권력구조 아래에서 계속되고 있는 '비선조직의 국정개입, 대통령의 권한남용, 재벌기업과의 정경유착'은 제왕적 대통령제가 낳은 정치적 폐습이다. 이러한 정치적 폐습은 주요한 헌법가치인 민주적 정당성과 절차적 투명성, 사회적 공정성과 경제적 정의의 실현을 방해하고 있다.

다. 현행 헌법상 권력구조의 개혁과제

(1) 국민의 기본권 보장을 위해 권력을 분할하고 권력 상호간의 견제와 균형이 이루어지는 권력분립원리에 기초하여, 지방의 자율·책임을 강조하는 지방분권원리와 대의민주주의의 한계를 보완하는 직접민주주의 원리를 강화한 현대적 분권국가의 헌법질서는 제왕적 대통령제에 대한

대안이 될 수 있다.

현행 헌법의 권력구조는 대통령에게 '국가원수'(제66조 제1항), '국가와 헌법의 수호자'(제66조 제2항)로서의 지위를 부여하고 권력을 집중시켜 국정수행에서 대통령의 강력한 리더십을 기대한다. 그러나 정치권력은 주권자인 국민으로부터 멀어지는 집권화 경향을 띠고, 집권화는 절대주의로 향하며, 절대 권력은 반드시 부패한다. 더욱이 전문적이고 복잡다기한 현대 국가의 방대한 정책과제를 대통령 개인의 정치적 역량에 맡기는 것은 오히려 비효율을 초래할 수 있다.

선진국 문턱에서 심각한 발전 장애를 겪고 있는 우리나라는 경제적 양극화의 문제를 해결하고 이념·지역·세대 갈등을 극복하여 사회통합과 국가발전을 이루어야 한다. 나아가 미국·중국·일본·러시아 등 강대국의 틈바구니에서 북한의 핵과 미사일 위협으로부터 국가안전을 도모하고 평화통일의 길을 열어야 한다. 민주주의는 사회적 갈등을 억압하는 것이 아니라 이를 정치의 틀 안에서 통합하면서 사회적 합의를 만들어 가는 데 있다. 우리나라가 이러한 시대적 과제를 효과적으로 수행하기 위해서는, 권력구조가 타협과 숙의(熟議)를 중시하고 사회의 다양한 이해관계를 투명한 절차와 소통을 통해 민주적으로 조율하여 공정한 권력행사가 가능하도록 해야 한다. 투명하고 공정한 권력행사는 사회적 갈등을 해소하고 사회적 신뢰와 국민안전을 제고하여 사회통합과 국가발전을 이룰 수 있기 때문이다(이사야 32장 16절-17절 참조). 따라서 정경유착 등 정치적 폐습과 이전투구의 소모적 정쟁을 조장해온 제왕적 대통령제를 협치와 투명하고 공정한 권력행사를 가능하게 하는 권력공유형 분권제로 전환하는 권력구조의 개혁이 필요하다.

(2) 국민이 선출한 대통령에게 권한을 집중시킨 우리 헌법의 역사, 국민의 개별 국가기관에 대한 신뢰도, 남북분단에 따른 안보현실, 정부형태에 대한 국민의 법 감정 등을 고려할 때, 이원집정부제, 의원내각제 또는 책임총리제의 실질화 등이 국민의 선택에 따라 현행 헌법의 대통령제에 대한 현실적 대안이 될 수 있다.

과도하게 집중된 대통령 권력을 분산하는 방법은 정부형태의 변경과 함께, 중앙집권적인 권력을 지방으로 대폭 이양하여 주민근거리 민주주의를 실현하는 것이다. 지방자치제도는 국민주권의 원리에서 출발하여 주권의 지역적 주체로서의 주민에 의한 자기 통치의 실현이다(헌재 1998. 4. 30. 96헌바62). 획기적인 지방분권은 주민의 자율적 참여와 민주시민의식을 고양시켜 풀뿌리 자치를 실천하고, 지방의 경제적·사회적·문화적 특성을 바탕으로 지역발전을 도모하여 상향적 국가발전을 이룰 수 있다. 또한 이와 같이 강화된 지방분권은 중앙집권적 자원배분으로 인한 지역불만을 완화하여 사회통합에 이바지하고, 나아가 평화통일의 길을 여는 데 일조할 수 있으며 통일 후에는 국민통합에도 기여할 수 있다.

국회의원선거에서 비례대표제는 정당제 민주주의에 근거를 두고 국민주권원리의 출발점인 투표결과의 비례성을 강화하여 사회의 다원적인 정치적 이념을 유권자의 의사에 따라 충실히 반영하는 것으로 평가된다(헌재 2009. 6. 25. 2007헌마40 참조). 따라서 우리 사회의 다양한 이해관계의 조화로운 해결을 위해서는 정당의 정체성을 확립하고 비례대표 국회의원후보자의 선정과정에서 투명성과 공정성을 확보하는 가운데 비례대표제를 확대해야 한다(헌재 2016. 5. 26. 2012헌마347 보충의견 참조).

국민이 국가정책의 핵심적 사항을 파악하고 국가기관에 대한 효과적인 통제를 하기 위해서는 권력행사과정의 투명성원칙이 헌법적으로 천명되고 법령에 의해 구체화되어야 한다. 그리고 과도하게 집중된 대통령권력을 분권하는 과정에서 국회나 지방자치기관에 분산된 권력은 국민소환제·국민발안제·국민투표제 등 직접민주제적 요소의 강화를 통해 통제되는 방안이 적극적으로 검토되어야 한다.

행정각부의 장을 비롯하여 주요 국가권력을 행사하는 국가정보원장·검찰총장·경찰청장·국세청장 등의 임명에 투명성과 공정성을 확보하는 방안, 예컨대 이들의 임명에 있어 국회동의를 받도록 하는 방안이 적극적으로 검토되어야 한다. 비대한 청와대 참모조직을 축소하고, 대통령의 사면권을 제한하여 권력분립과 법의 형평성이라는 법치국가원리가 훼손되지 않도록 해야 한다. 그리고 지방자치의 활성화, 지역주의의 극복, 평화통일과 통일국가의 국민통합을 위해서는 지역대표형 상원을 설치하는 국회양원제도의 도입에 대한 검토가 필요하다. 통일이 현실화하는 단계에서 뒤늦게 국회양원제도의 도입에 대해 논의하는 것은 오히려 평화통일에 장애가 될 수 있음을 유념해야 한다.

(3) 권력구조의 개혁은 분권과 협치, 투명하고 공정한 권력행사를 가능하게 하고, 이를 통해 인간의 존엄과 가치를 존중하고 국민의 기본권을 최대한 보장하기 위한 것이어야 한다. 이러한 권력구조의 개혁은 주권자인 국민의 의사가 충실히 반영되도록 설계된 국민참여과정을 거쳐야 한다. 이는 정치세력 사이의 권력투쟁이나 담합의 장으로 전락하지 않고 이성적 대화와 숙의가 이루어지고 다수 국민의 의사가 수렴되는 민주적 공론화과정이 되어야 한다.

라. 탄핵심판관련 주장에 대한 의견

과거 정권에서 비선조직의 국정개입, 국가권력의 사유화와 재벌기업과의 정경유착이 더 심했다고 하면서 피청구인에 대한 탄핵심판청구는 기각되어야 한다는 주장이 있다.

(1) 현행 헌법은 국회가 아닌 헌법재판소가 탄핵심판을 하도록 규정하여 (제111조 제1항 제2호) 법치국가원리를 강조하는 입장으로 해석된다. 탄핵제도의 목적은 법 위반 행위를 한 공직자를 파면하여 헌법질서를 확립하는 데 있다. 대통령이 헌법이나 법률을 중대하게 위반하여, 대통령의 직을 유지하는 것이 더 이상 헌법 수호의 관점에서 용납될 수 없거나 대통령이 국민의 신임을 배반함으로써 국정을 담당할 자격을 상실한 때에 헌법재판소는 파면을 결정한다(헌재 2004. 5. 14. 2004헌나1 참조). '대통령의 파면을 정당화 할 정도의 중대한 법 위반 행위'의 여부는 확정적·고정적인 것이 아니라 구체적 사건에서 '대통령의 법 위반 행위'의 경위와 내용, 침해되는 헌법질서의 의미와 내용뿐만 아니라, 탄핵심판의 시대적 상황, 지향하는 미래의 헌법적 가치와 질서, 민주주의의 역사와 정치적·경제적·사회적·문화적 환경, 헌법수호에 대한 국민의 법 감정 등이 종합적으로 고려되어 결정된다.

헌법은 모든 국민은 법 앞에 평등하다고 하면서 누구든지 성별·종교 또는 사회적 신분에 의하여 정치적·경제적·사회적·문화적 생활의 모든 영역에 있어서 차별을 받지 아니한다고 선언하고 있다(제11조 제1항). 그러나 헌법상 평등은 불법의 평등까지 보장하는 것은 아니다 (헌재 2016. 7. 28. 2014헌바372 참조).

따라서 피청구인의 법 위반 행위가 증거에 의해 인정되고 그 법 위반 행위가 위와 같은 점이 고려되어 '대통령의 파면을 정당화 할 정도의 중대한 법 위반 행위'로 인정된 이 사건 심판에서 과거 정권에서의 법 위반 행위와 비교하여 이를 기각하여야 한다는 주장은 더 이상 의미 있는 주장이 아니다.

(2) '헌법을 준수하고 수호해야 할 의무'가 법치국가원리에서 파생되는 지극히 당연한 것임에도, 헌법은 국가의 원수이자 행정부의 수반이라는 대통령의 막중한 지위를 감안하여 제66조 제2항 및 제69조에서 이를 다시 강조하고 있다. 이러한 헌법정신에 의한다면, 대통령은 국민 모두에 대한 '법치와 준법의 상징적 존재'인 것이다. 이에 따라 대통령은 헌법을 수호하고 실현하기 위한 모든 노력을 기울여야 할 뿐만 아니라, 법을 준수하여 현행법에 반하는 행위를 해서는 안 되며, 나아가 입법자의 객관적 의사를 실현하기 위한 모든 행위를 해야 한다(헌재 2004. 5. 14. 2004헌나1 참조). "지도자가 위법한 행위를 했어도 용서한다면 어떻게 백성에게 바르게 하라고 하겠는가(犯禁蒙恩何爲正)."라는 옛 성현의 지적이 있다. 대통령을 비롯한 지도자의 준법을 강조하는 말이다. 따라서 대통령의 법 위반 행위는 일반국민의 위법행위보다 헌법질서에 미치는 부정적 영향이 크다고 할 것이므로 엄중하게 대처해야 한다.

우리나라에서는 '부정청탁 및 금품 등 수수의 금지에 관한 법률'이 2015년 3월 제정되어 2016년 9월 시행되었다. 이 법률은 적용대상으로 공직자뿐만 아니라 사립학교 관계자와 언론인을 포함하고, 공직자등의 부정청탁행위 자체를 금지하는 한편 공직자등의 금품등 수수행위를 직무관련성이나 대가성이 없는 경우에도 제재할 수 있도록 하고 있다. 이 법률은 공직사회의 부패구조를 청산하여 공직자의 공정한 직무수행을 보장하고 공공기관에 대한 국민의 신뢰를 확보하는 것을 입법목적으로 한다. 이러한 공정하고 청렴한 사회를 구현하려는 국민적 열망에 비추어 보더라도 대통령의 법 위반 행위에 대해서는 엄정하게 대처하지 않을 수 없다.

우리와 우리 자손이 살아가야 할 대한민국은 인간의 존엄과 가치를 존중하고 국민의 기본권을 최대한 보장함으로써, 국민 모두가 자유롭고 평등하며 안전하고 풍요로운 가운데 행복한 삶을 영위하는 나라이다. 그런데 이 사건 심판청구를 기각한다면, 앞으로 대통령이 이 사건과 유사한 방법으로 헌법과 법률을 위반해도 파면 결정을 할 수 없게 된다. 그 결과 비선조직이 강력한 대통령 권력에 기대어 고위공직자의 인사와 국가정책의 결정에 개입하여 사익을 취하거나 또는 대통령이 영향력을 행사하여 대기업으로 하여금 자신이 주도하는 재단에 기금을 출연하도록 하는 등의 위법행위가 있다 하더라도 우리 사회가 이를 용인해야 하고 이에 따른 정경유착 등 정치적 폐습은 확대·고착될 우려가 있다. 이는 현재의 헌법질서에 부정적 영향을 주는 것일 뿐만 아니라 나아가 우리 헌법이 지향하는 이념적 가치와도 충돌한다.

(3) 그렇다면 우리 헌법의 헌법질서를 수호하고, 비선조직의 국정개입, 대통령의 권한남용, 재벌기업과의 정경유착과 같은 정치적 폐습을 타파하기 위해서라도 이 사건 심판청구를 인용하여야 한다.

마. 결론

(1) 이 사건 심판절차의 전 과정에서 대통령의 직무수행 단절로 인한 국정 공백은 중대하고 국론분열로 인한 국가적 손실은 엄중하다. 이러한 난국을 극복하고 국민통합을 이루기 위해서는 대통령 개인에 대한 탄핵심판을 넘어 비선조직의 국정개입, 대통령의 권한남용, 재벌기업과의 정경유착과 같은 정치적 폐습을 청산하고, 정치적 폐습을 조장한 권력구조를 개혁하기 위한 반성과 성찰이 있어야 한다.

물론 제왕적 대통령제를 규정한 현행 헌법의 권력구조는 피청구인의 법 위반 행위를 정당화하는 구실이 될 수 없다. 그러나 앞서 살펴본 바와 같이 대통령 권력의 과도한 집중이 피청구인의 법 위반 행위를 부추긴 요인이었음을 부인할 수 없다. 더욱이 대통령 탄핵심판에서 나타난 시대정신은 분권과 협치, 투명하고 공정한 권력행사로 나아갈 것을 명령하고 있다. 제왕적 대통령제를 이러한 시대정신이 반영된 권력공유형 분권제로 개편하는 것은 우리 사회의 수직적 권위주의문화의 폐습을 청산하고 정치·경제·사회 곳곳에 자리 잡고 있는 비민주적인 요소를 타파하는 데 기여할 수 있다. 나아가 이는 우리 사회의 모든 영역에서 각인의 기회를 균등히 하고 능력을 최고도로 발휘하게 하며, 국가공동체의 공정성 강화와 국민생활의 균등한 향상을 도모할 수 있다.

일찍이 플라톤은 50대에 저술한 『국가』에서 "통치하는 것이 쟁취의 대상이 되면, 이는 동족간의 내란으로 비화하여 당사자들은 물론 다른 시민들마저 파멸시킨다."고 경고했다. 이러한 플라톤의 경고는 우리가 권력구조의 개혁을 논의하는데 있어 시사하는 바가 크다.

(2) "오직 공법을 물같이, 정의를 하수같이 흘릴지로다(아모스 5장 24

절).”성경말씀이다. 불법과 불의한 것을 버리고 바르고 정의로운 것을 실천하라는 말씀이다.

이 사건 탄핵심판과 관련하여 국민간의 이념적 갈등에 대한 우려가 있는 것을 알고 있지만, 이 사건 탄핵심판은 보수와 진보라는 이념의 문제가 아니라 헌법적 가치를 실현하고 헌법질서를 수호하는 문제이다. 그리고 이 사건 탄핵심판은 단순히 대통령의 과거 행위의 위법과 파면 여부만을 판단하는 것이 아니라 미래 대한민국이 지향해야 할 헌법적 가치와 질서의 규범적 표준을 설정하는 것이기도 하다.

법정의견에서 살펴본 바와 같이, 피청구인의 법 위반 행위는 대통령이 국민 모두에 대한 ‘법치와 준법의 상징적 존재’임에도 헌법과 법률을 중대하게 위반한 행위이다. 이 사건 탄핵심판청구를 기각한다면 정경유착 등 정치적 폐습은 확대·고착될 우려가 있다. 이는 현재의 헌법질서에 부정적 영향을 주는 것일 뿐만 아니라 우리 헌법이 지향하는 이념적 가치와도 충돌하고 최근 부패방지관련법 제정에서 나타난 ‘공정하고 청렴한 사회를 구현하려는 국민적 열망’에도 배치된다.

이러한 점을 고려할 때, 이 사건 탄핵심판과 관련하여 소명을 받은 헌법재판관으로서는 피청구인에 대해 파면을 결정할 수밖에 없다. 피청구인에 대한 파면결정은 자유민주적 기본질서를 기반으로 한 헌법질서를 수호하기 위한 것이며, 우리와 우리 자손이 살아가야 할 대한민국에서 정의를 바로 세우고 비선조직의 국정개입, 대통령의 권한남용, 정경유착과 같은 정치적 폐습을 청산하기 위한 것이다.

(3) 이 사건 심판절차에서의 파면결정과 이를 계기로 시대정신을 반영한 권력구조의 개혁이 이루어진다면 우리나라의 자유민주주의와 시장경제

는 보다 높은 단계로 나아갈 수 있다. 자율과 조화를 바탕으로 한 자유민주적 기본질서는 가일층 확고해지고, 자유와 창의를 기본으로 한 시장경제질서는 국민생활의 균등한 향상을 기하는 가운데 더욱 발전하여 우리와 우리 자손의 자유와 평등, 그리고 안전과 행복은 확대될 것이다.

재판관

이정미(재판장) 김이수 이진성 김창종

안창호 강일원 서기석 조용호

〔별지 1〕 소추위원의 대리인 명단

변호사 황정근, 김봉준, 신미용, 이명웅, 임종욱, 최규진, 최지혜, 한수정

법무법인 거산 (담당변호사 문상식)

법무법인 공존 (담당변호사 전종민, 탁경국)

법무법인 도시 (담당변호사 이금규)

법무법인 만아 (담당변호사 김현수, 김훈)

법무법인 엘케이비앤파트너스 (담당변호사 이용구, 김현권)

〔별지 2〕 피청구인 대리인 명단

변호사 이중환, 구상진, 김평우, 서성건, 이상용, 위재민, 유영하, 장창호

정기승, 정장현, 채명성, 최근서

법무법인 율전 (담당변호사 이동흡, 전병관, 배진혁)

법무법인 범무 (담당변호사 조원룡)

법무법인 신촌 (담당변호사 송재원)

법무법인 에이치스 (담당변호사 황성욱)

법무법인 정론 (담당변호사 손범규)

영남 법무법인 (담당변호사 서석구)

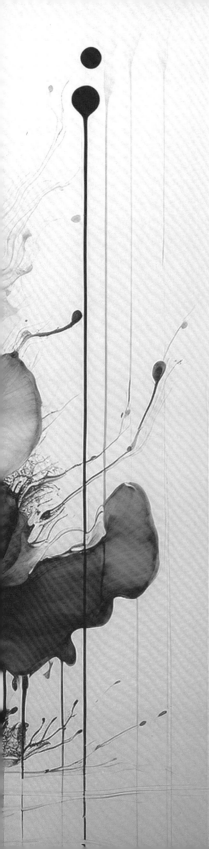

윤석열

"헌법은 살아 있는 문서다. 세월이 지나도 정신은 변치 않아야 한다"

얼 워런

미국 연방대법원장

대통령(윤석열) 탄핵

2025. 4. 4. 사건 2024헌나8 전원재판부

당사자

청구인 국회

소추위원 국회 법제사법위원회 위원장

대리인 변호사 명단은 별지와 같음

피청구인 대통령 윤석열

대리인 변호사 명단은 별지와 같음

주문

피청구인 대통령 윤석열을 파면한다.

이유

1. 사건개요

가. 사건의 발단

피청구인은 2024. 12. 3. 22:27경 대통령실에서 대국민담화를 통해 비상계엄을 선포하였다(이하 2024. 12. 3.자 비상계엄을 '이 사건 계엄'이라 한다). 대국민담화의 내용은 '대한민국은 야당의 탄핵과 특검, 예산삭감 등으로 국정이 마비된 상태이며, 북한 공산세력의 위협으로부터 자유대한민국을 수호하고 헌정질서를 지키기 위해 비상계엄을 선포한다'는 것이었다(이하 '제1차 대국민담화'라 한다). 피청구인은 육군참모총장(이하 각 행위 당시의 직책을 기재한다) 박안수를 계엄사령관으로 임명하였고, 박안수는 같은 날 23:23경 계엄사령부 포고령 제1호(이하 '이 사건 포고령'이라 한다)를 발령하였다.

2024. 12. 4. 01:02경 제418회 국회(정기회) 제15차 본회의에서 박찬대 의원 등 170인이 발의한 비상계엄해제요구 결의안이 재석 190인 중 찬성 190인으로 가결되었다. 피청구인은 2024. 12. 4. 04:20경 대통령실에서 비상계엄을 해제하겠다는 내용의 대국민담화를 발표하였고, 같은 날 04:29경 국무회의에서 이 사건 계엄 해제안이 의결되었다.

나. 국회의 피청구인에 대한 탄핵소추의결 및 탄핵심판청구

(1) 2024. 12. 7. 1차 탄핵소추안 투표 불성립과 피청구인의 추가 대국민담화

피청구인의 이 사건 계엄 선포와 관련하여 2024. 12. 4. 국회에서 피청구인에 대한 탄핵소추안(이하 '1차 탄핵소추안'이라 한다)이 발의되었고, 같은 달 7. 피청구인은 '계엄으로 인하여 국민들께 불안과 불편을 끼쳐드린 점에 사과하며, 임기를 포함하여 정국 안정 방안을 국민의힘에 일임하겠다'는 취지의 대국민담화를 발표하였다. 2024. 12. 7. 제418회 국회(정기회) 제17차 본회의에서 1차 탄핵소추안에 대한 표결을 실시하였지만, 의결정족수 부족으로 투표가 불성립하였다.

2024. 12. 12. 피청구인은 또다시 대국민담화를 발표하였는데, 담화의 요지는 다음과 같다.

『① 거대 야당의 탄핵 남발, 특검법안 발의 등으로 국정이 마비되었고 국가 위기 상황에 처하였다. ② 거대 야당은 형법의 간첩죄 조항 개정을 방해하고 국가보안법 폐지도 시도하는 등 국가안보와 사회 안전까지 위협하고 있다. ③ 거대 야당이 검찰과 경찰의 내년도 특경비·특활비 예산을 0원으로 깎고 다른 예산들도 대폭 삭감하는 등으로 인하여 국정이 마비되고 사회질서가 교란되어 행정과 사법의 정상적인 수행이 불가능하다. ④ 선거관리위원회에 대한 국가정보원의 전산시스템 점검시 얼마든지 데이터 조작이 가능하고 방화벽도 사실상 없는 것이나 마찬가지라는 사실을 알게 되어, 국방부장관에게 선거관리위원회 전산시스템을 점검하도록 지시한 것이다. ⑤ 현재의 국정 마비 상황을 사회 교란으로 인한 행정·사법의 국가기능 붕괴 상태로 판단하여 계엄령을 발동하되, 그 목적은 국민에게 이러한 상황을 알려 이를 멈추도록 경고하는 것이었다. ⑥ 국회에 병력을 투입한 이유는 계엄 선포 방송을 본 국회 관계자와 시민들이 대거 몰릴 것을 대비하여 질서유지를 하기 위한 것이지, 국회를 해산시키거나 기능을 마비시키려 한 것이 아니다. ⑦ 거대 야당이 거짓으로 탄핵을 선동하는 이유는 당대표의 유죄 선고가 임박하자 대통령 탄핵을 통해 이를 회피하고 조기 대선을 치르려는 것이다. ⑧ 대통령의 비상계엄 선포권 행사는 사법심사의 대상이 되지 않는 통치행위이며, 오로지 국회의 해제 요구만으로 통제할 수 있다.』

(2) 2024. 12. 14. 탄핵소추의결 및 탄핵심판청구

박찬대, 황운하, 천하람, 윤종오, 용혜인, 한창민 등 190명의 국회의원이 이 사건 계엄과 관련하여 피청구인이 그 직무집행에 있어서 헌법이나 법률을 위배하였다는 이유로 2024. 12. 12. 대통령(윤석열) 탄핵소추안(이하 '이 사건 탄핵소추안'이라 한다)을 발의하였다. 국회는 2024. 12. 14. 제419회 국회(임시회) 제4차 본회의에서 이 사건 탄핵소추안을 재적의원 300인 중 204인의 찬성으로 가결하였고, 소추위원은 같은 날 헌법재판소법 제49조 제2항에 따라 소추의결서 정본을 헌법재판소에 제출하여 피청구인에 대한 탄핵심판을 청구하였다.

다. 탄핵소추사유 및 청구인의 변론 요지

(1) 이 사건 계엄 선포

피청구인은 헌법 및 계엄법이 정한 실체적·절차적 요건을 충족하지 못한 이 사건 계엄을 선포하였으므로, 헌법 제5조 제2항, 제7조 제2항, 제74조, 제77조 제1항, 제4항, 제82조, 제89조 제5호, 계엄법 제2조 제2항, 제5항, 제6항, 제3조, 제4조, 제5조 제1항, 제11조 제1항 등을 위반하였다.

(2) 국회에 대한 군경 투입

피청구인이 위험한 물건인 헬기, 군용차량, 총기로 무장한 군대와 경찰을 동원하여 유리창을 깨고 국회 건물 내로 침입하고 국회의원 및 국회 직원 등의 국회 출입 및 본회의장 진입을 막고 폭행·위협하도록 한 행위, 국회의장 우원식, 더불어민주당 대표 국회의원 이재명, 국민의힘 대표 한동훈 등의 체포를 시도한 행위는 헌법 제1조, 제5조 제2항, 제7조, 제8조, 제41조 제1항, 제49조, 제66조, 제74조, 제77조 제5항 등을 위반한 것이다.

(3) 이 사건 포고령 발령

피청구인은 계엄사령관을 통하여 이 사건 포고령을 발령함으로써 헌법 제5조 제2항, 제7조 제2항, 제8조, 제14조, 제15조, 제21조, 제33조, 제41조, 제44조, 제49조, 제74조 등을 위반하였다.

(4) 중앙선거관리위원회 등에 대한 압수·수색

피청구인은 2024. 12. 3. 군대를 중앙선거관리위원회(이하 선거관리위원회는 '선관위', 중앙선거관리위원회는 '중앙선관위'라 한다), 여론조사꽃 등으로 투입하여 중앙선관위 청사 등을 점령한 뒤 당직자의 휴대전화를 압수하고 서버를 촬영하도록 하였으며 2024. 12. 4. 출근하는 직원들에 대한 체포 및 구금계획을 세웠는바, 이는 헌법 제77조 제3항, 계엄법 제9조 제1항, 영장주의, 선관위의 독립성 등을 위반 또는 침해한 것이다.

(5) 법조인 체포 지시

피청구인은 전 대법원장 김명수, 전 대법관 권순일 등 법조인에 대한 체포 지시를 하여, 헌법 제12조 제3항, 제101조, 제105조, 제106조, 권력분립원칙, 법치주의원칙 등을 위반하였다.

(6) 헌법 및 법률 위반의 중대성

피청구인의 비상계엄 선포권의 남용 및 그에 부수한 행위들은 국가의 존립을 위태롭게 한 헌법과 법률의 중대한 위반에 해당한다. 피청구인은 국회를 무력화시킬 목적으로 이 사건 계엄 선포를 하고, 국회를 봉쇄하고 국회의원 등을 체포하려 하였으며, 국군을 자신의 이익을 위해 동원하였는바, 국민의 신임에 대한 배반이 국정을 담당할 자격을 상실할 정도에 이르렀다.

2. 심판대상

이 사건 심판대상은 대통령 윤석열이 직무집행에 있어서 헌법이나 법률을 위반했는지 여부 및 파면결정을 선고할 것인지 여부이다.

3. 적법요건 판단

가. 사법심사 가능성

피청구인은 대통령의 비상계엄 선포행위는 고도의 통치행위로서 사법심사의 대상이 아니므로 이 사건 탄핵심판청구가 부적법하다고 주장한다. 대통령의 계엄 선포권은 전시·사변 또는 이에 준하는 국가비상사태에 있어서 병력으로써 군사상의 필요에 응하거나 공공의 안녕질서를 유지할 필요가 있을 때 발동되는 국가긴급권으로, 그 행사에 대통령의 고도의 정치적 결단을 요한다고 볼 수 있다.

그러나 국가긴급권은 평상시의 헌법질서에 따른 권력행사방법만으로는 대처할 수 없는 중대한 위기상황에 대비하여 헌법이 중대한 예외로서 인정한 비상수단이므로, 헌법이 정한 국가긴급권의 발동요건·사후통제 및 국가긴급권에 내재하는 본질적 한계는 엄격히 준수되어야 한다(헌재 2015. 3. 26. 2014헌가5 참조). 계엄의 선포에 관해서는 헌법 제77조 및 계엄법에서 그 요건과 절차, 사후통제 등에 대하여 규정하고 있고, 탄핵심판절차는 고위공직자가 권한을 남용하여 헌법이나 법률을 위반하는 경우 그 권한을 박탈함으로써 헌법질서를 지키는 헌법재판이라는 점을 고려하면(헌재 2017. 3. 10. 2016헌나1 참조), 비록 이 사건 계엄 선포가 고도의 정치적 결단을 요하는 행위라 하더라도 탄핵심판절차에서 그 헌법 및 법률 위반 여부를 심사할 수 있다고 봄이 상당하다.

따라서 이 사건 계엄 선포행위가 통치행위이므로 사법심사의 대상이 될 수 없다는 피청구인의 주장은 받아들일 수 없다.

나. 법제사법위원회의 조사절차 흠결에 관한 판단

(1) 국회법 제130조 제1항은 "탄핵소추가 발의되었을 때에는 … 본회의는 의결로 법제사법위원회에 회부하여 조사하게 할 수 있다."라고 하여, 탄핵소추의 발의가 있을 때 그 사유 등에 대한 조사 여부를 국회의 재

량으로 규정하고 있다. 따라서 국회가 법제사법위원회의 조사 없이 이 사건 탄핵소추안을 의결하였다고 하여 그 의결이 헌법이나 국회법을 위반한 것이라고 볼 수 없다(헌재 2004. 5. 14. 2004헌나1; 헌재 2017. 3. 10. 2016헌나1; 헌재 2025. 1. 23. 2024헌나1 참조).

(2) 피청구인은 국회법 제130조 제1항에 정한 법제사법위원회의 조사절차를 필수적 절차로 해석하지 않으면 피청구인의 방어권 행사가 어려워지므로 헌법상 적법절차원칙에 위반된다는 취지로 주장한다. 그런데 탄핵소추절차는 국회와 대통령이라는 헌법기관 사이의 문제이고, 국회의 탄핵소추의결에 따라 사인으로서 대통령 개인의 기본권이 침해되는 것이 아니다. 국가기관이 국민에 대하여 공권력을 행사할 때 준수하여야 하는 법원칙으로 형성된 적법절차원칙은 국가기관에 대하여 헌법을 수호하고자 하는 탄핵소추절차에 직접 적용될 수 없으므로(헌재 2004. 5. 14. 2004헌나1; 헌재 2017. 3. 10. 2016헌나1 참조), 피청구인의 이 부분 주장을 받아들일 수 없다.

(3) 나아가 피청구인은 국회가 법제사법위원회의 조사절차를 거치지 않고 이 사건 탄핵소추안을 의결한 것은 대통령 탄핵제도에 대한 헌법 규정과 취지, 국회와 대통령 간의 권력분립원칙에 위반된다는 취지로도 주장한다.

헌법은 탄핵소추와 관련하여 소추대상자와 소추사유, 탄핵소추의 요건 및 탄핵소추의결의 효과, 탄핵결정의 효력에 대하여 명시적으로 규정하였고(헌법 제65조), 그밖에 국회에서의 소추절차에 대해서는 규정하지 아니하여 입법에 맡기고 있다. 이와 같이 우리 헌법이 행정부와 사법부를 견제하기 위한 하나의 수단으로 고위공직자에 대한 탄핵소추권을 국회에 부여한 것 자체가 권력분립원칙의 구현에 해당한다고 볼 것이므로, 피청구인의 이 부분 주장은 받아들일 수 없다.

(4) 그밖에 피청구인은 조사절차를 거치지 않음으로써 소추사유가 불명확해지고, 그에 따라 심판기간이 늘어나게 되며, 피청구인의 방어권 행사가 어려워지게 되어 법치국가원리의 명확성원칙에 위반된다는 취지로도 주장하나, 이는 조사절차의 흠결로 방어권 행사가 어려워진다는 적법절차원칙 위반 주장과 사실상 동일하다고 볼 수 있으므로 이 부분 주장 역시 받아들이지 아니한다.

다. 탄핵소추안의 반복 발의에 관한 판단

(1) 피청구인은 이 사건 탄핵소추안과 동일한 탄핵소추안이 이미 2024. 12. 7. 국회 본회의에 상정되었다가 부결되었으므로 이 사건 탄핵소추안의 의결이 국회법 제92조의 일사부재의 원칙에 위반된다고 주장한다.

국회법 제92조는 "부결된 안건은 같은 회기 중에 다시 발의하거나 제출할 수 없다."라고 하여 일사부재의 원칙을 선언하고 있다. 여기서 부결된 안건을 다시 발의하거나 제출할 수 없는 시기는 같은 회기 중으로 제한된다.

이 사건에서 보건대, 1차 탄핵소추안은 2024. 12. 7. 제418회 국회(정기회) 제17차 본회의에서 그 표결이 실시되었으나 의결정족수 부족으로 투표가 불성립하였다. 그 후 이 사건 탄핵소추안이 2024. 12. 12.

제419회 국회(임시회)에서 발의되어 같은 달 14. 제419회 국회(임시회) 제4차 본회의에서 그에 대한 표결이 이루어졌음은 앞서 본 바와 같다.

그렇다면 제419회 임시회 회기 중 발의된 이 사건 탄핵소추안은 제418회 정기회 회기에 투표 불성립된 1차 탄핵소추안과 같은 회기 중에 다시 발의된 경우라고 할 수 없으므로, 이 사건 탄핵소추안의 의결은 국회법 제92조에 위반되지 아니한다.

(2) 한편, 피청구인은 이 사건 탄핵소추안의 의결이 국회법 제92조에 위반되지 않더라도 대통령의 탄핵소추요건을 다른 소추대상자보다 엄격하게 규정한 헌법에 위반되어 부적법하다는 취지로 주장한다.

헌법은 제65조 제2항에서 대통령에 대한 탄핵소추요건을 다른 소추대상자보다 가중하여 정하고 있기는 하나, 탄핵소추안의 발의 횟수나 재발의의 요건 또는 그 제한에 관하여는 정하고 있지 아니하다. 또한 국회는 헌법 제65조 제1항, 제2항에 따라 탄핵소추 발의권과 의결권을 가지고 있으므로, 탄핵소추의 발의가 헌법이나 법률의 규정에 위반되거나 소추권의 남용에 이르렀다는 등의 특별한 사정이 없는 한 단지 대통령에 대한 탄핵소추요건이 엄격하다는 이유만으로 탄핵소추안의 발의 횟수를 1회로 제한하기는 어렵다. 따라서 피청구인의 이 부분 주장 역시 받아들일 수 없다.

라. 기타 주장에 관한 판단

(1) 보호이익의 흠결 관련 주장

피청구인은 이 사건 계엄이 국회의 해제 요구로 단시간 안에 해제되었고, 이로 인한 피해가 발생하지 않았으므로 보호이익이 흠결되어 이 사건 탄핵심판청구가 부적법하다고도 주장한다.

살피건대, 이 사건 계엄이 해제되었다 하더라도 이 사건 계엄으로 인하여 이미 발생한 이 사건 탄핵사유를 이유로 피청구인에 대한 탄핵 여부를 심판할 이익이 부정된다고 볼 수 없으므로, 피청구인의 이 부분 주장을 받아들이지 아니한다.

(2) 형법상 내란죄 등에 관한 소추사유 철회, 변경 관련 주장

한편, 피청구인은 청구인이 이 사건 소추의결서에서는 피청구인의 이 사건 계엄 선포를 비롯한 일련의 행위에 대하여 형법상 내란죄(제87조, 제91조) 등 형법 위반 행위로 구성하였다가 이 사건 탄핵심판청구 이후에 이를 별도의 의결절차를 거치거나 '소추사실변경서' 등을 제출하지 아니하고 헌법 위반 행위로 포섭하여 주장하는 것은 소추사유의 철회 내지 변경에 해당하여 이 사건 탄핵심판청구가 부적법하다는 취지로도 주장한다.

국회가 탄핵심판을 청구한 뒤 별도의 의결절차 없이 소추사유를 추가하거나 기존의 소추사유와 동일성이 인정되지 않는 정도로 소추사유를 변경하는 것은 허용되지 아니한다(헌재 2017. 3. 10. 2016헌나1; 헌재 2025. 1. 23. 2024헌나1 참조). 그런데 헌법재판소는 소추의결서에서 그 위반을 주장하는 '법규정의 판단'에 관하여는 원칙적으로 구속을 받지 않고 청구인이 그 위반을 주장한 법규정 외에 다른 관련 법규정에 근거하여 탄핵의 원인이 된 사실관계를 판단할 수 있으므로(헌재 2004. 5. 14. 2004헌나1; 헌재 2017. 3. 10. 2016헌나1 참조), 동일한 사실에 대하여 단순히 적용법조문을 추가·철회·변경하는 것은 '소추사유'의 추가·철회·변경에 해당하지 아니한다. 살피건대, 청구인이 형법 위반 행위로 구성하였던 사실관계를 헌법 위반으로 포섭하는 것은 소추의결서에 기재하였던 기본적 사실관계는 동일하게 유지하면서 그 위반을 주장하는 법조문을 철회 또는 변경하는 것에 지나지 않으므로 위에서 본 허용되지 않는 소추사유의 철회 내지 변경에 해당한다고 볼 수 없고, 이를 전제로 한 특별한 절차를 거쳐야 한다고 보기도 어렵다.

또한 피청구인은 소추사유의 철회 내지 변경에 대한 결의가 없으면 당초 소추의결서의 내용대로 판단하여야 한다고도 주장하나, 소추의결서 중 '법규정의 판단'에 관하여는 헌법재판소가 구속받지 아니함은 앞서 본 바와 같다.

따라서 피청구인의 이 부분 주장은 받아들일 수 없다.

(3) 정족수 미달 관련 주장

피청구인은 이 사건 탄핵소추안의 소추사유 중 형법상 내란죄 관련 부분이 없었다면 나머지 소추사유인 비상계엄의 선포 부분만으로는 재적 국회의원 3분의 2의 찬성을 얻기 어려웠을 것이 명백하므로, 이 사건 탄핵소추의결이 정족수에 미달되어 이 사건 탄핵심판청구가 부적법하다고 주장한다.

그러나 이 사건 탄핵소추안이 국회에서 재적의원 300인 중 204인의 찬성으로 가결된 사실은 앞서 본 바와 같다. 위 주장은 피청구인의 가정적 주장에 불과하며 이를 객관적으로 뒷받침할 근거도 없으므로, 이를 받아들이지 아니한다.

(4) 탄핵소추권의 남용 관련 주장

(가) 피청구인은 이 사건 탄핵소추의결이 법제사법위원회의 조사절차를 흠결하여 국회법 제130조 제1항에 위반되고, 일사부재의 원칙을 규정한 같은 법 제92조에 위반되며, 계엄이 해제되어 보호이익이 결여된 상태에서 행해졌으므로 탄핵소추권의 남용에 해당한다고 주장한다. 그러나 위에서 본 바와 같이 이 사건 탄핵소추안의 의결이 국회법 제130조 제1항이나 제92조에 위반된다거나 심판의 이익이 흠결되었다고 볼 수 없으므로, 이를 전제로 한 탄핵소추권 남용 주장을 받아들일 수 없다.

(나) 피청구인은 국회의 과반의석을 차지한 야당이 대통령의 직무수행을 정지시키고 파면시킨 다음 대통령의 지위를 탈취하기 위하여 탄핵소추권을 남용한 것이라고 주장한다.

그러나 이 사건 탄핵소추안의 의결 과정에서 헌법과 법률에 정한 절차가 준수되었고, 피소추자의 헌법 내지 법률 위반 행위가 일정한 수준 이상 소명되었으므로, 해당 탄핵소추의결의 주요한 목적은 그에 대한 피소추자의 법적 책임을 추궁하고 동종의 위반 행위가 재발하는 것을 예방함으로써 헌법을 수호·유지하기 위한 것으로 보아야 한다. 설령 탄핵소추의 의결에 일부 정치적 목적이나 동기가 내포되어 있다 하더라도 이러한 사정만으로 탄핵소추권이 남용되었다고 볼 수 없다(헌재 2025. 1. 23. 2024헌나1 참조).

따라서 이 사건 탄핵심판청구가 청구인이 소추재량을 일탈하여 탄핵소추권을 남용한 것이라는 피청구인의 주장은 받아들이지 아니한다.

마. 소결

이 사건 탄핵심판청구는 적법하다.

4. 탄핵의 요건

가. 직무집행에 있어서 헌법이나 법률 위배

헌법은 탄핵소추사유를 '헌법이나 법률을 위배한 때'라고 명시하고 헌법재판소가 탄핵심판을 관장하게 함으로써 탄핵절차를 정치적 심판절차가 아닌 규범적 심판절차로 규정하고 있다. 탄핵제도는 누구도 법 위에 있지 않다는 법의 지배 원리를 구현하고 헌법을 수호하기 위한 제도이다. 국민에 의하여 직접 선출된 대통령을 파면하는 경우 상당한 정치적 혼란이 발생할 수 있지만 이는 국가공동체가 자유민주적 기본질서를 지키기 위하여 불가피하게 치러야 하는 민주주의의 비용이다(헌재 2017. 3. 10. 2016헌나1 참조).

헌법 제65조는 대통령이 '그 직무집행에 있어서 헌법이나 법률을 위배한 때'를 탄핵사유로 규정하고 있다. 여기에서 '직무'란 법제상 소관 직무에 속하는 고유 업무와 사회통념상 이와 관련된 업무를 말하고, 법령에 근거한 행위뿐만 아니라 대통령의 지위에서 국정수행과 관련하여 행하는 모든 행위를 포괄하는 개념이다. 또 '헌법'에는 명문의 헌법 규정뿐만 아니라 헌법재판소의 결정에 따라 형성되어 확립된 불문헌법도 포함되고, '법률'에는 형식적 의미의 법률과 이와 동등한 효력을 가지는 국제조약 및 일반적으로 승인된 국제법규 등이 포함된다(헌재 2004. 5. 14. 2004헌나1; 헌재 2017. 3. 10. 2016헌나1 참조).

나. 헌법이나 법률 위배의 중대성

헌법재판소법 제53조 제1항은 '탄핵심판 청구가 이유 있는 경우' 피청구인을 파면하는 결정을 선고하도록 규정하고 있다. 그런데 대통령에 대한 파면결정은 국민이 선거를 통하여 대통령에게 부여한 민주적 정당성을 임기 중 박탈하는 것으로서 국정 공백과 정치적 혼란 등 국가적으로 큰 손실을 가져올 수 있으므로 신중하게 이루어져야 한다. 따라서 대통령을 탄핵하기 위해서는 대통령의 법 위배 행위가 헌법질서에 미치는 부정적 영향과 해악이 중대하여 대통령을 파면함으로써 얻는 헌법 수호의 이익이 대통령 파면에 따르는 국가적 손실을 압도할 정도로 커야 한다. 즉, '탄핵심판청구가 이유 있는 경우'란 대통령의 파면을 정당화할 수 있을 정도로 중대한 헌법이나 법률 위배가 있는 때를 말한다(헌재 2017. 3. 10. 2016헌나1 참조).

다. 판단순서

이하에서는 피청구인이 그 직무를 집행하면서 헌법이나 법률을 위반하였는지에 대하여 (1) 이 사건 계엄 선포, (2) 국회에 대한 군경 투입, (3) 이 사건 포고령 발령, (4) 중앙선관위에 대한 압수·수색, (5) 법조인에 대한 위치 확인 시도의 순서로 판단한다.

한편, 청구인은 이 사건 탄핵심판청구 이후 제출한 서면에서 '피청구인이 2024. 12. 4. 출근하는 중앙선관위 직원들에 대한 체포·구금

계획을 마련하고 이를 지시한 행위' 역시 소추사유로 주장하고 있다. 국회가 탄핵심판을 청구한 뒤 별도의 의결절차 없이 소추사유를 추가하거나 기존의 소추사유와 동일성이 인정되지 않는 정도로 소추사유를 변경하는 것은 허용되지 아니함은 앞서 본 바와 같고(헌재 2017. 3. 10. 2016헌나1; 헌재 2025. 1. 23. 2024헌나1 참조), 중앙선관위 직원들에 대한 체포·구금 관련 지시는 이 사건 소추의결서에 기재되지 아니한 새로운 사실이므로 판단의 대상으로 삼지 아니한다.

5. 이 사건 계엄 선포에 관한 판단

가. 인정 사실

(1) 피청구인은 2024. 12. 3. 20:55경 대통령실에서 국무총리 한덕수에게 계엄을 선포하겠다고 말하였다. 한덕수는 피청구인에게 다른 국무위원들의 말도 들어보시라고 하였고 피청구인은 국무위원들을 모아보라고 하였다. 이에 부속실에서 이미 대통령실에 있었던 국방부장관 김용현, 통일부장관 김영호, 외교부장관 조태열, 법무부장관 박성재, 행정안전부장관 이상민 외의 국무위원들에게 연락을 취하였다. 다만, 대통령실로 들어오라고 하였을 뿐, 국무회의를 개최한다고 연락하였던 것은 아니고, 문화체육관광부장관 유인촌, 환경부장관 김완섭, 고용노동부장관 김문수, 국가보훈부장관 강정애는 연락을 받지 못하였다.

(2) 연락을 받은 국무위원들이 한 명씩 대접견실로 도착하여 피청구인이

비상계엄을 선포하고자 한다는 사실을 듣고 서로 의견을 나누었고 그 중 일부는 집무실로 들어가서 피청구인에게 반대 의사를 밝히기도 하였다. 중소벤처기업부장관 오영주가 마지막으로 도착함으로써 같은 날 22:17경 국무총리 및 국무위원 9명이 모이게 되었다. 그 무렵 피청구인이 집무실에서 대접견실로 나와 계엄 선포의 취지를 간략히 설명한 후 같은 날 22:22경 이 사건 계엄을 선포하기 위하여 대접견실을 나갔다. 오영주가 마지막으로 도착하고 피청구인이 이 사건 계엄을 선포하러 대접견실에서 나가기까지 걸린 시간은 5분 정도에 불과하였고, 개의 선포, 의안 상정, 제안 설명, 토의, 산회 선포, 회의록 작성이 없었다. 피청구인은 계엄의 필요성, 시행일시, 계엄사령관 등 이 사건 계엄의 구체적인 내용을 설명하지 않았고, 참석한 국무총리 및 국무위원들에게 이 사건 계엄 선포에 관하여 의견을 진술할 기회를 부여하지 않았으며, 회의에서 비상계엄 선포의 실체적 요건 구비 여부 등에 관하여 실질적인 검토와 논의가 이루어지지 않았다. 국무총리와 관계 국무위원이 이 사건 계엄 선포와 관련된 문서에 부서하지도 않았다.

(3) 피청구인은 2024. 12. 3. 22:23경 대통령실에서 제1차 대국민담화를 시작하여 22:27경 이 사건 계엄을 선포하였다. 제1차 대국민담화의 내용은 [별지 3]과 같다.

(4) 피청구인은 이 사건 계엄을 선포한 후 국회에 통고하지 않았다.

(5) 피청구인은 2024. 12. 3. 22:30경 국방부장관 김용현을 통하여 육군 참모총장 박안수를 계엄사령관으로 임명하였다.

(6) 2024. 12. 4. 01:02경 국회에서 비상계엄해제요구 결의안이 가결되었
다. 피청구인은 2024. 12. 4. 04:20경 대통령실에서 이 사건 계엄을
해제하겠다는 내용의 대국민담화를 발표하였고, 같은 날 04:29경 국
무회의에서 이 사건 계엄 해제안이 의결되었다.

나. 판단

(1) 비상계엄 선포의 실체적 요건 위반 여부

(가) 비상계엄 선포의 실체적 요건

1) 전쟁이나 내란, 경제공황 등과 같은 비상사태가 발발하여 국가의 존
립이나 헌법질서의 유지가 위태롭게 된 때에는 정상적인 상태에서 기능
하도록 설계된 국가권력의 행사방식으로 대처하기 어렵다. 그러므로
위와 같은 비상사태가 발생한 경우에는 국가를 보전하고 헌법질서를
유지하기 위하여 비상적 수단을 발동할 수 있는 권한, 즉 국가긴급
권을 인정할 필요가 있다. 그러나 국가긴급권을 인정하게 되면 권력이
하나의 국가기관으로 집중되고 국가권력의 남용을 방지하기 위하여
마련된 각종 통제 장치가 작동할 수 없게 되어 오히려 헌법적 가치와
국민의 기본권이 침해될 위험이 있다. 이에 우리 헌법은 국가긴급권을
대통령의 권한으로 규정하면서도, 국가긴급권의 내용, 효력, 한계 및
그에 대한 통제수단을 분명히 함으로써 그 남용과 악용을 막아 국
가긴급권이 헌법보호의 비상수단으로서 기능할 수 있도록 담보하고
있다(헌재 1994. 6. 30. 92헌가18; 헌재 1996. 2. 29. 93헌마186 참조).

2) 헌법 제77조 제1항은 계엄 선포의 실체적 요건으로 '전시 · 사변 또는 이에 준하는 국가비상사태가 발생할 것'과 '병력으로써 군사상의 필요에 응하거나 공공의 안녕질서를 유지할 필요가 있을 것'을 요구하고 있다. 계엄법 제2조 제2항은 헌법 제77조 제1항의 위임에 근거하여 비상계엄 선포의 요건을 보다 엄격하게 규정하고 있는데, 이에 따르면 비상계엄을 선포하려면 '전시 · 사변 또는 이에 준하는 국가비상사태'가 발생하여야 할 뿐만 아니라, '적과 교전 상태에 있거나 사회질서가 극도로 교란되어 행정 및 사법 기능의 수행이 현저히 곤란한 상태' 역시 발생하여야 하며, 그 목적이 '군사상 필요에 따르거나 공공의 안녕질서를 유지하기 위한 것'이어야 한다.

헌법상 국가긴급권의 인정 취지와 위 관련 규정들을 종합하여 보면, 비상계엄 선포가 헌법 및 계엄법이 정한 실체적 요건을 충족하기 위해서는 ① 전시·사변 또는 이에 준하는 국가비상사태로 적과 교전 상태에 있거나 사회질서가 극도로 교란되어 행정 및 사법 기능의 수행이 현저히 곤란한 상황이 현실적으로 발생하여야 하고, ② 병력으로써 군사상의 필요에 응하거나 공공의 안녕질서를 유지할 필요가 있어야 하며, ③ 비상계엄 선포의 목적이 군사상 필요에 따르거나 공공의 안녕질서를 유지하기 위한 것이어야 한다. 따라서 비상계엄은 위와 같은 위기상황이 현실적으로 발생하였으나 경력(警力)만으로는 이를 수습할 수 없는 경우에 병력으로써 기존질서를 유지·회복하기 위하여 선포할 수 있는 것이므로, 위기상황이 발생할 우려가 있다는 이유만으로 사전적·예방적으로 선포할 수는 없고, 공공복리의 증진과 같은 적극적 목적을 위하여 선포할 수도 없다(헌재 1996. 2. 29. 93헌마186 참조).

(나) 헌법 제77조 제1항 및 계엄법 제2조 제2항이 정한 위기상황의 발생 여부

1) 심사기준 및 쟁점

가) 비상계엄을 선포하려면 전시·사변 또는 이에 준하는 국가비상사태로 적과 교전 상태에 있거나 사회질서가 극도로 교란되어 행정 및 사법 기능의 수행이 현저히 곤란한 상황이 현실적으로 발생하여야 하는데(헌법 제77조 제1항 및 계엄법 제2조 제2항), 이에 관하여는 헌법에 따라 계엄 선포권을 부여받은 피청구인에게 일정 정도의 판단재량이 인정되는 것으로 보아야 한다. 그러나 피청구인에게 판단재량을 인정한다는 것이 객관적으로 위기상황이 아님에도 주관적 확신만 존재하면 비상계엄을 선포할 수 있다는 의미는 아니므로, 객관적으로 피청구인의 판단을 정당화할 수 있을 정도의 위기상황이 존재하여야 하고, 피청구인의 판단이 현저히 비합리적이거나 자의적인 경우에는 헌법 제77조 제1항 및 계엄법 제2조 제2항을 위반한 것으로 보아야 한다(헌재 1996. 2. 29. 93헌마186 참조).

나) '전시'란 상대국이나 교전단체에 대하여 선전포고나 대적행위를 한 때부터 그 상대국이나 교전단체와 휴전협정이 성립된 때까지의 기간을 말하고, '사변'이란 국토를 참절하거나 헌법질서를 문란하게 할 목적으로 봉기한 모든 형태의 무장반란집단의 폭동을 의미한다. 앞에서 살펴본 헌법상 국가긴급권의 인정 취지와 헌법 제77조 제1항의 문언을 고려할 때, '전시·사변에 준하는 국가비상사태'란 전쟁에 해당되지 아니하는 외적의 침입, 국토를 참절하거나 헌법질서를 문란하게 할 목적이 없는 무장 또는 비무장의 집단 또는 군중에 의한 사회질서교란, 자연적 재난으로 인한 사회질서교란 등으로 인하

여 국가의 존립이나 헌법질서의 유지가 위태롭게 되어 평상시의 헌법질서에 따른 권력행사방법으로는 대처할 수 없는 중대한 위기상황을 말한다.

이 사건 계엄 선포 당시 정치상황과 사회상황이 전시·사변에 해당한다거나 적과 교전 상태에 있었다고 볼 수 없음은 명백하다. 피청구인은 이 사건 계엄 선포 당시의 상황이 전시·사변에 준하는 국가비상사태에 해당하고, 사회질서가 극도로 교란되어 행정 및 사법 기능의 수행이 현저히 곤란한 상황이었다고 주장하므로, 이와 같은 피청구인의 판단이 현저히 비합리적이거나 자의적인지 살펴본다.

2) 이 사건 계엄 선포 사유에 관한 피청구인의 주장에 대한 판단

피청구인은 야당인 더불어민주당이 다수의석을 차지하고 있는 국회가 ① 다수의 고위공직자를 탄핵하거나 그 탄핵을 시도함으로써 사법 업무 및 행정 업무를 마비시켰고, ② 위헌적이거나 국익에 반하거나 정치적 편향성이 높은 법안을 추진하거나 여야 합의 없이 일방적으로 통과시키고, 여당이 추진하는 법안에 반대하였으며, ③ 2025년도 주요 예산을 전액 삭감하여 국가의 본질적 기능을 훼손하고 마약 천국, 민생 치안 공황 상태로 만들었으며 안보 공백을 초래하였고, ④ 대통령 퇴진, 탄핵 집회를 열고, 안보·외교 분야 등에서 반국가 행위를 하였다고 하면서, 이러한 국회의 전횡으로 국정이 마비되고 행정과 사법의 정상적인 수행이 불가능한 상황이 되었다고 주장한다.

피청구인은 이러한 국회의 행위로 헌법 제77조 제1항 및 계엄법 제2조 제2항이 정한 위기상황이 발생하였다고 주장하므로, 이에 관하여 살펴본다.

가) 더불어민주당의 탄핵소추 추진 및 국회의 탄핵소추

피청구인은 더불어민주당이 다수의 고위공직자에 대하여 탄핵을 시도하거나 탄핵소추안을 발의함으로써 사법 업무 및 행정 업무를 마비시켰다고 주장한다.

탄핵심판은 고위공직자가 권한을 남용하여 헌법이나 법률을 위반하는 경우 그 권한을 박탈함으로써 헌법질서를 지키는 헌법재판이다(헌재 2004. 5. 14. 2004헌나1 참조). 앞에서 살펴본 것처럼 헌법은 탄핵심판절차를 정치적 심판절차가 아닌 규범적 심판절차로 규정하고 있다(헌재 2017. 3. 10. 2016헌나1 참조).

그런데 탄핵소추의 의결을 받은 자는 헌법 제65조 제3항에 따라 탄핵심판이 있을 때까지 그 권한행사가 자동적으로 정지되므로, 일단 국회에서 탄핵소추가 의결되면 헌법재판소의 결정이 있을 때까지 최소 수개월 간의 권한행사가 정지된다. 권한대행자 등이 피소추자의 권한을 계속 행사할 수 있다고 하더라도, 권한대행이라는 한계로 인하여 피소추자의 본래 업무를 그와 동등한 수준으로 수행하기는 현실적으로 어렵고 기존에 본인이 담당하던 업무에 더하여 피소추자의 업무를 함께 수행하게 되어 업무과중으로 인한 어려움도 발생하게 된다. 고위공직자가 수행하는 업무가 국가적으로 중요하다는 점을 고려하면 그 권한행사의 정지로 인한 업무 공백은 국가와 국민에게 큰 손해를 발생시킬 수도 있다.

그럼에도 불구하고 우리 헌법이 탄핵소추가 되면 피소추자의 권한행사가 정지되도록 규정하고 있는 것은 그만큼 피소추자의 법 위반 행위가 중대할 경우를 상정하고 있기 때문이다. 따라서 국회가 탄핵소추사유의 위헌·위법성에 대하여 심사숙고한 후 신중하게 탄핵소추권을 행사하지 아니하고, 법 위반의 의혹에만 근거하여 탄핵심판제도를 오로지 정부에 대한 정치적 압박수단으로 이용하는 것은 탄핵심판제도의 본래적 취지에 부합한다고 보기 어렵다.

피청구인의 임기가 개시된 후부터 이 사건 계엄 선포 전까지 더불어민주당 국회의원들은 행정안전부장관 1인, 검사 12인, 방송통신위원회 위원장 3인 및 그 직무대행 1인, 감사원장 1인에 대하여 재발의를 포함한 합계 22건의 탄핵소추안을 발의하였다. 이는 국회가 탄핵소추사유의 위헌·위법성에 대해 숙고하지 않은 채 법 위반의 의혹에만 근거하여 탄핵심판제도를 정부에 대한 정치적 압박수단으로 이용하였다는 우려를 낳았다.

다만 이 사건 계엄 선포 전 위 22건의 탄핵소추안 중 6건은 철회되었고, 3건은 폐기되었다. 5건은 본회의에서 가결되어 탄핵소추가 이루어졌으나, 그 중 3건에 대하여 헌법재판소는 이미 기각결정을 선고한 상태였다. 이처럼 탄핵소추안이 이미 철회 또는 폐기되었거나 헌법재판소의 기각결정이 선고된 경우, 당초의 탄핵소추안 발의 또는 탄핵소추의결이 이 사건 계엄 선포 당시의 국가의 존립이나 헌법질서, 사회질서, 행정 및 사법 기능의 수행에 미칠 수 있는 영향은 제한적이다.

또한 더불어민주당 소속 국회의원들이 탄핵소추를 추진하거나 탄핵소추안을 발의하더라도 실제로 탄핵소추가 이루어지는지 여부는 국회의 심의·의결 결과에 따라 결정되는 것이므로, 단순히 탄핵소추를 추진하고 있다거나 탄핵소추안을 발의하여 국회에서 심사 중이라는 이유로 중대한 위기상황이 현실적으로 발생하였다고 보기는 어렵다.

나아가 탄핵소추가 의결되어 피소추자의 권한행사가 정지됨으로써 권한대행자 등이 피소추자의 권한을 탄핵소추 전과 동등한 수준으로 행사할 것을 현실적으로 기대하기 어려웠다고 하더라도, 그것만으로 곧바로 행정 및 사법 기능의 수행이 현저히 곤란하게 되었다고 인정하기는 어렵다. 특히 이 사건 계엄 선포 당시에는 검사 1인 및 방송통신위원회 위원장에 대한 탄핵심판절차만이 진행 중이었는데, 검사 1인 및 방송통신위원회 위원장의 권한행사가 정지된 상황을 두고 국가의 행정 및 사법 기능의 수행이 현저히 곤란한 상황이 발생하였다고 평가할 수는 없다.

헌법재판소는 국회의 탄핵심판청구가 부적법하거나 탄핵사유가 인정되지 않는 경우 그 청구를 각하하거나 기각할 수 있으므로, 국회의 탄핵소추의결이 평상시의 헌법질서에 따른 권력행사방법으로 대처할 수 없는 국가비상사태를 발생시킨다고 볼 수도 없다.

나) 더불어민주당의 법안 추진·반대 및 국회의 입법권 행사

피청구인은 더불어민주당이 위헌적인 특별검사 임명 등에 관한 법률
안을 35회 발의하고, 당대표 이재명을 위한 공직선거법 개정안 등 방
탄 입법, 국가보안법의 폐지, 국익에 반하고 비상식적인 방위사업법 개
정안, 형법 개정안, 형사소송법 개정안 등을 추진하며, '국회에서의 증
언·감정 등에 관한 법률' 개정안, 양곡관리법 개정안, '노동조합 및
노동관계조정법' 개정안, 방송법 개정안, 방송문화진흥회법 개정안, 한
국교육방송공사법 개정안 등 재정 부담이 크거나, 위헌 소지가 있거
나, 정치적 편향성이 높은 법률안들을 일방적으로 통과시키고, 간첩
죄의 처벌 대상을 확대하는 내용의 형법 개정안과 민생 및 경제활성
화 등을 위한 정부 추진 법안에 대하여 반대함으로써 헌정질서를 교
란시켰다고 주장한다.

그러나 법률안은 국회에서의 심의·의결, 대통령의 법률안 공포 등
의 절차를 거쳐 법률로서 확정되어야 그 효력이 발생되는 것이므로(헌
법 제53조), 더불어민주당 소속 국회의원들이 어떠한 법률안을 발의하
기 위하여 준비 중에 있다거나, 발의하여 국회에서 심사 중이라는 이
유로 중대한 위기상황이 현실적으로 발생하였다고 판단하는 것은 그
합리성을 인정하기 어렵다. 피청구인이 언급하고 있는 법률안 중에는
이미 제21대 국회의 임기만료로 인하여 폐기된 법률안도 포함되어 있

는데, 이미 폐기된 법률안이 이 사건 계엄 선포 당시의 국가의 존립이나 헌법질서, 사회질서, 행정 및 사법 기능의 수행에 영향을 미치고 있었다고 보기 어렵다.

또한 헌법은 피청구인에게 국회의 입법권 행사를 통제할 수 있는 권한을 부여하고 있다. 즉, 대통령은 국회에서 의결된 법률안의 공포를 15일 동안 보류할 수 있고, 법률안에 이의가 있을 때에는 그 기간 내에 재의를 요구할 수 있다. 대통령의 재의 요구가 있을 때 국회는 재의에 붙이는데, 재적의원 과반수의 출석과 출석의원 3분의 2 이상의 찬성으로 전과 같은 의결을 하여야 그 법률안을 법률로 확정시킬 수 있다(헌법 제53조 제1항 내지 제4항).

피청구인은 더불어민주당이 그 소속 국회의원들이 발의한 법률안 또는 그와 같은 법률안이 반영된 소관 위원회 대안을 일방적으로 가결시켜 중대한 위기상황이 발생하였다고 주장하나, 피청구인이 지적하고 있는 법률안 중 상당수 법률안에 대하여 피청구인이 재의를 요구하여 이 사건 계엄 선포 당시 이미 재의가 부결된 상태였다. 나머지 법률안들 역시 피청구인이 재의를 요구하거나 그 공포를 보류함으로써 그 효력이 발생하지 않은 상태였고, 이 사건 계엄 선포 이후 이루어진 재의 요구에 따른 재의에서 모두 부결되었다. 결국 이 사건 계엄 선포 당시 피청구인은 본회의에서 가결된 위 법률안들에 대하여 재의를 요구하거나 이를 공포하지 않음으로써 그 효력이 발생되는 것을 막고 있었으므로, 위 법률안들에 대한 국회의 의결로 평상시의 헌법질서에 따른 권력행사방법으로 대처할 수 없는 국가비상사태가 발생하였다고 볼 수 없다.

피청구인은 더불어민주당이 간첩죄의 처벌 대상을 확대하는 내용의 형법 개정안과 민생 및 경제활성화 등을 위한 정부 추진 법안에 대하여 반대하였다는 점도 이 사건 계엄 선포의 사유로 들고 있다. 그러나 더불어민주당 소속 국회의원들도 외국 등을 위하여 간첩한 자도 처벌하는 등으로 간첩죄의 처벌 대상을 확대하는 내용의 형법 개정안들을 발의하였고, 2024. 11. 13. 법제사법위원회 법안심사제1소위원회에서는 간첩죄의 처벌 대상을 확대하는 내용의 여당 및 야당 소속 국회의원 발의 형법 개정안들을 반영한 대안을 제안하기로 심사되었으므로, 더불어민주당이 위와 같은 형법 개정안에 반대하였다고 보기 어렵다. 또한 앞에서 살펴본 것처럼 비상계엄은 외적의 침입, 집단 또는 군중에 의한 사회질서교란 등으로 인하여 중대한 위기상황이 현실적으로 발생한 경우에 이를 사후적으로 수습함으로써 기존질서를 유지·회복하기 위하여 선포할 수 있을 뿐, 그와 같은 위기상황이 발생할 우려가 있는 상태 또는 기존질서가 유지되고 있는 상태에서는 선포할 수 없다. 그러므로 간첩죄 관련 형법 조항이 더 신속하게 개정되지 않아 안보 불안의 염려가 있다거나 더불어민주당이 정부 추진 법안에 반대하여 피청구인이 공공복리의 증진을 위하여 수립한 각종 정책 추진에 차질이 발생하였다는 이유만으로는 비상계엄 선포를 정당화할 수 없다.

다) 국회의 2025년도 예산안 심의

피청구인은 국회가 2025년도 예산안 중 대통령비서실 및 국가안보실, 경찰의 특수활동비, 검찰의 특수활동비 및 특정업무경비, 장거리 함대공 유도탄(SM-6) 사업, 접적지역 대드론 통합체계 사업, 전술 데이터링크 시스템 성능 개량 사업 등 예산을 감액하여 마약 천국, 민생 치안 공황 상태로 만들고 안보 공백을 초래하였으며, 주요 예산을 전액 삭감하여 국가의 본질적 기능이 훼손되었다고 주장한다.

국회 예산결산특별위원회는 2024. 11. 29. 2025년도 세출예산안을 감액하기로 의결하였다. 과거에는 감액이 있으면 그 범위에서 증액에 대해서도 심사하여 반영되어 왔으나, 헌정 사상 최초로 야당이 주도하여 국회 예산결산특별위원회에서 증액 없이 감액에 대해서만 의결이 이루어졌고, 그 주요 내용은 다음과 같다.

첫째, 대통령비서실 및 국가안보실과 경찰청의 특수활동비, 검찰과 감사원의 특수활동비 및 특정업무경비 예산 전액이 각 감액되었고, 이 가운데는 검찰의 국민생활침해범죄 수사, 사회적 약자 대상 범죄 수사, 마약 수사, 사회공정성 저해사범 수사, 공공 수사, 형사부 등 수사지원 관련 특수활동비와 특정업무경비가 포함되어 있었다.

둘째, 예비비도 상당 부분 감액되었다.

셋째, '유전개발사업출자' 사업(일명 '대왕고래 프로젝트') 관련 예산, '민관합작선진원자로 수출기반구축(R&D)' 사업 관련 예산, '개인기초연구(R&D)(글로벌 매칭형)' 사업 관련 예산이 각 대폭 삭감되었으며, '양자과학기술글로벌파트너십선도대학지원(R&D)' 사업 관련 예산, '바이오·의료기술개발(R&D)' 사업 관련 예산, '전공의 수련환경 혁신지원' 사업 관련 예산도 각 감액되었다.

그러나 2025년도 예산안은 정부가 2025년에 지출할 예산에 관한 것이므로, 2024년 예산을 집행하고 있었던 이 사건 계엄 선포 당시에는 국가의 존립이나 헌법질서, 사회질서, 행정 및 사법 기능의 수행에 현실적으로 영향을 미치고 있었다고 볼 수 없다.

더욱이 이 사건 계엄 선포 당시 국회는 정부가 제출한 2025년도 예산안을 심의하고 있었을 뿐, 이에 관하여 본회의 의결이 이루어진 상태도 아니었다. 국회 예산결산특별위원회에서 2025년도 세출예산안을 감액하는 내용의 수정안이 2024. 11. 29. 가결되었으나, 2024. 12. 2. 국회의장의 요청으로 본회의 의결로 나아가지 아니하고 2024. 12. 10.까지 여당과 야당이 계속하여 예산안에 관한 논의를 진행하기로 한 상황이었다. 국회의 예산안 심의가 완료되지 않은 상황에서 예산결산특별위원회의 감액 의결이 있었다는 이유만으로 중대한 위기상황이 현실적으로 발생하였다고 보기 어렵고, 본회의에서 그대로 의결될 경우 장래의 치안 불안 등이 염려된다는 이유만으로는 비상계엄 선포를 정당화할 수 없다. 정부에서 관련 자료를 제출하고 여당과 야당이 추가적으로 예산안을 심의함으로써 대응할 수 있는 상황을 두고 평상시의 헌법질서에 따른 권력행사방법으로 대처할 수 없는 국가비상사태가 발생하였다고 평가할 수도 없다.

국회 예산결산특별위원회는 2025년도 세출예산안 중 4.1조 원을 감액하는 내용으로 의결하였는데, 2023년에는 4.7조 원이, 2022년에는 13.8조 원이 국회 본회의 의결로 감액된 점, 감액된 4.1조 원 중 1.4조 원은 예측할 수 없는 예산 외의 지출 또는 예산초과지출에 충당하기 위한 일반예비비이고(국가재정법 제22조 제1항), 0.5조 원은 공공자금관리기금 예수이자 상환을 위한 금액인 점 등을 고려하면, 주요 예산을 전액 삭감하여 국가의 본질적 기능이 훼손되었다는 피청구인의 주장 역시 그 합리성을 인정하기 어렵다.

피청구인은 원전산업, 동해 심해 가스전 개발 사업, 각종 기술개발산업, 복지사업 등의 예산 일부가 감액된 점도 지적하고 있다. 그러나 앞에서 살펴본 것처럼 중대한 위기상황이 현실적으로 발생하여 기존질서를 유지·회복할 필요가 있는 경우가 아니라 기존질서가 유지되고 있는 상태에 불과한 경우에는 비상계엄을 선포할 수 없는 것이므로, 피청구인이 추진하고자 한 위와 같은 사업 수행에 차질이 예상된다는 이유만으로는 비상계엄 선포를 정당화할 수 없다.

한편, 피청구인이 야당이 일방적으로 감액하였다고 주장하는 장거리 함대공 유도탄(SM-6) 사업 예산에 대하여는 상임위원회 예산결산심사소위원회에서 미국 측의 무기 개발 절차가 지연되어 감액이 필요하다는 여야 간의 합의가 있었고, 접적지역 대드론 통합체계 사업 예산에 대하여도 주파수를 확보하지 못하여 감액이 필요하다는 여야 간의 합의가 있었다. 그 외에도 피청구인이 야당이 일방적으로 감액하였다고 주장하는 사업 예산 중 전술 데이터링크 시스템 성능 개량 사업, 아이돌봄수당, 청년고용지원인프라운영 사업 등 상당 부분에 대하여 상임위원회 예산결산심사소위원회에서 감액하기로 하는 여야 간의 합의가 있었고, 군 간부 처우개선을 위한 당직근무비 인상 예산 등은 당초 정부안에 포함되어 있지 않았다. 이러한 점에 비추어 보면 피청구인의 예산 관련 일부 주장은 타당하다고 볼 수 없다.

라) 그 밖의 더불어민주당의 활동

피청구인은 그 외에도 더불어민주당이 200회에 달하는 대통령 퇴진, 탄핵 집회를 열어왔고, 4대 개혁에 반대하였으며, UN 대북 제재를 풀어야 한다고 주장하거나 한·미·일 동해 합동 훈련을 전쟁 유발 행위이자 극단적 친일 행위로 매도하는 등 안보에 위협을 가하였고, 가짜뉴스를 수없이 생산하고 살포하는 등으로 국가 사회를 혼란에 빠뜨렸으며, 당대표인 이재명의 형사 사건과 관련하여 법원과 검찰청 인근에서의 시위를 권장하거나 헌법재판소의 구성을 방해하는 등으로 사법권이 정상적으로 작동할 수 없게 하였다고 주장한다. 또한 피청구인은 더불어민주당의 목적이나 활동이 민주적 기본질서에 위배되므로 헌법 제8조 제4항에 따라 정당해산심판을 받아야 할 상황이라고도 주장한다.

오늘날 민주주의 체제는 기본적으로 대의제를 채택하고 있고, 다양한 정치적 이념과 가치관을 추구하는 여러 정당들이 사회의 공적인 갈등과 정치적 문제를 둘러싸고 각자의 대안과 해법을 제시하는 과정에서 다수 국민의 지지를 얻는 정당으로 하여금 주어진 시한 속에서 국정의 주도권을 행사하도록 보장하는 절차로 운영된다. 논리와 정당성의 우위를 통해 지지를 확보하려는 정당들의 경쟁 속에서 사회의 민주적 발전을 이룩하고자 하는 복수정당 체제가 그 기본바탕이 된다(헌재 2014. 12. 19. 2013헌다1 참조). 따라서 대통령 및 여당과 다른 정치적 이념과 가치관을 추구하는 야당이 정부를 비판하고 견제하는 역할을 하는 것은 민주주의 체제에서 반드시 보장되어야 할 정당의 활동에 속한다.

더불어민주당이 피청구인과 다른 정치적 견해를 표시하거나, 피청구인의 정책을 비판하고 피청구인의 권한행사를 견제하거나, 피청구인의 퇴진을 요구하는 것은 헌법상 보장되고 있는 대의민주주의와 복수정당 체제를 고려할 때 비상계엄을 정당화할 수 있는 이유가 될 수 없다.

피청구인의 주장과 같이 더불어민주당이 허위사실을 공표하는 등의 행위를 하였다고 하더라도, 그 행위가 초래할 수 있는 사회·정치적 혼란은 현행법이 마련하고 있는 국민의 자유롭고 공정한 토론을 보장하기 위한 다양한 제도적 장치를 통하여 충분히 대처할 수 있는 것이므로(형법 제307조 제2항, 공직선거법 제82조의4, 제96조, 제110조, 제110조의2, 제250조 등), 그와 같은 행위가 평상시의 헌법질서에 따른 권력행사방법으로 대처할 수 없는 국가비상사태를 발생시킨다고 볼 수 없다. 피청구인은 더불어민주당 대표 이재명이 자신의 형사 사건에서 재판 지연 전략을 쓰거나 법원과 검찰청 인근에서의 시위를 권장하고, 더불어민주당이 헌법재판소의 구성을 방해하는 등으로 사법권이 정상적으로 작동할 수 없게 하였다고도 주장하나, 그것이 사실이라고 하더라도 그로 인하여 전시·사변에 준하는 국가비상사태로 사회질서가 극도로 교란되어 사법 기능의 수행이 현저히 곤란한 상황이 발생하였다고 볼 수 없다.

나아가 피청구인의 주장처럼 더불어민주당의 목적이나 활동이 민주적 기본질서에 위배된다고 하더라도, 그와 같은 사유는 비상계엄 선포를 정당화할 수 없다. 헌법 제8조 제4항의 정당해산심판제도는 모든 정당, 특히 그 중에서도 정부를 비판하는 역할을 하는 야당의 존립과 활동은 최대한 보장되며, 설령 어떤 정당이 민주적 기본질서를 부정하고 이를 적극적으로 공격하는 것으로 보인다 하더라도 국민의 정치적 의사형성에 참여하는 정당으로서 존재하는 한 우리 헌법에 의해 최대한 두텁게 보호되므로, 단순히 행정부의 통상적인 처분에 의해서는 해산될 수 없고, 오직 헌법재판소가 그 정당의 위헌성을 확인하고 해산의 필요성을 인정한 경우에만 정당정치의 영역에서 배제된다는 헌법제정자의 규범적 의지를 표현한 것이기 때문이다(헌재 2014. 12. 19. 2013헌다1 참조).

마) 부정선거 등

① 피청구인은 부정선거 의혹을 해소하기 위하여 이 사건 계엄을 선포하였다고도 주장하나, 단순히 어떠한 의혹이 있다는 것만으로 전시·사변에 준하는 국가비상사태로 사회질서가 극도로 교란되어 행정 및 사법 기능의 수행이 현저히 곤란한 상황이 발생하였다고 볼 수는 없다.

피청구인은 선관위가 헌법기관이고 사법부 관계자들이 위원으로 있어 영장에 의한 압수·수색이나 강제수사가 사실상 불가능하여 달리 부정선거 의혹을 해소할 방법이 없었다는 취지로 주장하나, 선관위는 선거소송에서 법원의 현장검증에 응하여 왔고 수사기관의 압수·수색에도 응하여 왔다. 부정선거 의혹은 선거소청 또는 선거소송을 통하여 해소할 수 있고(공직선거법 제219조, 제222조), 공직선거법은 법령에 의하지 아니하고 투표함을 열거나 투표를 위조하거나 그 수를 증감하는 등의 경우에 처벌하도록 규정하고 있으므로(공직선거법 제243조, 제249조 등) 이러한 의혹에 관하여는 형사 절차를 통하여 실체적 진실을 밝힐 수 있다.

한편 피청구인은 선관위가 국가정보원(이하 '국정원'이라 한다)의 보안점검을 받으면서 전체 시스템 장비의 약 5% 정도만 점검에 응하였고 나머지는 불응하였다고 주장한다. 그러나 선관위는 2023. 7.경부터 2023. 9.경까지 국정원의 보안점검을 받으면서 점검 대상으로 요청된 장비를 전부 제공하였다. 피청구인이 주장하고 있는 의혹 중에는 2020년 실시한 제21대 국회의원선거에서 접힌 흔적이 없는 투표지, 접착제가 묻어 있는 투표지, 투표관리관인 인영이 뭉개진 투표지 등 의혹이 제기되어 이미 검증·감정을 거쳐 법원의 확정 판결로 그 의혹이 해소된 것들도 포함되어 있다(대법원 2022. 7. 28. 선고 2020수30 판결; 대법원 2022. 7. 28. 선고 2020수5028 판결 등 참조).

피청구인은 2024년 4월 총선을 앞두고 문제 있는 부분에 대한 개선을 요구했지만, 제대로 개선되었는지는 알 수 없다고도 주장한다. 그러나 중앙선관위는 2023. 10. 10. 보안패치, 취약 패스워드 변경, 통합선거인명부 DB서버 접근 통제 강화 등 보완이 시급한 사항에 대한 조치를 완료하였다는 내용의 보도자료를, 2023. 11. 2. 그 밖의 주요 취약점은 제22대 국회의원선거 전까지 예산당국의 협조를 통해 개선을 완료할 것이라는 내용의 보도자료를, 2024. 3. 11. 보안점검에서 지적되었던 취약점은 대부분 조치하였다는 내용의 보도자료를 홈페이지에 게시 및 배포하였다. 중앙선관위는 제22대 국회의원 선거 실시 전에 정보보안 업무 담당자의 PC만이 선거 서버에 접근할 수 있도록 하는 등으로 보안을 강화하였고, 부정선거 의혹을 해소하기 위하여 사전·우편투표함 보관장소 CCTV 영상을 24시간 공개하고 개표 과정에 수검표 제도를 도입하는 등의 조치를 취하였으며, 정당 참관인의 입회하에 두 차례 국정원과 합동으로 이행 여부 현장점검을 시행하였다.

이러한 상황을 고려해보면 피청구인의 이 부분 주장은 타당하다고 볼 수 없다.

② 피청구인은 **이 사건 계엄 선포 당시 우리나라가 북한 및 중국, 러시아와 같은 사회주의, 전체주의 국가들이 종래의 재래식 무기를 사용한 전면전 이외에 비정규전, 테러, 심리전, 여론전, 사이버전 등 동원 가능한 모든 수단을 전개 가능한 모든 영역에서 사용하여 공격하는 이른바 '하이브리드전' 상황이었다**고도 주장한다. 그러나 피청구인이 주장하는 사정들만으로는 단순한 추상적인 가능성을 넘어서서 이 사건 계엄 선포 당시 비군사적 공격으로 인하여 평상시의 헌법질서에 따른 권력행사방법으로 대처할 수 없는 중대한 위기상황이 발생하였다고 판단할 만한 객관적인 정황이 있었다고 인정할 수 없고, '하이브리드전'과 같은 비군사적 공격에 대하여 국회에 병력을 동원하여 대응할 수 있는 것도 아니다.

3) 소결

결국 피청구인이 더불어민주당과 관련하여 주장하는 사정들은 더불어민주당 소속 국회의원들이 국민의 대표로서 헌법상 부여받은 법률안 제출권, 법률안 심의·표결권을 행사하거나, 국회가 국민의 대표기관으로서 헌법상 부여받은 탄핵소추권, 입법권, 예산안 심의·확정권을 행사하거나, 더불어민주당이 헌법상 보장된 정당의 자유를 행사한 것에 해당한다. 그로 인하여 피청구인의 국정 운영에 상당한 지장이 초래되었다고 하더라도, 이는 대통령제를 채택하고 있는 우리나라에서 이른바 여소야대 정국이 형성되는 경우 국회에서 다수의 지위를 점하고 있는 야당이 헌법 및 법률에 따라 국회에 부여된 정부에 대한 견제권을 최대한 행사함으로써 발생할 수 있는 상황이므로, 이를 국가긴급권의 발동이 요청되는 국가비상사태라고 볼 수는 없다. 헌법은 국회의원 및 국회에 각종 권한을 부여하고 정당의 자유를 인정하면서도 그 권한의 남용과 자유의 한계를 벗어난 행위를 통제할 수 있는 장치를 스스로 마련하고 있으므로, 피청구인은 헌법이 대통령에게 부여한 평상시의 권력행사방법으로 대처하였어야 한다.

그밖에 피청구인이 주장하는 부정선거 의혹, 이른바 '하이브리드전' 상황들을 모두 고려하더라도, 전시·사변에 준하는 국가비상사태로 사회질서가 극도로 교란되어 행정 및 사법 기능의 수행이 현저히 곤란한 상황이 발생하였다는 피청구인의 판단을 객관적으로 정당화할 수 있을 정도의 위기상황이 이 사건 계엄 선포 당시 존재하였다고 볼 수 없으므로, 위와 같은 피청구인의 판단은 현저히 비합리적이거나 자의적인 것으로 볼 수밖에 없다.

(다) 병력 동원의 필요성 인정 여부

비상계엄은 병력으로써 군사상의 필요에 응하거나 공공의 안녕질
서를 유지할 필요가 있는 경우에만 선포할 수 있다(헌법 제77조 제1
항). 따라서 병력의 동원이 위기상황을 수습하는 데에 적합하지 않거
나 경력(警力)만으로 위기상황이 수습될 수 있는 경우에는 비상계엄을
선포할 수 없다.

피청구인이 주장하는 국회의 권한행사로 인한 국익 저해 및 국정 마
비 상태는 정치적·제도적 수단을 통하여 해결하여야 할 문제이지 병
력을 동원하여 해결할 수 있는 것이 아니다. 헌법 역시 비상계엄이 선
포된 때에도 '정부나 법원'의 권한에 관하여 특별한 조치를 할 수 있
도록 규정하고(제77조 제3항), 국회만큼은 계속하여 그 권한을 행사함을
전제로 국회에 계엄해제요구권을 부여하고 있다(제77조 제5항). 또한 앞
에서 살펴본 것처럼 부정선거 의혹은 사법절차를 통하여 해소할 수
있는 것이므로, 이를 해소하기 위해서 병력을 동원할 필요가 있다고
볼 수도 없다.

한편 피청구인은 이 사건 계엄이 야당의 전횡과 국정 위기상황을 국
민에게 알리고 호소하기 위한 '경고성 계엄' '호소형 계엄'이었다고 주
장하고 있다. 병력 투입은 여타 수단들을 모두 고려한 후 최후 수단

으로 사용되어야 한다는 점에서, 피청구인은 먼저 대국민담화 등을 통해, 이로써도 부족하다면 탄핵 제도 등에 대한 헌법개정안 발의(헌법 제128조 제1항)나 국가안위에 관한 중요정책에 대한 국민투표부의권 행사 (헌법 제72조)를 통하여 국민의 관심을 모으고 이러한 위기상황을 알려 경고와 호소를 할 수도 있었다.

따라서 이 사건 계엄 선포 당시 병력으로써 군사상의 필요에 응하거나 공공의 안녕질서를 유지할 필요가 있었다고 볼 수 없으므로, 이 점에 있어서도 이 사건 계엄 선포는 비상계엄 선포의 실체적 요건을 갖추지 못하였다.

(라) 계엄법 제2조 제2항이 정한 목적의 인정 여부

비상계엄 선포의 목적은 군사상 필요에 따르거나 공공의 안녕질서를 유지하기 위한 것이어야 한다(계엄법 제2조 제2항). 즉, 비상계엄은 중대한 위기상황이 현실적으로 발생하였을 때, 위기상황에서 비롯된 군사상 필요에 따르거나 위기상황으로 인하여 훼손된 공공의 안녕질서를 유지·회복하기 위한 목적으로만 선포될 수 있다.

피청구인은 이 사건 계엄이 야당의 전횡과 국정 위기상황을 국민에게 알리고 호소하기 위한 목적으로 즉각적인 해제를 전제로 하여 잠정적·일시적 조치로서 선포된 '경고성 계엄' 또는 '호소형 계엄'이라고 주장하는데, 이러한 주장만으로도 피청구인이 이 사건 계엄을 중대한 위기상황에서 비롯된 군사상 필요에 따르거나 위기상황으로 인하여 훼손된 공공의 안녕질서를 유지하기 위하여 선포한 것이 아님을 알 수 있다. 또한 뒤에서 보는 것처럼 피청구인은 이 사건 계엄을 선포하는 것에 그치지 않았다. 피청구인은 헌법의 근본원리를 위반하고 국민의 기본권을 광범위하게 침해하는 이 사건 포고령을 발령하게 하였다. 피청구인은 국회의 헌법상 권한행사를 막을 의도로 국회에 경력(警力)을 투입시켜 국회 출입을 통제하였고, 병력을 투입시켜 본회의장에서 국회의원들을 끌어내라고 지시하였으며, 정당의 활동을 제약할 의도로 주요 정치인에 대한 필요시 체포할 목적의 위치 확인 지시에 관여하였다. 피청구인은 병력을 동원하여 부정선거 의혹을 해소하기 위한 목적으로 중앙선관위를 압수·수색할 것을 지시하였고, 필요시 체포할 목적으로 행해진 법조인에 대한 위치 확인 지시에도 관여하였다. 이에 더하여 피청구인이 계엄해제에 적어도 며칠 걸릴 것으로 예상하였는데 예상보다 빨리 끝났다고 밝힌 점, 이 사건 계엄이 경고성이라는 점을 국무회의의 구성원들이나 군인들에게 알리지 않은 점 등을 고려하면, 피청구인이 단순히 국민에게 호소하기 위한 목적으로 이 사건 계엄을 선포한 것으로 볼 수는 없다.

'경고성 계엄' 또는 '호소형 계엄'이라는 것은 존재할 수 없다. 비상계엄이 선포되는 즉시 피청구인은 평상시에 허용되는 범위를 넘어서서 국민의 기본권을 제한하고 정부나 법원의 권한에 관하여 특별한 조치를 할 권한을 보유하게 된다(헌법 제77조 제3항). 피청구인의 별도의 지시가 없더라도 계엄법에 따라 계엄업무를 시행하기 위하여 계엄사령부가 구성되고(제5조 제2항), 계엄사령관은 계엄지역의 모든 행정사무와 사법사무를 관장하면서 행정기관 및 사법기관을 지휘·감독하게 된다(제7조 제1항, 제8조 제1항). 중대한 위기상황을 병력으로써 극복하는 것이 비상계엄의 본질이므로, 그 선포는 단순한 경고에 그칠 수 없는 것이다. 따라서 이 사건 계엄이 '경고성 계엄' 또는 '호소형 계엄'에 불과하다는 피청구인의 주장은 받아들일 수 없다.

(마) 소결

이 사건 계엄 선포는 헌법 제77조 제1항 및 계엄법 제2조 제2항을 위반한 것이다.

(2) 비상계엄 선포의 절차적 요건 위반 여부

(가) 비상계엄 선포 절차의 헌법적 의의

헌법은 직접 계엄 선포의 절차를 구체적으로 규정하면서 법률이 정하는 바에 의하여 계엄을 선포하도록 규정하고 있다. 앞에서 살펴본 것처럼 국가긴급권의 행사는 권력의 집중과 평상시 권력 통제 장치의 부분적 해제를 수반하므로, 이를 남용 또는 악용하는 경우 헌법적 가치와 국민의 기본권이 침해될 위험이 있다. 이에 헌법은 국가긴급권의 남용과 악용을 방지하기 위하여 직접 국가긴급권의 발동 절차를 분명히 한 것이다(헌재 1994. 6. 30. 92헌가18; 헌재 1996. 2. 29. 93헌마186 참조).

피청구인은 이 사건 계엄이 야당의 전횡과 국정 위기상황을 국민에게 알리고 호소하기 위한 목적으로 즉각적인 해제를 전제로 하여 잠정적·일시적 조치로서 선포된 '경고성 계엄' 또는 '호소형 계엄'이고, 고도의 보안성과 긴급성을 필요로 하므로, 절차 규정을 탄력적으로 해석할 필요가 있다고 주장한다.

그러나 앞에서 살펴본 것처럼 피청구인이 이 사건 계엄에 수반하여 행한 일련의 헌법 및 법률 위반 행위들 및 비상계엄의 선포는 그 본질상 경고에 그칠 수 없다는 점을 고려하면, 이 사건 계엄이 단순히 '경고성 계엄' 또는 '호소형 계엄'에 불과하다고 볼 수 없다. 또한 입헌주의 법치국가에서 국가권력은 언제나 헌법의 테두리 안에서 헌법에 규정된 절차에 따라 행사되어야 하는 점, 계엄 선포권의 남용 또는 악용이 헌법질서에 초래할 수 있는 해악이 매우 중대하고, 헌법은 이를 방지하기 위하여 직접 계엄 선포의 절차를 구체적으로 규정하면서 법률이 정하는 바에 의하여 계엄을 선포하도록 규정한 것인 점, 헌법과 법률이 정한 절차를 준수한다고 하여 보안성과 긴급성을 해한다고 보기 어려운 점 등을 고려하면, 계엄 선포 절차에 관한 규정을 탄력적으로 해석하여야 한다는 피청구인의 주장은 받아들일 수 없다.

따라서 피청구인은 이 사건 계엄을 선포함에 있어서 헌법과 법률이 정한 비상계엄 선포의 절차를 모두 준수하였어야 할 것인데, 아래에서 보는 것처럼 피청구인은 이를 준수하지 못하였다.

(나) 국무회의 심의 절차 준수 여부

1) 계엄의 선포 및 계엄사령관의 임명은 국무회의의 심의를 거쳐야 한다(헌법 제89조 제5호, 계엄법 제2조 제5항, 제5조 제1항).

국무회의는 대통령·국무총리와 국무위원으로 구성되고(헌법 제88조 제2항), 대통령은 국무회의 의장으로서(헌법 제88조 제3항), 회의를 소집하고 이를 주재한다(정부조직법 제12조 제1항). 국무회의는 구성원 과반수의 출석으로 개의하는데(국무회의 규정 제6조), 이 사건 계엄 선포 당시 과반수는 11명 이상이다. 국무회의의 '심의'란 대통령·국무총리·국무위원이 안건에 대한 자유로운 발언과 토론을 통하여 의견을 교환하거나 조정하는 것을 말한다. 국무회의는 대통령이 정책을 결정하기에 앞서 그에 관한 다양한 관점과 이익을 반영한 논의가 이루어지도록 함으로써 정책결정에 신중을 기하고 대통령의 전제나 독선을 방지하는 것에 그 의의가 있다.

2) 앞에서 살펴본 것처럼 피청구인이 이 사건 계엄을 선포하기 직전에 국무총리 및 9명의 국무위원에게 이 사건 계엄 선포의 취지를 간략히 설명한 사실은 인정된다. 그러나 모든 국무위원은 국무회의의 구성원으로서 국정을 심의할 권한과 책임이 인정됨에도 불구하고(헌법 제87조 제2항), 문화체육관광부장관 유인촌, 환경부장관 김완섭, 고용노동부장관 김문수, 국가보훈부장관 강정애는 대통령실로 들어오라는 연락을 받지 못한 점, 연락을 받은 국무위원들도 국무회의를 개최한다는 연락이 아니라 대통령실로 들어오라는 연락을 받은 점 등을 고려하면, 일부 국무위원들에게 대통령실로 들어오라고 연락한 것만으로 적법한 국무회의 소집 통지가 있었다고 인정하기 어렵다.

나아가 중소벤처기업부장관 오영주가 마지막으로 도착하고 피청구인이 이 사건 계엄을 선포하러 대접견실에서 나가기까지 걸린 시간은 5분 정도에 불과하였던 점, 개의 선포, 의안 상정, 제안 설명, 토의, 산회 선포, 회의록 작성 등 통상적인 국무회의 절차에 따라 회의가 진행되지 않은 점, 피청구인은 계엄의 필요성, 시행일시, 계엄사령관 등 이 사건 계엄의 구체적인 내용을 설명하지 않았고, 국무총리 및 국무위원들에게 이 사건 계엄 선포에 관하여 의견을 진술할 기회를 부여하지 않은 점, 회의에서 비상계엄 선포의 실체적 요건 구비 여부 등에 관하여 실질적인 검토와 논의가 이루어지지 않은 점 등 당시의 상황을 종합적으로 고려하면, 위 참석자들 사이에 이 사건 계엄 선포에 관한 '심의'가 이루어졌다고 보기도 어렵다.

피청구인은 2024. 12. 3. 20:30경부터 순차적으로 대통령실로 들어온 국무총리와 국무위원들이 이 사건 계엄에 대하여 논의하였으므로 실질적인 심의 과정이 존재하였다고 주장한다. 그러나 국방부장관 김용현, 통일부장관 김영호, 외교부장관 조태열, 법무부장관 박성재, 행정안전부장관 이상민 외의 다른 국무위원들에 대한 대통령실로 들어오라는 연락은 같은 날 21시가 넘어서야 이루어졌고, 보건복지부장관 조규홍 및 오영주는 22:17경에야 대통령실에 도착한 점, 국무회의의 의사정족수가 충족되지 못한 상황에서 일부 국무회의 구성원들이 의견을 나눈 것을 두고 국무회의의 심의로 평가할 수는 없는 점, 당시에도 피청구인이 이 사건 계엄의 구체적인 내용을 설명하거나 비상계엄 선포의 실체적 요건 구비 여부 등에 관하여 실질적인 검토와 논의가 이루어지지는 않았던 점, 미리 도착한 국무회의 구성원들의 논의 경과가 국무회의 의사정족수 충족 후에 다른 국무위원들에게 설명되었던 것도 아니고, 늦게 도착한 국무위원들은 의견 진술의 기회를 부여받지 못한 점 등을 고려하면, 피청구인의 위 주장은 받아들이기 어렵다.

또한 피청구인은 김용현이 계엄의 종류, 계엄 일시, 계엄 지역, 계엄사령관이 적시된 비상계엄 선포문 10부를 대접견실에서 배포하였으므로 의안 상정 및 위 사항들에 대한 심의가 이루어진 것이라고도 주장하나, 김영호, 조태열, 조규홍, 오영주, 농림축산식품부장관 송미령, 기획재정부장관 최상목은 검찰에서 그러한 문서를 보지 못하였고 계엄사령관이 누구인지 몰랐다는 취지로 진술한 점, 국무총리 한덕수 역시 이 사건 제10차 변론기일에서 계엄사령관이 누구인지 몰랐으며 그에 관한 심의는 없었다고 증언한 점, 이상민은 이 사건 제7차 변론기일에서 비상계엄 선포문이 국무회의 구성원 11명이 모인 대접견실이 아닌 집무실 내 책상에 놓여있는 것을 보았다고 증언하였고, 경찰에서 당시 계엄사령관에 관한 이야기는 없었다고 진술한 점, 박성재는 국회에서 당시 자신의 자리 앞에 놓인 비상계엄 선포문 한 장을 보았으나 모든 참석자 앞에 놓인 것은 아니었고 그 내용에 관하여 논의가 이루어진 것도 아니었다는 취지로 진술한 점, 국정원장 조태용은 이 사건 제8차 변론기일에서 2024. 12. 3. 20:50경부터 대통령실에 있었으나 집무실이나 대접견실에서 비상계엄 선포문을 보지 못하였다고 증언한 점을 고려하면, 피청구인의 위 주장 역시 받아들이기 어렵다.

그렇다면 피청구인은 국무회의의 심의를 거치지 아니하고 이 사건 계엄을 선포하고 계엄사령관을 임명하였으므로, 헌법 제89조 제5호, 계엄법 제2조 제5항, 제5조 제1항을 위반하였다.

(다) 계엄 선포 절차 준수 여부

1) 계엄 선포는 문서의 형식으로 하여야 하며, 그 문서에는 국무총리와 관계 국무위원의 부서가 있어야 한다(헌법 제82조, 헌재 1996. 2. 29. 93헌마186 참조). 이는 대통령의 권한행사를 명확하게 하고 책임소재를 확실하게 하기 위하여 헌법상 요구되는 기관내부적 권력통제절차이다.

증거로 제출된 비상계엄 선포문과 한덕수, 이상민의 증언, 박성재의 국회에서의 진술을 종합하면, 이 사건 계엄 선포 당시 계엄의 종류, 계엄 일시, 계엄 지역, 계엄사령관이 적시된 비상계엄 선포문이 작성되었던 사실은 인정된다. 그러나 거기에 국무총리와 관계 국무위원이 부서한 사실은 인정되지 아니한다. 오히려 최상목, 조태열, 오영주의 검찰에서의 진술에 의하면 대접견실을 나가려고 하는데 어떤 직원이 문서에 참석자 서명을 하여야 한다고 하였으나 서명을 거부하였다는 사정이 엿보일 뿐이다. 이 사건 계엄 선포와 관련된 문서에 국무총리와 관계 국무위원이 부서하지 않았음에도 불구하고, 피청구인은 이 사건 계엄 선포를 하였으므로 헌법 제82조를 위반한 것이다.

피청구인은 극도의 보안이 요구되는 비상상황에서는 사후적으로 문서를 작성하고 결재하는 방식을 취할 수밖에 없는데, 이 사건 계엄 선포 이후 국방부가 아직 결재를 상신하지 않아 부서가 이루어지지 못한 것이므로 피청구인이 문서주의나 부서제도를 무시한 행위로 평가할 수는 없다고 주장한다. 그러나 피청구인은 이 사건 계엄 선포 전 대통령실 대접견실에 국무회의 구성원 11명이 모여있을 때 부속실장 강○○가 비상계엄 선포문 10부를 복사하여 김용현에게 전달하였다고 주장하고 있으므로, 보안상의 이유로 이 사건 계엄 선포 전 헌법 제82조를 준수하지 못하였다는 피청구인의 주장은 수긍하기 어렵다. 문서주의 및 부서제도가 대통령의 국법상 행위의 책임소재를 확실하게 하고 대통령의 권력을 통제하는 절차로서 기능하기 위해서는 대통령의 국법상 행위 이전에 국무총리와 관계 국무위원의 부서가 이루어져야 한다. 이에 더하여 피청구인은 계엄 선포권자로서 헌법 및 법률이 정한 절차가 모두 준수되는 것을 담보할 책임이 있는 점을 고려하면, 피청구인의 위 주장은 받아들일 수 없다.

2) 대통령은 계엄을 선포할 때 그 이유, 종류, 시행일시, 시행지역 및 계엄사령관을 공고하여야 한다(계엄법 제3조). 이는 국민의 권리의무에 중대한 영향을 미치는 계엄의 구체적인 사항을 국민에게 알리도록 함으로써 계엄 선포권의 남용을 방지하기 위한 것이다.

피청구인은 이 사건 계엄을 선포할 때 그 시행일시, 시행지역 및 계엄사령관을 공고하지 아니하였으므로, 계엄법 제3조 역시 위반하였다.

(라) 국회 통고 절차 준수 여부

대통령은 계엄을 선포한 때에는 지체 없이 국회에 통고하여야 한다(헌법 제77조 제4항, 계엄법 제4조 제1항).

피청구인은 국회에 대한 통고가 이루어지지 못한 것은 사실이나, 이 사건 계엄 선포 후 매우 짧은 시간 내에 국회가 비상계엄해제요구 결의안을 가결하여 별도로 국회에 통고할 시간적 여유가 없었고, 제1차 대국민담화가 방송을 통하여 생중계되어 국회의원들이 이 사건 계엄 선포 사실을 실시간으로 인지한 상태였으므로, 피청구인이 국회 통고 의무를 위반하였다고 볼 수 없다고 주장한다. 그러나 헌법이 대통령 에게 국회 통고 의무를 부여한 취지는 국회가 헌법 제77조 제5항에 따라 부여받은 계엄해제요구권을 적시에 행사할 수 있도록 보장하 기 위한 것이므로, 대국민담화가 방송을 통하여 생중계되는지 여부 와 관계없이 대통령은 국회에 공식적인 통고를 할 의무를 부담한다 고 보아야 하고, 이 사건 계엄 선포 시각과 국회의 비상계엄해제요구 결의안 가결 시각을 고려할 때 피청구인이 국회에 통고할 시간적 여 유가 없었다고 볼 수도 없다.

따라서 피청구인은 헌법 제77조 제4항 및 계엄법 제4조 제1항을 위 반하였다.

(3) 헌법에 따른 국군통수의무 등 위반 여부

(가) 대통령은 '헌법과 법률이 정하는 바에 의하여' 국군을 통수한다(헌법 제74조 제1항). 대통령이 국군통수권을 남용하거나 자의적으 로 행사할 경우 돌이킬 수 없는 피해를 야기하기 때문에 헌법 제74 조 제1항은 대통령이 헌법과 국군조직법 등 법률이 정하는 한계 내 에서 국군통수권을 행사하도록 규정하고 있다.

대통령의 국군통수권과 관련하여 헌법이 정하고 있는 한계 중 하 나는 국군의 정치적 중립성이다(헌법 제5조 제2항). 우리나라는 과 거 군사정변을 통해 군이 직접 정권을 수립하거나 정치권에서 군을 동원하여 정치에 영향을 미친 역사적 경험을 갖고 있다. 군인과 군무원은 공무원이고(국가공무원법 제2조 제2항 제2호), 헌법 제7조 제2항이 공무원의 정치적 중립성을 보장하고 있음에도 현행 헌법에서 국군의 정치적 중립성에 관한 규정을 도입하여 이를 다시 한 번 명시적으로 강조한 것은 우리의 헌정사에서 다시는 군의 정치개입을 되풀이하지 않겠다는 의지를 표현한 것이다(헌재 2018. 7. 26. 2016헌바139 참조).

따라서 국군이 정치에 개입하거나 특정 정당을 지원하는 등 정치적 활동을 하는 것은 물론, 정치권이 국군에 영향력을 행사하려고 시도하거나, 국군을 정치적으로 이용하는 것은 헌법 제5조 제2항에 위반된다. 결국 대통령이 정치적 목적으로 국군통수권을 행사하여 국군을 이용하는 것은 헌법 제74조 제1항이 정한 헌법에 따른 국군통수의무를 위반하는 것이다.

(나) 계엄은 병력으로써 위기상황을 대처하기 위하여 선포하는 것이므로(헌법 제77조 제1항), 필연적으로 대통령의 국군통수권 행사를 수반한다(헌법 제74조 제1항). 비상계엄이 선포되는 경우 현역 장성급 장교 중에서 임명된 계엄사령관이 계엄사령부의 장으로서 계엄업무를 시행하게 되고(계엄법 제5조), 계엄지역의 모든 행정사무와 사법사무를 관장하면서 행정기관 및 사법기관을 지휘 · 감독하게 된다(계엄법 제7조 제1항, 제8조 제1항). 대통령은 전국을 계엄지역으로 하는 경우와 직접 지휘 · 감독을 할 필요가 있는 경우에는 계엄사령관을 지휘 · 감독하므로(계엄법 제6조 제1항), 결국 대통령은 군인에 대한 지휘 · 감독권의 행사를 통하여 계엄업무를 시행하는 것이다.

앞에서 살펴본 것처럼 피청구인은 자신의 의견에 반대하는 야당이 다수의석을 차지하고 있는 국회와의 대립 상황을 타개할 의도로 병력을 동원하기 위해서 이 사건 계엄을 선포하였다. 따라서 피청구인은 헌법 제5조 제2항 및 제74조 제1항을 위반하였다.

(4) 소결

법치국가원리, 헌법 제66조 제2항 및 제69조에 따라 헌법준수의무를 부담하는 대통령은 국민 모두에 대한 '법치와 준법의 상징적 존재'이다. 대통령은 헌법을 수호하고 실현하기 위한 모든 노력을 기울여야 할 뿐만 아니라, 법을 준수하여 현행법에 반하는 행위를 해서는 안 되며, 나아가 입법자의 객관적 의사를 실현하기 위한 모든 행위를 해야 한다(헌재 2004. 5. 14. 2004헌나1 참조).

헌법은 비상계엄 선포권의 남용과 악용을 방지하기 위하여 직접 그 실체적·절차적 요건을 구체적으로 정하면서, '법률이 정하는 바에 의하여' 비상계엄을 선포하도록 규정하고 있다. 또한 헌법재판소는 긴급조치 등 과거 국가긴급권의 행사가 헌법에 위반된다고 판단하면서, 헌법이 국가긴급권을 인정한 취지, 국가긴급권을 발동할 수 있는 비상사태의 의미, 국가긴급권의 발동을 정당화할 수 있는 목적 등 국가긴급권 행사의 한계를 명확히 하였다(헌재 1994. 6. 30. 92헌가18; 헌재 2013. 3. 21. 2010헌바132등; 헌재 2015. 3. 26. 2014헌가5 참조). 따라서 헌법준수의무를 부담하고 있는 대통령으로서는 헌법과 법률이 정한 비상계엄 선포의 요건과 한계를 준수하여 신중하게 그 권한을 행사하여야 한다.

그럼에도 불구하고 피청구인은 앞에서 살펴본 것처럼 헌법의 규정 또는 국가긴급권의 본질상 비상계엄 선포를 정당화할 수 없는 사정들을 들어 이 사건 계엄을 선포하였다. 피청구인은 헌법 제77조 제1항 및 계엄법 제2조 제2항이 정한 위기상황이 현실적으로 발생하였다고 볼 근거가 없었음에도 현저히 비합리적이거나 자의적인 판단으로 이 사건 계엄을 선포하였으므로 헌법 제77조 제1항과 계엄법 제2조 제2항을 위반하였다. 피청구인이 국무회의의 심의 등 헌법과 계엄법이 정한 비상계엄 선포의 절차를 준수하였다면 피청구인의 판단이 그릇되었다는 점을 인식하고 이 사건 계엄 선포에 나아가지 않았을 수도 있었을 것인데, 피청구인은 헌법 제77조 제4항, 제82조, 제89조 제5호, 계엄법 제2조 제5항, 제3조, 제4조 제1항, 제5조 제1항이 정한 비상계엄 선포의 절차 역시 위반하였다. 또한 피청구인은 국회와의 대립 상황을 타개할 의도로 이 사건 계엄을 선포하고 병력을 동원함으로써 헌법 제5조 제2항 및 제74조 제1항도 위반하였다.

6. 국회에 대한 군경 투입에 관한 판단

가. 인정 사실

(1) 군대를 동원한 국회 진입 및 국회의원을 끌어내라는 지시

(가) 피청구인의 병력 투입 지시

피청구인은 국방부장관 김용현에게 이 사건 계엄 선포와 관련하여 국회에 군대를 투입할 것을 지시하였다.

(나) 육군특수전사령부 소속 군인들의 국회 진입

1) 이 사건 계엄 선포 직전 김용현은 육군특수전사령관 곽종근에게 제707특수임무단 소속 군인들을 국회로 출동시킬 것을 지시하였고, 제707특수임무단 소속 군인 97명은 헬기를 타고 국회를 향해 출동하였다. 피청구인은 2024. 12. 3. 23:40경 곽종근에게 전화를 걸어 국회로 가는 부대가 어디쯤 가고 있는지 물어보았고, 곽종근은 아직 이동 중이라고 답하였다. 제707특수임무단 소속 군인들은 국회 경내 운동장에 도착한 뒤 본관으로 이동하여 출입문을 확보하고자 하였고, 이들 중 16명은 2024. 12. 4. 00:33경 국회 본관의 우측 유리창 2개를 깨뜨리고 본관 내부로 진입하였다. 이 사건 계엄 선포 직후 출동 지시를 받았던 제1공수여단 소속 군인들 중 170여 명도 국회 경내로 진입하였다. 국회 직원, 국회의원 보좌관 등은 집기류를 쌓고 소화기를 분사하고 몸으로 막는 등으로 이들을 저지하였고, 그 과정에서 일부가

부상을 입음과 동시에 약 6,600만원 상당의 물적 피해도 발생하였다.

2) 이 사건 계엄 선포 직후부터 국회의장을 비롯한 국회의원들은 비상계
엄해제요구 결의안을 심의하기 위하여 국회 본관 내 본회의장으로 모
이고 있던 중이었다. 피청구인은 2024. 12. 4. 00:30경 곽종근에게 전
화로 '아직 의결정족수가 채워지지 않은 것 같다. 빨리 국회 문을 부
수고 들어가서, 안에 있는 인원들을 밖으로 끄집어내라'고 지시하였
고, 곽종근은 제707특수임무단장 김현태에게 '150명이 넘으면 안 된
다고 하는데, 들어갈 수 없겠냐'와 같이 말하는 등 위 지시를 이행
할 방법을 논의하였다. 곽종근은 비상계엄해제요구 결의안이 가결된
사실을 확인한 뒤 임무 중지 및 철수를 지시하였고, 김용현의 병력 추
가 투입 지시로 그 무렵 국회 경내에 도착한 100여 명의 제707특수
임무단 소속 군인들도 곧바로 철수하였다. 그 결과 본회의장까지 들
어간 병력은 없었다.

3) 피청구인은 곽종근에게 전화한 사실은 있지만, 당시 상황을 확인하였
을 뿐이고 국회의원을 끄집어내라는 지시는 한 사실이 없다고 주장한
다. 또한 위 지시에 관한 곽종근의 진술이 일관성이 없다며 신빙성이
떨어진다고도 주장한다. 그러나 비상계엄 선포 직후 열린 육군특수전
사령부 예하부대들과의 화상회의가 끝나고도 곽종근의 마이크가 계
속 켜져 있었기 때문에 곽종근이 피청구인의 위 지시를 받고 김현태 등
과 논의하는 과정에서 행한 발언들이 예하부대들로 그대로 전파되고
있었던 점, 곽종근 및 김현태는 국회 출동 시 '시설 확보 및 경계' 지
시를 받은 후 한동안 추가 지시가 없어 구체적인 임무를 정확히 알 수
없었다고 하는바 피청구인의 위 지시가 없었더라면 곽종근이 갑자기
김현태와 안으로 들어가 150명이 넘지 않게 할 방법을 논의할 이유가

없는 점, 의결정족수라는 용어 및 당시 본회의장 안에는 다수의 국회의원들이 존재하였고 군인은 존재하지 않았던 사실 등을 고려하면 끄집어낼 대상은 국회의원이라고 해석될 수밖에 없는 점, 곽종근은 2024. 12. 9. 검찰 조사에서부터 증인신문이 행해진 이 사건 제6차 변론기일까지 피청구인의 위 지시 내용을 일부 용어의 차이만 있을 뿐 일관되게 진술하고 있는 점 등에 비추어 볼 때, 피청구인의 주장은 믿기 어렵다.

(다) 수도방위사령부 소속 군인들의 국회 진입

1) 이 사건 계엄 선포 직후 김용현은 수도방위사령관 이진우에게 예하부대를 국회로 출동시킬 것을 지시하였다. 이진우는 제1경비단 및 군사경찰단 소속 군인들을 출동시키면서 자신도 국회로 이동하였다. 피청구인은 이진우가 국회에 도착한 후 전화로 상황을 물어보았고 이진우가 국회 담장에서 많은 사람들이 경찰과 대치하고 있어 경내로 진입하기 어렵다는 취지로 답변하자, 얼마 후 재차 전화로 '안에 있는 사람들을 끌어내라'고 하였다.

2) 이진우는 2024. 12. 4. 00:40경 제1경비단장 조성현에게 '본관 내부로 들어가서 국회의원들을 외부로 끌어내라'는 지시를 하였고, 얼마 후에는 이미 육군특수전사령부 소속 군인들이 진입해 있으니 이들이 국회의원들을 끌어내면 통로를 형성하는 등 외부에서 지원하는 역할을 수행하라고 지시하였다. 조성현은 위 임무가 정당하지 않다고 생각하여, 국회 경내로 들어간 군인들에게는 사람들이 없는 지역에 계속 집결해 있을 것을, 국회로 이동 중이던 후속부대에게는 서강대교를 넘지 말고 기다릴 것을 각각 지시하였다. 조성현은 비상계엄해제요구 결

의안이 가결된 후 이진우에게 철수를 건의하였고, 이진우는 이를 승인하였다. 당시 국회로 출동한 수도방위사령부 소속 군인들은 총 210여 명이었고, 그 중 경내로 진입한 인원은 총 48명이었다.

3) 피청구인은 이진우에게 전화한 사실은 있지만 당시 상황을 확인한 뒤 경찰에 이야기하면 국회 담장 안으로 들어갈 수 있다는 사실을 알려 주었을 뿐이고, 국회의원들을 끌어내라고 지시한 사실은 없다고 주장한다. 그러나 이진우가 피청구인과 통화하는 동안 같은 차량의 앞좌석에 앉아 있던 이진우의 전속부관이 통화 내용 대부분을 들을 수 있었던 점, 이진우는 김용현으로부터 구체적인 임무 없이 국회로 가라는 지시만 받아 일단 수도방위사령부의 본래 임무인 핵심시설의 '외곽'을 경계하고자 하였다고 하는바 피청구인의 위 지시가 없었더라면 이진우가 갑자기 조성현에게 건물 '내부'로 진입하여 국회의원을 끌어내라는 지시를 할 이유가 없는 점 등에 비추어 볼 때, 피청구인의 위 주장은 믿기 어렵다.

(2) 경찰을 동원한 국회 출입 통제

(가) 피청구인은 2024. 12. 3. 19:20 무렵 경찰청장 조지호, 서울특별시경찰청장 김봉식을 서울 종로구 소재 대통령 안전가옥으로 불러 오늘 밤 비상계엄을 선포할 것이라고 하면서, 군인들이 국회를 비롯한 여러 곳에 나갈 것인데 경찰이 국회 통제도 잘 해 달라고 하였다. 함께 자리하고 있던 김용현은 피청구인이 보는 가운데 조지호, 김봉식에게 A4 용지 1장으로 된 문서를 건넸는데, 해당 문서에는 군인들의 출동시각과 출동장소를 의미하는 '2200 국회, 2300 민주당사' 등

과 같은 기재가 있었다.

(나) 조지호와 김봉식은 경찰 300여 명을 국회 담장 주변에 배치하고,
2024. 12. 3. 22:48경부터 출입을 전면 차단하도록 하였다. 그러나
국회의원의 출입 통제에 대한 항의를 받게 되자, 헌법상 국회의 계엄
해제요구권 등을 확인한 뒤 이 사건 계엄 선포만으로는 근거가 부
족하다는 판단하에, 같은 날 23:06경부터 국회의원, 보좌관, 국회
직원, 출입기자 등 국회 상시 출입자는 신분확인을 거쳐 출입하도
록 하였다.

같은 날 23:23경 이 사건 포고령이 발령되었다. 피청구인은 그 무렵
계엄사령관 박안수에게 전화하여 조지호에게 이 사건 포고령의 내용
을 알려주라고 하였고, 박안수는 전화로 이를 조지호에게 알려주었
다. 피청구인도 조지호에게 직접 6차례 전화하였다. 조지호와 김봉식
은 이 사건 포고령에 국회 활동 금지, 포고령 위반자 처단 등의 내용
이 있음을 확인한 뒤 같은 날 23:37경부터 2024. 12. 4. 01:45경까지
약 2시간 8분가량 국회 출입을 재차 전면 차단하도록 하였다. 그 사
이에 국회 투입 경력(警力)은 점차 증원되어 최종적으로 1,700여 명
의 경찰이 동원되었다. 위와 같은 출입 차단으로 인하여, 비상계엄해
제요구 결의안을 심의하기 위해 국회로 모이고 있던 국회의장 및 국
회의원들 중 일부는 담장을 넘어가야 했거나 아예 들어가지 못하였
고, 국회 본회의 개의도 지연되었다.

(다) 피청구인은 경찰로 하여금 국회의원의 출입을 통제하도록 한 사실이
없고, 오히려 김용현에게는 출입을 막지 말라고 지시하였다고 주장
한다. 그러나 피청구인은 조지호, 김봉식을 대통령 안전가옥으로 불

러 국회 통제를 잘 해 달라고 말한 점, 그 자리에서 김용현이 그림을 그려가며 어느 곳에 경력(警力)을 배치할지 설명하는 것을 보았다고 스스로 인정하는 점, 피청구인은 박안수로 하여금 국회 활동 금지가 포함된 이 사건 포고령을 조지호에게 알려주라고 한 점, 조지호가 계엄해제요구권 등을 인지하고 국회의원의 출입은 허용했던 상황에서 재차 출입을 차단할 특별한 이유를 찾기 어려운 점 등에 비추어 볼 때, 피청구인의 주장은 믿기 어렵다.

(3) 주요 정치인 등에 대한 위치 확인 시도

(가) 피청구인은 2024. 12. 3. 20:22경 국정원 1차장 홍장원에게 전화로 '한두 시간 후 전화할 일이 생길지 모르니 비화폰을 잘 챙기고 있으라'고 하였고, 같은 날 22:53경 다시 전화를 걸어 비상계엄 발표하는 것을 보았느냐며 이번 기회에 국정원에도 대공수사권을 줄 테니 우선 자금이든 인력이든 국군방첩사령부를 도와 지원하라는 취지로 말하였다. 김용현은 이 사건 계엄 선포 직후 국군방첩사령관 여인형에게 총 14명의 명단(이하 '이 사건 명단'이라 한다)을 알려주면서 '포고령을 위반할 우려가 있는 사람들로서, 합동수사본부가 꾸려진 뒤 위반혐의가 발견되면 체포할 수도 있으니 미리 위치 등 동정을 파악해 두라'고 지시하였다. 이 사건 명단에는 국회의장 우원식, 더불어민주당 대표 국회의원 이재명, 국민의힘 대표 한동훈, 조국혁신당 대표 국회의원 조국, 더불어민주당 원내대표 국회의원 박찬대, 전 대법원장 김명수, 전 대법관 권순일 등이 포함되어 있었다.

(나) 여인형은 조지호에게 이 사건 명단과 대부분 일치하는 명단을 불러주면서 위치 확인을 요청하였다. 홍장원은 같은 날 22:58경 및 23:06경 여인형에게 전화하여 자초지종을 물어보았으나, 여인형은 제대로 답변하지 않다가 홍장원이 피청구인으로부터 국군방첩사령부를 지원하라는 전화를 받았다고 하자, 당시 상황을 설명하고 이 사건 명단과 대부분 일치하는 명단을 불러주면서 위치 확인을 요청하였다. 조지호와 홍장원은 여인형의 요청에 협조하지 않았고, 국회로 출동하였던 10개조 총 49명의 국군방첩사령부 소속 군수사관들은 국회 담장 밖에서 대기하다가 비상계엄해제요구 결의안이 가결되자 모두 철수하였다. 이에 따라 이 사건 명단의 사람들에 대한 위치 확인은 실제로 행해지지 않았다.

(다) 피청구인은 누구에게도 이 사건 명단과 관련된 지시를 한 바 없다고 주장한다. 특히 피청구인은 홍장원과 2차례 통화한 사실은 있지만, 첫 번째 통화는 국정원장 조태용이 해외 출장 중이라고 오인하여 국정원을 잘 챙기라는 취지에서 한 것이고, 두 번째 통화는 홍장원이 피청구인의 해외순방 시 경호를 도왔던 일에 대한 격려 차원에서 전화하면서 계엄과 무관하게 간첩 수사 업무와 관련하여 국군방첩사령부를 지원하라고 한 취지라고 주장한다.

그러나 피청구인이 홍장원에게 2024. 12. 3. 첫 번째 통화에서 한두 시간 후 전화할 일이 생길지 모르니 대기하라고 지시한 뒤 이 사건 계엄 선포 직후 재차 전화를 한 점, 피청구인은 여인형과 홍장원이 육군사관학교 선후배관계에 있어 특별히 홍장원에게 국군방첩사령부 지원에 관하여 언급했다고 하는 점, 피청구인은 해외 출장 중인 줄 알았던 조태용을 이 사건 계엄 선포 직전 대통령실에서 만났고 홍장원과의 두 번째 통화 직후 조태용과 통화하기도 하였는데 조태용에게는 아무런 특별한 지시가 없었다고 하는 점 등을 고려할 때, 피청구인은 처음부터 홍장원에게 계엄 상황에서 국군방첩사령부에 부여된 임무와 관련된 특별한 용건을 전하고자 한 것이라 봄이 상당하고, 계엄 선포 직후의 급박한 상황에서 단순한 격려 차원 또는 간첩수사 업무와 관련된 일반적 지시를 하고자 한 것이었다는 피청구인의 주장은 믿기 어렵다.

오히려 홍장원과의 통화에서 언급을 주저하던 여인형이 피청구인의 전화를 받았다는 말을 듣고서야 상황 설명을 하면서 위치 확인을 요청한 사실, 피청구인이 국군방첩사령관 여인형, 국정원 1차장 홍장원, 경찰청장 조지호를 모두 지휘할 수 있는 위치에 있었던 사실 등에 비추어 볼 때, 포고령 위반 우려가 있다는 점을 들어 필요시 체포할 목적으로 이 사건 명단에 포함된 사람들의 위치를 확인하도록 한 김용현의 지시가 피청구인의 의사와 무관하게 이루어졌다고 보기 어렵다.

나. 판단

(1) 헌법 제77조 제5항, 대의민주주의 등 위반 여부 및 국회의원의 불체포특권 등 침해 여부

(가) 우리 헌법은 자유민주적 기본질서의 보호를 그 최고의 가치로 하여, 이를 구현하기 위해 입법권은 국회(헌법 제40조)에, 행정권은 대통령을 수반으로 하는 정부(헌법 제66조 제4항)에, 사법권은 법관으로 구성된 법원(헌법 제101조 제1항)에 각각 속하게 하는 권력분립원칙

을 취하고 있다(헌재 1994. 4. 28. 89헌마221 참조). 대의민주주의에서 국회는 주권자인 국민이 선출한 국회의원으로 구성된 국민의 대표기관으로서 입법기능, 정부감독기능, 재정에 관한 기능 등을 수행하며(헌재 2003. 10. 30. 2002헌라1 참조), 이러한 국회의 기능은 주로 국민의 정치적 의사가 수렴되고 논의되는 공적인 장소인 국회 본관 내 본회의장에서 국회의원에 의한 심의 · 표결권 행사로 실현된다.

(나) 한편, 헌법 제77조 제5항은 국회가 재적의원 과반수의 찬성으로 계엄의 해제를 요구한 때에는 대통령은 이를 해제하여야 한다고 규정함으로써 대통령의 계엄 선포권의 남용을 통제할 수 있는 권한을 국민의 대표기관인 국회에 부여하고 있으므로, 비상계엄이 선포된 경우에도 국회의 권한을 제한할 수는 없다고 보아야 한다. 그렇지 않으면 대통령이 비상계엄을 선포함으로써 헌법에 따른 국회의 통제권한을 유명무실하게 만들 수 있기 때문이다. 같은 취지에서, 행정권의 부당한 탄압으로부터 국회의원의 활동을 보장하기 위하여 헌법 제44조 제1항에서 "국회의원은 현행범인인 경우를 제외하고는 회기 중 국회의 동의없이 체포 또는 구금되지 아니한다."라고 규정한 국회의원의 불체포특권은, 계엄법 제13조에서 "계엄 시행 중 국회의원은 현행범인인 경우를 제외하고는 체포 또는 구금되지 아니한다."라고 규정함으로써 회기 중인지 여부 및 국회의 동의 여부와 무관하게 더욱 강화된 형태로 보장되고 있다.

(다) 그럼에도 불구하고 피청구인은 군경을 투입하여 국회의장 및 국회의원들이 국회에 자유롭게 출입하는 것을 방해하는 한편 이들을 끌어내라고 지시함으로써, 계엄해제요구권을 비롯한 국회의 권한행사가 제대로 이루어지지 못하게 하려고 하였다. 피청구인의 이와 같은 행

위는, 국민의 대표기관인 국회에 계엄해제요구권을 부여한 헌법 제77
조 제5항을 위반한 것일 뿐만 아니라, 국회가 제 기능을 충실히 실
현할 수 없도록 하는 것으로서 대의민주주의와 권력분립원칙에 정면
으로 반하고, 국민의 대표인 국회의원의 심의 · 표결권 등 헌법상 권
한 및 계엄의 상황에서 특별히 중요한 의미를 지니는 국회의원의 불
체포특권을 침해한 것이다.

(2) 정당활동의 자유 침해 여부

(가) 정당은 국민과 국가의 중개자로서 정치적 도관의 기능을 수행하여 국
민의 다원적 의사를 형성 · 통합함으로써 국가정책의 결정에 직접 영
향을 미칠 수 있는 규모의 정치적 의사를 형성하고 있다(헌재 2020.
5. 27. 2019헌라1 참조). 이에 헌법 제8조 제1항은 정당설립의 자유
를 명시적으로 규정하고 있는바, 정당의 설립만이 보장될 뿐 그 활동
이 임의로 제한될 수 있다면 정당설립의 자유는 사실상 아무런 의미
가 없게 되므로, 위 조항은 정당활동의 자유를 포함한 정당의 자유
를 광범위하게 보장하는 것이라 할 수 있다(헌재 2004. 12. 16. 2004
헌마456; 헌재 2014. 1. 28. 2012헌마431등 참조).

(나) 당대표, 원내대표 등 정당 기관의 활동은 정당 자신의 활동이므로
당연히 헌법적으로 보장되어야 할 정당의 활동으로 볼 수 있다(헌재
2014. 12. 19. 2013헌다1 참조). 정당 소속 국회의원은 기본적으로
국민 전체의 대표자로서의 지위를 가지지만, 정당민주주의의 발전에
따라 소속 정당의 공천을 받아 그 지원이나 배경 아래 당선되고 정치
의사 형성에 있어서도 사실상 정당의 규율이나 당론 등의 영향을 받

게 되어 정당의 이념을 대변하는 지위도 함께 가지게 되었는바(헌재 2014. 12. 19. 2013헌다1; 헌재 2020. 5. 27. 2019헌라1 참조), 이들의 활동 역시 일정 부분 정당의 활동이 될 수 있다.

(다) 김용현은 이 사건 계엄 선포 직후 포고령 위반 우려가 있다는 점을 들어 필요시 체포할 목적으로 각 정당의 대표 및 원내대표 등에 대한 위치 확인을 지시하였는바, 앞서 살펴본 바와 같이 위 지시는 피청구인의 의사와 무관하게 이루어졌다고 보기 어렵다. 이는 각 정당 소속 국회의원들을 포함한 당원들에 대하여 상당한 영향력을 행사할 수 있는 위 사람들의 활동을 제약함으로써 각 정당의 활동도 제약하고자 하는 의도를 가진 행위로 보인다. 따라서 피청구인의 위와 같은 행위는 정당활동의 자유를 침해한 것이다.

(3) 헌법에 따른 국군통수의무 등 위반 여부

앞에서 살펴본 것처럼 피청구인은 국회의 헌법상 권한행사를 막고 정당의 활동을 제약하고자 하는 정치적 목적으로 국회에 병력을 투입하여 본회의장에서 국회의원들을 끌어내라고 지시하였고, 주요 정치인에 대한 위치 확인 지시에 관여하였다.

평소 전시와 같은 비상상황을 전제로 하여 훈련해 오던 군인들은 이 사건 계엄이 선포되고 출동 지시가 내려지자, 개인화기 등을 소지하고 국회로 출동하였다. 그러나 군인들이 맞닥뜨린 것은 적이 아니라 일반 시민이었고, 일반 시민을 상대로 적극적으로 무력을 행사할 수 없었던 군인들은 위와 같은 지시를 이행하지 못하였다. 헌법제정권 자인 국민은 우리의 헌정사에서 다시는 군의 정치개입을 반복하지 않고자 국군의 정치적 중립성을 헌법에 명시하였으나, 국군통수권자인 피청구인이 정치적 목적으로 그 권한을 남용함으로써 국가의 안전보장과 국토방위의 신성한 의무를 수행함을 사명으로 하여 나라를 위하여 봉사해 온 군인들이 또다시 일반 시민들과 대치하는 상황이 발생하게 된 것이다.

그렇다면 피청구인은 국군의 정치적 중립성에 반하여 국군통수권을 행사하였으므로, 헌법 제5조 제2항 및 제74조 제1항을 위반하였다.

(4) 피청구인의 주장에 대한 판단

(가) 피청구인은 이 사건 계엄 선포 소식을 접한 국회 관계자 및 시민들이 대거 몰릴 것을 대비해, '질서유지' 목적에서 국회에 병력을 투입한 것이라고 주장한다.

(나) 피청구인은 그 근거로, 김용현에게 '계엄이 선포된 후, 간부 위주로 구성된 280명만을, 실탄을 지급하지 말고' 투입하라고 지시하였으며, 비상계엄해제요구 결의안이 가결되자마자 즉시 병력을 철수하라고 지시하였다는 점을 들고 있다.

그러나 피청구인이 주장하는 지시 내용은, 곽종근, 이진우, 여인형 어느 누구도 전달받은 사실이 없다. 오히려 이들은 이 사건 계엄 선포

며칠 전부터 대비태세를 갖출 것을 지시받았고, 이 사건 계엄 선포 전에 이미 출동 지시를 받은 부대도 있었다. 피청구인이 언급한 280명은 비상계엄해제요구 결의안의 의결 직전 무렵까지 국회 경내로 진입한 육군특수전사령부 소속 군인 270여 명을 말하는 것으로 보이는데, 피청구인은 수도방위사령부 소속 군인들로 하여금 국회 경내로 진입하라고 전화하는 등 280명만의 투입을 염두에 두고 있지는 않았던 것으로 보인다.

더구나 국회로 출동한 군인들은 주로 대테러 작전수행을 본래 임무로 수행하고 있었던바, 국가중요시설로서 평상시에도 철저한 경비가 되고 있는 국회에 대하여 단순히 질서유지만을 목적으로 본래의 경비인력 및 추가된 경력(警力)을 넘어 이들 군인까지 투입시켰다는 주장은 납득하기 어렵다. 또한 피청구인은 구체적인 임무를 지시하지 않음으로써 이들이 실제 비상상황을 전제로 마련된 매뉴얼대로 행동하기를 용인하였는바, 실탄 지급을 금하거나 병력을 철수한 것 모두 피청구인의 지시에 의한 것이 아니라 군인들 스스로가 상황 판단에 따라 자체적으로 결정한 것이었다.

(다) 오히려 피청구인은 병력 투입으로 국회의 계엄해제요구권 행사를 방해함으로써, 이 사건 계엄과 이에 따른 이 사건 포고령의 효력을 상당 기간 지속시키고자 하였던 것으로 보인다.

김용현은 국회 담장 외곽은 경찰이, 국회 본관 외곽은 수도방위사령부가, 국회 본관 내부는 육군특수전사령부가 각각 맡아 통제할 계획을 세웠다. 피청구인은 병력이 국회에 도착하기 전까지는 국회 내 다른 건물에 있던 국회의원들이 본관으로 충분히 갈 수 있었고 경찰도 담장에서 국회의원을 들여보낸 것으로 알고 있다고 하는바, 이는 국회에 병력이 도착한 후에는 위 계획대로 국회의원의 본관 출입을 차단하고자 하였음을 추단케 한다. 그러나 위 계획대로의 출입 차단이 실행되지 않아 비상계엄해제요구 결의안의 의결이 임박해지자, 의결정족수가 채워지지 않도록 본회의장에 있는 국회의원들을 끌어내라는 지시를 한 것으로 보인다.

피청구인은 계엄해제에 적어도 며칠 걸릴 것으로 예상하였는데 예상보다 빨리 끝났다고 자인하고 있으며, 김용현은 이 사건 계엄이 해제된 후 개최된 전군주요지휘관회의에서 '우리 군이 피청구인의 명을 받들어 임무를 수행하였으나 중과부적으로 원하는 결과가 되지 않았다'고 발언하였는데, 이를 보더라도 피청구인의 병력 투입 목적이 단순히 질서유지에 그친 것이 아니었음을 알 수 있다.

(라) 더 나아가 이 사건 계엄 선포 직후 기획재정부장관 최상목이 대통령실에서 받은 문서에는, "국회 관련 각종 보조금, 지원금 각종 임금 등 현재 운용 중인 자금 포함 완전 차단할 것, 국가비상 입법기구 관련 예산을 편성할 것"이라는 내용이 있었다.

피청구인은 해당 문서의 작성 및 전달에 관여한 사실이 없다고 주장하나, 김용현은 피청구인으로부터 계엄의 주무부처 장관으로서 관계부처들에 협조를 구하라는 지시를 받고 위 문서를 작성하였다고 하는 점, 해당 문서에는 '예비비를 조속한 시일내 충분히 확보하여 보고할 것'이라는 내용도 있는데 기획재정부장관이 보고를 할 대상은 대통령인 피청구인이라고 봄이 상당한 점, 외교부장관 조태열, 조지호, 김봉식도 그날 별도의 문서들을 받았는데 조태열은 이를 피청구인으로부터 받았고 조지호, 김봉식은 앞서 살펴본 바와 같이 피청구인이 보는 가운데 김용현으로부터 받은 점 등에 비추어 볼 때, 피청구인의 위 주장은 믿기 어렵다.

또한 피청구인은 해당 문서의 내용을 두고, 국회를 통하여 정치적 목적으로 지급되는 금원을 차단하라거나 긴급재정경제명령을 발령하기 위한 기획재정부 산하의 기구 관련 예산을 편성하라는 의미일 뿐이라고 주장한다. 그러나 이와 같은 의미로 해석하는 것은 해당 문언들의 통상적인 용례에 상당히 벗어나는 점, 임금을 포함한 국회 관련 운용 자금을 완전히 차단하라는 내용을 국회가 아닌 다른 단체들과만 관련된 것으로는 볼 수 없는 점, 피청구인은 민생 및 경제활성화 등을 위한 정부 추진 법안이 야당의 반대로 국회에서 통과되고 있지 못한 상황을 타개하는 방법 중 하나로 긴급재정경제명령을 생각해 왔다고 하는바 긴급재정경제명령은 국회의 집회를 기다릴 여유가 없을 때 한하여 할 수 있는 점(헌법 제76조 제1항) 등에 비추어 볼 때, 피청구인의 주장을 수긍하기 어렵다.

(마) 다른 한편, 피청구인은 질서유지 목적의 병력 투입이 국회에 대해서도 가능한 것은, 비상계엄이 선포되면 계엄사령관이 행정사무를 관장하기 때문이라거나 집회·결사에 대한 특별한 조치를 할 수 있기 때문이라고 주장한다.

계엄법 제7조 제1항은 "비상계엄의 선포와 동시에 계엄사령관은 계엄지역의 모든 행정사무와 사법사무를 관장한다."라고 규정하고 있다. 위 조항의 근거가 되는 헌법 제77조 제3항은 비상계엄 선포 시 '법률이 정하는 바에 의하여 정부나 법원의 권한에 관하여 특별한 조치를 할 수 있다'고 규정하는바, 특별한 조치의 대상이 되는 정부나 법원을 아무리 넓게 해석한다고 하더라도 여기에 국회가 포함될 수는 없는 것이다. 이는 앞서 살펴본 바와 같이 헌법 제77조 제5항에서 국회에 계엄해제요구권을 부여한 취지, 계엄법 제13조에서 계엄 시행 중 국회의원의 불체포특권을 강화하여 보장한 취지 등에 비추어 보아도 그러하다. 따라서 국회의 사무는 계엄사령관이 관장할 수 없으며, 그 사무가 국회 내의 행정사무로서의 성격을 갖더라도 마찬가지이다.

그런데 국회법에 따르면, 회기 중 국회의 질서를 유지하기 위한 국회 경내의 경호권은 국회의장에게 속하는 것이고(제143조), 국회의장이 경호를 위하여 경찰공무원의 파견을 요구하는 경우에도 회의장 건물 내의 경호업무는 국회에 소속된 경위에게 전속된다(제144조). 누구든지 국회의원이 회의에 출석하기 위하여 회의장에 출입하는 것을 방해해서는 안 되며(제148조의3), 회의장에는 국회의원, 국무총리, 국무위원 또는 정부위원, 그 밖에 의안 심의에 필요한 사람과 국회의장이 허가한 사람 외에는 출입할 수 없다(제151조). 이처럼 회기 중 국회 경내의 질서유지 업무는 어디까지나 국회의 사무이므로, 헌법 제77조 제3항에 따른 특별한 조치의 대상이 될 수 없고 계엄법 제7조 제1항에 따라 계엄사령관이 관장하는 사무라고 볼 수도 없다.

마찬가지의 취지에서, 계엄법 제9조 제1항에 따르면 계엄사령관은 비상계엄지역에서 군사상 필요할 때 집회 · 결사에 대하여 특별한 조치를 할 수 있으나, 회기 중 국회 경내의 질서유지를 위한다는 명목으로는 이를 행할 수 없다고 할 것이다.

(바) 이상과 같이, '질서유지' 목적에서 국회에 병력을 투입한 것이라는 피
청구인의 주장은 받아들일 수 없다.

(5) 소결

그렇다면 피청구인은 군경을 투입하여 국회의장 및 국회의원들이 국
회에 자유롭게 출입하는 것을 통제하는 한편 이들을 끌어내라고 지
시하여 계엄해제요구권을 비롯한 국회의 권한행사가 제대로 이루어지
지 못하도록 방해하고, 필요시 체포할 목적으로 행해진 각 정당 대표
등에 대한 위치 확인 지시에 관여함으로써, 헌법 제5조 제2항, 제74조
제1항, 제77조 제5항 및 대의민주주의, 권력분립원칙을 위반함과 동시
에 국회의원의 심의·표결권 및 불체포특권 등 헌법상 권한을 침해하였
으며 정당활동의 자유도 침해하였다.

7. 이 사건 포고령 발령에 관한 판단

가. 인정 사실

(1) 국방부장관 김용현은 피청구인이 조만간 비상계엄을 선포할 것에 대
비하여 2017년 계엄문건에 첨부된 2017년 포고문 및 1979. 10. 27.자
계엄포고 제1호 등 예전 군사정권 때의 예문을 참고하여 이 사건 포
고령의 초안을 작성해 두었다. 피청구인이 2024. 12. 1.경 김용현에게
비상계엄을 하게 되면 필요한 것이 무엇인지 묻자, 김용현은 미리 준비

해 두었던 이 사건 포고령 초안 등을 피청구인에게 보고하였고, 피청구인은 국민에게 불편을 줄 우려가 있고 시대에 적합하지 않다는 이유로 야간통행금지 조항을 삭제할 것을 지시하였다. 김용현은 2024. 12. 2.경 피청구인의 지시에 따라 수정한 이 사건 포고령 초안 등을 피청구인에게 보고하였고, 피청구인은 이를 승인하였다.

(2) 계엄사령관 박안수는 2024. 12. 3. 22:30경 계엄사령관으로 임명된 후 김용현으로부터 이 사건 포고령의 초안을 받았다. 박안수는 이 사건 포고령의 초안을 읽어본 후 김용현에게 법적인 검토가 필요한 것 같다고 말하였는데, 김용현은 이미 검토를 받은 것이니 그대로 발령하라고 하였다. 이에 박안수는 김용현의 지시에 따라 포고시간만 22:00에서 23:00으로 고친 후 2024. 12. 3. 23:17경 이 사건 포고령에 서명하고 23:23경 이를 발령하였다. 이 사건 포고령의 내용은 [별지 4]와 같다.

나. 판단

(1) 이 사건 포고령의 법적 성격 및 효력

이 사건 포고령은 계엄법 제9조 제1항, 제14조 제2항의 내용을 보충하는 기능을 하고 그와 결합하여 대외적으로 구속력이 있는 법규명령으로서 효력을 가진다(대법원 2018. 11. 29. 선고 2016도14781 판결 참조). 따라서 이 사건 포고령이 발령되는 즉시 모든 국민은 일체의 정치활동 등 이 사건 포고령이 금지하는 행위를 하지 말아야 할 의무를 부담하게 되고, 그 의무를 위반하는 경우 영장 없이 체포·구금·압수·수색을 당할 수 있으며 계엄법 제14조 제2항에 따라 3년 이하의 징역에 처해지게 된다.

피청구인은 단순히 계엄의 형식을 갖추기 위하여 상징적으로 이 사건 포고령을 발령한 것이지 이를 집행할 의사가 없었고 상위법과 저촉 소지가 있어 집행할 수도 없었다고 주장한다. 그러나 피청구인이 이 사건 계엄을 선포하면 추가적인 조치 없이도 곧바로 비상계엄의 효력이 발생하므로, 계엄의 형식을 갖추기 위하여 이 사건 포고령을 발령할 필요는 없는 점, 피청구인이 이 사건 포고령이 집행되지 않을 것이라고 생각하였다면 야간통행금지 조항을 삭제할 필요가 없었고, 국민에게 불편을 줄 우려가 있고 시대에 적합하지 않다는 이유로 야간통행금지 조항을 삭제하였다는 것은 오히려 나머지 조항들의 효력 발생 및 집행을 용인한 것으로 볼 수 있는 점, 피청구인은 국회의 반국가적 활동을 금지하기 위하여 이 사건 포고령에 국회의 활동을 금지하는 내용을 포함시켰다고도 주장하고 있는 점, 피청구인은 이 사건 포고령이 발령될 무렵 계엄사령관 박안수에게 전화하여 경찰청장 조지호에게 이 사건 포고령의 내용을 알려주라고 하였고, 조지호에게 직접 6차례 전화한 점, 김용현은 이 사건 제4차 변론기일에서 이 사건 포고령이 효력이 있으니까 실제로 집행하려고 하였고, 당연히 그렇게 하는 것이 맞다고 생각한다고 증언한 점 등에 비추어 이를 믿기 어렵다.

(2) 헌법 제77조 제5항 및 대의민주주의 등 위반 여부

피청구인은 국회와의 대립 상황을 타개하기 위하여 이 사건 포고령을 통하여 국회의 활동을 전면적으로 금지하였다. 이는 국회에 대한 군경 투입과 마찬가지로 국민의 대표기관인 국회에 계엄해제요구권을 부여한 헌법 제77조 제5항을 위반한 것일 뿐만 아니라, 대의민주주의와 권력분립원칙에 명백히 반하고, 국민의 대표인 국회의원의 심의·표결권 등 헌법상 권한을 침해한 것이다.

피청구인은 국회의 해산을 명하거나 국회의 비상계엄해제요구 결의안 의결을 위한 의정활동 등 정상적인 활동을 금지하려는 것이 아니라, 반국가적 활동을 금지하기 위하여 위와 같은 포고령을 발령하게 하였다고 주장한다. 그러나 이 사건 포고령은 단순히 국회의 활동을 금지한다고 규정하고 있어 국회의 모든 활동을 금지한다고 해석된다. 또한 피청구인은 반국가적 행위란 국익을 해하여 나라의 위기를 초래하는 일체의 행위로서 비상계엄 선포의 실체적 요건 위반 여부 부분에서 살펴본 국회의 입법권 행사 및 예산 삭감 등이 모두 이에 해당한다고 주장한다. 그러나 국회의 입법권 행사 및 예산 삭감 등은 헌법과 법률에 근거한 국회의 권한행사이므로 피청구인의 주장에 의하더라도 이 사건 포고령은 사실상 국회의 모든 활동을 금지하는 것과 다름이 없다. 따라서 피청구인의 위 주장은 받아들일 수 없다.

(3) 지방자치의 본질적 내용 침해 여부

헌법 제117조와 제118조에 의하여 제도적으로 보장되는 지방자치는 주권의 지역적 주체로서의 주민에 의한 자기통치의 실현을 위한 것으로, 지방자치의 본질적 내용인 핵심영역은 어떠한 경우라도 입법 기타 중앙정부의 침해로부터 보호되어야 한다(헌재 2014. 6. 26. 2013헌바122 참조). 헌법이 직접 규정한 지방자치단체의 기관인 지방의회는 지역주민이 선출한 지방의회의원으로 구성된 주민의 대표기관으로서 지방행정사무와 법령의 범위 안에서의 지방자치단체의 의사를 결정하며, 지방행정사무에 관한 조례를 제정하고, 집행기관의 업무를 감시, 감독하는 역할을 한다(헌재 2008. 6. 26. 2005헌라7 참조). 지방자치단체의 존재 자체를 부인하거나 각종 권한을 말살하는 것은 지방자치의 본질적 내용을 침해하는 것이다(헌재 2001. 11. 29. 2000헌바78 참조).

피청구인은 이 사건 포고령을 통하여 지방의회의 활동을 전면적으로 금지하였으므로, 이는 지방자치의 본질적 내용을 침해한 것이다. 피청구인은 지방의회의 활동도 반국가적 활동만을 금지한 것이라고 주장하나, 그와 같은 주장을 받아들일 수 없음은 국회 활동 금지 부분에서 살펴본 것과 같다.

(4) 헌법 제8조 위반 여부

앞에서 살펴본 것처럼 헌법은 오늘날 대의민주주의에서 정당이 갖는

의의와 기능을 고려하여 정당제도를 채택하고, 정당활동의 자유를 포함한 정당의 자유를 광범위하게 보장하고 있다.

피청구인은 이 사건 포고령을 통하여 모든 정당의 활동을 전면적으로 금지하였다. 이는 정당활동의 자유를 침해한 것일 뿐만 아니라, 헌법이 보장하고 있는 정당제도 자체를 부인하는 것으로서 헌법 제8조를 위반한 것이다.

(5) 국민주권주의 및 자유민주적 기본질서 위반 여부

우리 헌법의 전문과 본문 전체에 담겨 있는 최고 이념은 국민주권주의와 자유민주주의에 입각한 입헌민주헌법의 본질적 기본원리에 기초하고 있다. 기타 헌법상의 여러 원칙도 여기에서 연유되는 것이므로 이는 헌법을 비롯한 모든 법령해석의 기준이 되고, 입법형성권 행사의 한계와 정책결정의 방향을 제시하며, 나아가 모든 국가기관과 국민이 존중하고 지켜가야 하는 최고의 가치규범이다(헌재 1989. 9. 8. 88헌가6 참조).

주권자인 국민이 자신의 정치적 생각을 표현하거나 합법적인 집회와 시위를 통해 설파하는 것은 국가의 안전에 대한 위협이 아니라 우리 헌법의 근본이념인 '자유민주적 기본질서'의 핵심적인 보장 영역에 속하는 것이다. 정부에 대한 비판에 대하여 합리적인 홍보와 설득으로 대처하는 것이 아니라, 비판 자체를 원천적으로 배제하려는 공권력의 행사나 규범의 제정은 대한민국 헌법이 예정하고 있는 자유민주적 기본질서에 부합하지 아니하므로 그 정당성을 부여할 수 없다(헌재 2013. 3. 21. 2010헌바132등 참조).

피청구인은 이 사건 포고령을 통하여 국회의 활동을 금지하는 것에서 더 나아가, 일반 국민의 정치적 기본권, 언론·출판·집회·결사의 자유 등을 포괄적·전면적으로 제한하고 그 행사를 범죄행위로 규정하였다. 이는 위와 같은 기본권의 행사를 허용하면 국회와의 대립 상황을 타개하는 데에 지장을 초래한다는 판단하에 일반 국민의 비판 자체를 원천적으로 배제하기 위하여 이루어진 조치이므로, 헌법의 근본원리인 국민주권주의와 자유민주적 기본질서를 위반한 것이다.

(6) 헌법 제77조 제3항 및 계엄법 제9조 제1항 위반 여부

(가) 헌법 제77조 제3항은 비상계엄이 선포된 때에는 법률이 정하는 바에 의하여 영장제도, 언론·출판·집회·결사의 자유에 관하여 특별한 조치를 할 수 있다고 규정하고 있다. 이에 따라 계엄법 제9조 제1항은 비상계엄지역에서 군사상 필요할 때에는 계엄사령관이 국민의 기본권을 제한하는 특별한 조치를 취할 수 있도록 하면서, 그 대상을 체포·구금·압수·수색·거주·이전·언론·출판·집회·결사 또는 단체행동으로 한정하고 있다.

헌법 제77조 제1항 및 계엄법 제2조 제2항이 규정한 비상계엄 선포의 요건에 비추어 볼 때, 계엄법 제9조 제1항에서 정한 '군사상 필요할 때'는 전시·사변 또는 이에 준하는 국가비상사태로 적과 교전 상태에 있거나 사회질서가 극도로 교란되어 행정 및 사법 기능의 수행이 현저히 곤란한 상태가 현실적으로 발생하여 경력(警力)만으로는 도저히 비상사태의 수습이 불가능하고 병력을 동원하여 그러한 상황에 이른 직접적인 원인을 제거하는 것이 반드시 필요하게 된 때를 뜻한다(대법원 2018. 11. 29. 선고 2016도14781 판결 참조). 또한 헌법상 국가긴급권의 인정 취지 및 계엄사령관의 특별한 조치가 국민의 기본권을 제한하는 점을 고려하면, 특별한 조치는 위기상황의 직접적인 원인을 제거하는 데 필수불가결한 최소한도 내에서만 취해질 수 있다(헌재 1996. 2. 29. 93헌마186; 헌재 2015. 3. 26. 2014헌가5 참조).

(나) 앞에서 살펴본 것처럼 이 사건 계엄 선포 당시 전시·사변 또는 이에 준하는 국가비상사태가 발생하였다거나, 적과 교전 상태에 있거나 사회질서가 극도로 교란되어 행정 및 사법 기능의 수행이 현저히 곤란한 상태가 발생하였다고 볼 수 없으므로, 계엄법 제9조 제1항에서 정한 '군사상 필요할 때'에 해당한다고도 할 수 없다. 그럼에도 불구하고 피청구인은 이 사건 포고령을 통하여 국민의 기본권을 제한하였으므로, 계엄법 제9조 제1항을 위반하였다.

(다) 또한 계엄법 제9조 제1항은 계엄사령관의 특별한 조치의 대상을 '체포·구금·압수·수색·거주·이전·언론·출판·집회·결사 또는 단체행동'으로 한정하고 있다. 그런데 피청구인은 이 사건 포고령을 통하여 국회와 지방의회, 정당의 활동과 일체의 정치활동을 금지함으로써 정치적 기본권, 정당의 자유를 제한하였고, 의료현장을 이탈한 모든 의료인으로 하여금 48시간 내에 본업에 복귀하도록 함으로써 직업의 자유도 제한하였다. 따라서 피청구인은 계엄법 제9조 제1항이 규정하지 아니한 헌법상 권리 또는 자유를 제한하였다는 점에서도 위

조항을 위반한 것이다.

(라) 이 사건 포고령은 국회, 지방의회 및 정당의 활동을 전면적으로 금지
하고, 일체의 정치활동을 금지하며, 모든 언론과 출판이 계엄사령부
의 통제를 받도록 하고, 사회혼란을 조장하는 파업, 태업, 집회를 전
면적으로 금지하며, 모든 의료인으로 하여금 48시간 내에 본업에 복
귀하여 근무하도록 하는 등 국민의 기본권을 광범위하게 제한하는
내용을 담고 있다.

이 사건 포고령 제6항은 "반국가세력 등 체제전복세력을 제외한 선
량한 일반 국민들은 일상생활에 불편을 최소화할 수 있도록 조치한
다."라고 규정하고 있으나, '선량한 일반 국민'과 '일상생활에 불편'이
의미하는 바가 불분명하여 집행기관이 이를 자의적으로 해석할 위험
이 있을 뿐만 아니라, 위 규정을 감안하더라도 이 사건 포고령에 의
한 기본권 제한이 위기상황의 직접적인 원인을 제거하는 데 필수불가
결한 최소한도 내에서 이루어졌다고 볼 수 없다.

그렇다면 피청구인은 헌법 제77조 제3항 및 계엄법 제9조 제1항을
위반하여 이 사건 포고령을 발령하게 함으로써 국민의 정치적 기본권,
언론·출판·집회·결사의 자유, 정당의 자유, 단체행동권, 직업의 자유,
신체의 자유를 침해하였다.

(7) 영장주의 위반 여부

헌법 제12조 제3항 본문은 "체포·구속·압수 또는 수색을 할 때에는 적법한 절차에 따라 검사의 신청에 의하여 법관이 발부한 영장을 제시하여야 한다."라고 규정하고, 헌법 제16조는 "주거에 대한 압수나 수색을 할 때에는 검사의 신청에 의하여 법관이 발부한 영장을 제시하여야 한다."라고 규정함으로써 영장주의를 헌법적 차원에서 보장하고 있다. 우리 헌법이 채택하여 온 영장주의는 형사절차와 관련하여 체포·구속·압수·수색의 강제처분을 함에 있어서는 사법권 독립에 의하여 신분이 보장되는 법관이 발부한 영장에 의하지 않으면 아니 된다는 원칙이다. 따라서 헌법상 영장주의의 본질은 체포·구속·압수·수색 등 기본권을 제한하는 강제처분을 함에 있어서는 중립적인 법관의 구체적 판단을 거쳐야 한다는 데에 있다(헌재 2018. 6. 28. 2012헌마191등 참조).

비상계엄지역에서 군사상 필요가 인정되어 특별한 조치로서 사전영장주의의 예외를 인정하는 경우에도 영장주의의 본질을 침해하는 것은 허용될 수 없으므로, 수사기관의 강제처분이 영장 없이 이루어지는 경우 조속한 시간 내에 법관에 의한 사후심사가 이루어질 수 있는 장치가 마련되어야 한다(헌재 2012. 12. 27. 2011헌가5; 헌재 2013. 3. 21. 2010헌바132등 참조).

피청구인은 이 사건 포고령을 통하여 '일체의 정치활동' '자유민주주의 체제를 부정하거나, 전복을 기도하는 일체의 행위,' '사회혼란을 조장하는 파업, 태업, 집회행위' 등 광범위한 행위를 금지하고 그 위반자에 대해서 영장 없이 체포·구금·압수·수색을 할 수 있도록 하였다. 이는 어떠한 제약 조건도 두지 아니하고 법관의 구체적 판단 없이 체포·구금·압수·수색을 할 수 있도록 하고, 이에 대하여 법관에 의한 사후적 심사장치도 두지 아니한 것이므로, 국가긴급권이 발동되는 상황이라 하더라도 지켜져야 할 영장주의의 본질을 침해하는 것이다.

(8) 헌법에 따른 국군통수의무 등 위반 여부

앞에서 살펴본 것처럼 피청구인은 국회와의 대립 상황을 타개하는 등의 의도로 계엄사령관으로 하여금 이 사건 포고령을 발령하게 하였다. 따라서 피청구인은 국군의 정치적 중립성에 반하여 국군통수권을 행사하였으므로, 헌법 제5조 제2항 및 제74조 제1항을 위반하였다.

(9) 소결

피청구인은 계엄사령관으로 하여금 이 사건 포고령을 발령하게 함으로써 헌법 제5조 제2항, 제74조 제1항, 제77조 제5항, 대의민주주의, 권력분립원칙을 위반하였고 국민의 대표인 국회의원의 심의·표결권 등 헌법상 권한을 침해하였으며, 지방자치의 본질적 내용을 침해하고 헌법 제8조, 국민주권주의 및 자유민주적 기본질서를 위반하였다. 나아가 피청구인은 이 사건 포고령을 통하여 헌법 제77조 제3항 및 계엄법 제9조 제1항, 영장주의를 위반하여 국민의 정치적 기본권, 언론·

출판·집회·결사의 자유, 정당의 자유, 단체행동권, 직업의 자유, 신체의 자유를 침해하였다.

8. 중앙선관위에 대한 압수·수색에 관한 판단

가. 인정 사실

(1) 피청구인은 2023년 행해진 선관위에 대한 국정원의 보안점검 이후에도 부정선거에 관한 의혹이 해소되지 않고 있다며, '선관위는 헌법기관이고 사법부 관계자들이 위원으로 있어 평시 상황에는 영장에 의한 압수·수색이나 강제수사가 사실상 불가능하다'는 이유를 들어, 국방부 장관 김용현에게 비상계엄이 선포되면 이 기회에 병력을 동원하여 선관위의 전산시스템을 전반적으로 점검해보라고 지시하였다.

(2) 정보사령부 소속 군인 10여 명은 이 사건 계엄 선포 직후 중앙선관위 과천청사에 들어가 야간 당직자들의 휴대전화를 압수하고 이들에 대한 행동감시 및 외부연락 차단, 출입통제를 하였으며, 통합선거인명부 시스템 서버 등 전산시스템을 촬영한 다음 대기하다가, 비상계엄해제 요구 결의안이 가결된 후 철수하였다.

육군특수전사령부 소속 군인들은 중앙선관위 과천청사, 관악청사, 수원연수원(이하 위 세 청사를 모두 합하여 '중앙선관위 청사'라 한다)으로 출동하여, 중앙선관위 과천청사의 경우 건물 내외부에서, 나머지의 경우 건물 외부에서 각각 경계근무를 하다가, 비상계엄해제요구 결의안이 가결된 후 철수하였다.

국군방첩사령부 소속 군인들은 부정선거 의혹과 관련한 자료를 확인
할 수 있도록 중앙선관위 청사의 서버 등 전산시스템을 확보하라는 지
시를 받고 출동하였으나, 법무실의 검토의견에 따라 목적지에 도착하
기 전에 대기하다가, 비상계엄해제요구 결의안이 가결된 후 철수하였다.

나. 판단

(1) 영장주의 위반 여부

(가) 피청구인은 영장에 의한 압수·수색을 통한 부정선거의 의혹 확인이
사실상 불가능하다는 등의 이유에서, 군인을 동원한 유형력을 행사하
여 선관위의 전산시스템을 점검하도록 하였다는 것인바, 이는 결국 영
장 없는 압수·수색의 강제처분을 지시한 것이라 할 수 있다. 앞서 살
펴본 바와 같이, 현행 헌법상 압수·수색은 제77조 제3항, 제12조 제
3항, 제16조에서 엄격한 요건하에서만 허용되는 예외에 해당하지 않는
한, 법관이 발부한 영장에 의하여야 한다.

(나) 먼저 헌법 제77조 제3항에 규정된 예외에 해당하는지 본다. 위 조항 및
계엄법 제9조 제1항에 따르면, 비상계엄지역에서 '군사상 필요할 때' 계
엄사령관이 압수·수색에 대하여 특별한 조치를 할 수 있으나 이 경우
'계엄사령관은 그 조치내용을 미리 공고'하여야 한다. 그런데 앞서 살
펴본 바와 같이 이 사건 계엄 선포 당시의 상황이 위 조항의 특별한 조
치가 군사상 필요한 경우였다고 볼 수 없고, 계엄사령관 박안수가 관
련된 조치내용을 미리 공고한 바도 없다. 따라서 헌법 제77조 제3항에
규정된 예외의 요건은 충족되지 않는다.

(다) 다음으로 헌법 제12조 제3항 단서 및 제16조 후문 해석상 인정되는 예외에 해당하는지 본다. 헌법 제12조 제3항 단서는 '현행범인인 경우와 장기 3년 이상의 형에 해당하는 죄를 범하고 도피 또는 증거인멸의 염려가 있을 때에는 사후에 영장을 청구할 수 있다'고 하여 영장주의의 예외를 명문으로 인정하고, 헌법 제16조 후문은 그 해석상 '그 장소에 범죄혐의 등을 입증할 자료나 피의자가 존재할 개연성이 소명되고, 사전에 영장을 발부받기 어려운 긴급한 사정이 있는 경우' 영장주의의 예외를 허용한다(헌재 2018. 4. 26. 2015헌바370등 참조). 피청구인은 선관위가 헌법기관이고 사법부 관계자들이 위원으로 있어 영장에 의한 압수·수색이 사실상 불가능하다는 이유를 들고 있으나, 앞서 살펴본 바와 같이 선관위는 수사기관의 압수·수색에 응하여 왔고, 그러한 이유만으로 사전에 영장을 발부받기 어려운 긴급한 사정 등을 인정할 수는 없다. 따라서 헌법 제12조 제3항 단서 및 제16조 후문 해석상 인정되는 예외의 요건도 충족되지 않는다.

(라) 결국 피청구인이 선관위에 대하여 영장 없는 압수·수색을 하도록 한 행위는 영장주의에 위반된다.

(2) 선관위의 독립성 침해 여부

(가) 오늘날의 대의민주주의에서 선거는 국민이 대표자를 결정·구성하는 방법이자 선출된 대표자에게 민주적 정당성을 부여함으로써 국민주권주의 원리를 실현하는 핵심적인 역할을 수행한다. 선거관리가 공정하게 이루어지지 못한다면 그 선거는 본래의 민주정치적 기능을 발휘하지 못하고 하나의 형식적인 기능에 그치고 말 것이다. 선거관리사무의

담당기관을 일반행정기관과는 별도의 독립기관으로 구성해야 한다는 요청이 나오는 것도 바로 이 때문이다(헌재 2008. 6. 26. 2005헌라7; 헌재 2025. 2. 27. 2023헌라5 참조).

(나) 행정부에 의해 관권선거가 자행된 이른바 3·15 부정선거로 대의민주주의와 국민주권주의의 위기를 경험한 우리 국민은, 헌법적 결단을 통해 1960. 6. 15. 헌법 개정(제3차 개정헌법) 이래로 선거관리사무를 행정부로부터 기능적·조직적으로 분리하여 독립된 헌법기관에 맡기고 있다. 현행 헌법 역시 제7장에서 '선거관리'라는 표제하에 선거와 국민투표의 공정한 관리 및 정당에 관한 사무의 처리를 담당하는 독립된 합의제 헌법기관으로 선거관리위원회를 두면서, 그 구성에 대통령, 국회, 대법원장이 동등하게 참여하도록 하고 위원의 임기와 신분을 보장하며 규칙제정권도 부여하고 있다(제114조). 선거관리사무는 그 성격상 행정작용에 해당함에도 불구하고 우리 헌법이 위와 같이 해당 사무의 주체를 독립된 합의제 헌법기관으로 규정하면서 그 독립성과 중립성을 강조하는 체계를 택한 것은, 공정한 선거관리를 위해서는 외부 권력기관, 특히 대통령을 수반으로 하는 행정부의 영향력을 제도적으로 차단하여야 한다는 확고한 의사가 반영된 것이다(헌재 2025. 2. 27. 2023헌라5 참조).

(다) 그런데 피청구인은 헌법과 법률이 예정하지 않은 방법으로 군대를 동원하여 중앙선관위 청사에 무단으로 들어가 선거관리에 사용되는 전산시스템을 압수·수색하도록 하였다. 이는 선관위의 선거관리사무에 대한 부당한 간섭이자 선거가 지니는 본래의 민주정치적 기능에 위협을 가하는 행위로서, 선관위의 독립성을 철저히 보장하고자 하는 우리 헌법의 취지에 반하는 것이다.

(3) 피청구인의 주장에 대한 판단

피청구인은 선관위의 전산시스템에 대한 점검이, 계엄법 제7조 제1항에 따라 계엄사령관이 관장하는 행정사무의 집행 차원에서 행해진 것이라고 주장한다. 그러나 우리 헌법이 선거관리사무를 일반행정사무와 기능적으로 분리하여 규정하고 있다는 점에 주목한다면(헌재 2008. 6. 26. 2005헌라7 참조) 선거관리사무에는 원칙적으로 위 조항이 적용되기 어렵다고 할 것이고, 설령 적용될 여지가 있다고 하더라도 피청구인의 주장은 다음과 같은 이유에서 받아들일 수 없다.

위 조항의 취지는, 전시·사변 또는 이에 준하는 국가비상사태로 행정 기능의 수행이 현저히 곤란한 경우에 계엄사령관으로 하여금 그 기능이 마비되지 않도록 방지하거나 정상적으로 유지·회복될 수 있도록 하는 데 필요한 조치를 할 수 있도록 한 것이다. 따라서 해당 기관의 통상적인 기능수행을 전면적으로 인수한다는 의미가 아니라, 계엄 목적의 달성에 반드시 필요한 한도 내에서 해당 기관의 담당 사무가 정상적으로 수행될 수 있도록 하는 개별적·구체적 조치에 한하여 할 수 있다는 의미로 새김이 상당하다. 선관위는 선거와 국민투표의 공정한 관리 및 정당에 관한 사무를 수행하고 있고(헌법 제114조 제1항), 이 사건 계엄 선포 당시 선관위가 위 사무를 정상적으로 수행할 수 없는 상태에 있지 않았다. 피청구인은 부정선거에 관한 의혹을 해소할 필요가 있었다고 주장하나, 이를 이유로 한 전산시스템의 점검이 선관위의 기능이 마비되는 것을 방지하거나 이를 유지·회복하기 위하여 병력을 동원하면서까지 반드시 취하여야 할 조치에 해당한다고 보기는 어렵다.

(4) 소결

그렇다면 피청구인은 영장주의의 예외에 해당하는 사유가 없음에도 선관위에 대하여 영장 없이 압수·수색하도록 함으로써 영장주의를 위반하였고, 행정부 수반의 지위에서 독립된 헌법기관인 선관위에 대하여 헌법과 법률이 예정하지 않은 방법으로 군대를 동원한 압수·수색을 함으로써 선관위의 독립성도 침해하였다.

9. 법조인에 대한 위치 확인 시도에 관한 판단

가. 인정 사실

피청구인이 이 사건 계엄 선포 직후 국정원 1차장 홍장원에게 전화하여 국군방첩사령부를 도우라고 한 사실, 그 무렵 국군방첩사령관 여인형은 국방부장관 김용현으로부터 이 사건 명단의 사람들에 대하여 위치 확인 등 동정을 파악하라는 지시를 받고 조지호에게 위치 확인을 요청한 사실, 홍장원이 여인형에게 전화하여 피청구인의 전화를 받았다고 하자 여인형이 이 사건 명단과 대부분 일치하는 명단을 불러주면서 위치 확인을 요청한 사실, 이 사건 명단의 사람들에 대한 위치 확인은 실제로 행해지지 않은 사실 등은 앞서 본 바와 같다. 이러한 사실들에 비추어 볼 때, 피청구인이 이 사건 명단의 사람들에 대하여 체포까지 할 것을 지시하였는지 여부는 불분명하다고 하더라도 필요시 체포할 목적으로 행해진 위 사람들에 대한 위치 확인 시도가 피청구인의 의사와 무관하게 이루어졌다고 보기 어려운 점 역시 앞서 본 바와 같다. 그런데 이 사건 명단에는 전 대법원장 김명수 및 전 대법관 권순일도 포함되어 있었다.

나. 판단

(1) 사법권의 독립 침해 여부

(가) 헌법 제101조 제1항은 사법권을 법관으로 구성된 법원에 속하도록 규정하여 조직·운영·기능의 면에서 법원의 독립을 보장하고, 제103조는 법관이 재판을 함에 있어 법과 양심에 따른 구속 이외에 어떠한 외부적인 압력이나 간섭을 받지 않도록 법관의 직무상 독립, 즉, 재판상 독립을 보장하고 있다. 또한 헌법은 법관의 자격을 법률로 정하도록 하고 임기를 보장하는 한편 자의적인 파면이나 불이익한 처분을 받지 않도록 하는 등 법관의 신분도 보장하고 있다(제101조 제3항, 제105조, 제106조 제1항 등). 이와 같은 법원의 독립, 법관의 재판상 독립, 신분보장 등은 모두 사법권의 독립을 구성하는 요소들이다. 사법권의 독립은, 권력분립원칙을 중추적 내용의 하나로 하는 자유민주주의 체제의 특징적 지표이자 법치주의의 한 요소를 이룸과 동시에, 헌법 제27조에서 보장하는 국민의 재판청구권이 올바로 행사되도록 하기 위한 측면에서 그 의의가 있다(헌재 2016. 9. 29. 2015헌바331 참조). 또한 사법부가 행정부 및 입법부를 견제하는 데에도 중요한 역할을 수행하기 때문에, 모든 국가기관에게는 사법권의 독립을 지키고 존중할 의무가 있으며 과도한 간섭과 통제 등으로 이를 침해하여서는 안 된다.

(나) 행정부의 수반인 피청구인은, 퇴임한 지 얼마 되지 않은 전 대법원장 김명수 및 전 대법관 권순일에 대하여 필요시 체포할 목적으로 행해진 위치 확인 지시에 관여하였다. 이는 현직 법관들로 하여금 자신들도 언제든지 행정부에 의하여 체포 대상이 될 수도 있다는 압력을 받게 하여 소신 있는 재판업무 수행에 중대한 위협이 될 수 있다(헌재 1992. 11. 12. 91헌가2 참조). 이와 같이 개별 법관의 신분보장 및 재판상 독립에 위협을 주는 행위는 종국적으로 법원 전체의 독립을 뒤흔드는 결과로 이어져, 국민의 공정한 재판을 받을 권리를 보장하고 법치주의 및 권력분립원칙을 실현하기 위해 마련된 사법권 독립의 제도적 기반까지 무너뜨릴 수 있다.

(2) 소결

그렇다면 피청구인은 행정부 수반의 지위에서 전 대법원장 김명수 및 전 대법관 권순일에 대하여 필요시 체포할 목적으로 행해진 위치 확인 지시에 관여함으로써 사법권의 독립을 침해하였다.

10. 피청구인을 파면할 것인지 여부

가. 법 위반의 중대성에 관한 판단 기준

앞에서 살펴본 것처럼 헌법재판소법 제53조 제1항은 '탄핵심판 청구가 이유 있는 경우' 피청구인을 파면하는 결정을 선고하도록 규정하고 있으며, 대통령에 대한 탄핵심판사건에서 '탄핵심판청구가 이유 있는 경우'란 대통령의 파면을 정당화할 수 있을 정도로 중대한 헌법이나 법률 위배가 있는 때를 말한다(헌재 2017. 3. 10. 2016헌나1 참조).

대통령의 파면을 정당화할 수 있는 헌법이나 법률 위배의 중대성을 판단하는 기준은 탄핵심판절차가 헌법을 수호하기 위한 제도라는 관점과 파면결정이 대통령에게 부여한 국민의 신임을 박탈한다는 관점에서 찾을 수 있다. 탄핵심판절차가 궁극적으로 헌법의 수호에 기여하는 절차라는 관점에서 보면, 파면결정을 통하여 손상된 헌법질서를 회복하는 것이 요청될 정도로 대통령의 법 위배 행위가 헌법 수호의 관점에서 중대한 의미를 가지는 경우에 비로소 파면결정이 정당화된다. 또 대통령이 국민으로부터 직접 민주적 정당성을 부여받은 대의기관이라는 관점에서 보면, 대통령에게 부여한 국민의 신임을 임기 중 박탈하여야 할 정도로 대통령이 법 위배 행위를 통하여 국민의 신임을 배반한 경우에 한하여 대통령에 대한 탄핵사유가 존재한다고 보아야 한다(헌재 2004. 5. 14. 2004헌나1; 헌재 2017. 3. 10. 2016헌나1 참조).

나. 판단

(1) 헌법수호의 관점에서 법 위반이 중대한지 여부

(가) 국민주권주의 및 민주주의에 대한 위반

헌법 제1조 제1항은 "대한민국은 민주공화국이다."라고 규정하여 민주주의를 통치형태로 채택하고 있고, 헌법 제1조 제2항은 "대한민국의 주권은 국민에게 있고, 모든 권력은 국민으로부터 나온다."라고 규정하여 국가권력의 근원과 주체가 국민이며 국민만이 국가의 정치적 지배에 정당성을 부여할 수 있다는 국민주권주의를 선언하고 있다. 이는 국가권력의 형성과 행사가 국가의 특정 계급이나 특정 집단에 의해 독점적으로 지배되지 않는다는 점을 분명히 한 것이다.

헌법 제40조, 제41조 제1항, 제66조 제4항, 제67조 제1항은 대의민주주의를 채택함으로써 민주주의 원리를 구체화하고 있다. 대의민주주의에서 주권자인 국민은 선거를 통해 국회의원을 선출하고, 국회의원은 국민의 대표로서 국민에 대하여 자신의 결정에 대한 정치적 책임을 진다. 국회는 국민의 대표로 구성된 다원적 인적 구성의 합의체로서 일반 국민과 야당의 비판을 허용하고 공개적 토론을 통하여 국민의 다양한 견해와 이익을 인식하고 교량하는 민주적 절차를 통하여 입법기능, 정부 감독기능, 재정에 관한 기능 등을 수행한다(헌재 2003. 10. 30. 2002헌라1; 헌재 2004. 3. 25. 2001헌마882 참조). 요컨대, 국회는 국민주권주의에 입각한 민주국가를 실현하는 국민의 대표기관이다.

피청구인은 이 사건 계엄 선포 및 이 사건 포고령을 통하여 국회의 활동을 전면적으로 금지하였고, 국회의 헌법상 권한행사를 막을 의도로 국회에 군경을 투입시켜 국회 출입을 통제하였으며, 본회의장에서 국회의원들을 끌어내라고 지시함으로써 국민의 대표기관인 국회의 권한행사를 방해하였다.

그 뿐만 아니라, 피청구인은 국민이 정치적인 반대의사를 표시하는 것을 원천적으로 배제하기 위하여 이 사건 포고령을 통하여 정당의 활동과 정치적 결사, 집회, 시위 등 일체의 정치활동을 금지하고, 모든 언론과 출판은 계엄사령부의 통제를 받도록 함으로써 모든 국민의 정치적 표현의 자유를 전면적·포괄적으로 박탈하였다.

피청구인의 이와 같은 행위는 자유민주적 기본질서를 침해한 것으로서 국민주권주의 및 민주주의에 대한 중대한 위반 행위에 해당하고, 그로 인하여 헌법질서에 미친 부정적인 영향도 엄중하다.

(나) 헌법이 정한 통치구조에 대한 부인

헌법은 주권자인 국민으로부터 국가권력의 행사를 위임받은 국가기관이 그 권력을 남용하는 것을 방지하기 위하여 국가권력을 행사하는 여러 권한과 기능들을 분산시키고 권력 상호 간의 견제와 균형을 이루도록 하는 권력분립원칙을 채택하고 있다(헌재 2007. 12. 27. 2004헌바98 참조).

또한 집권세력이 특정 기능을 담당하는 국가조직을 이용하여 국민의 기본권과 헌법적 가치를 침해한 우리나라의 아픈 역사적 경험에 대한 반성으로, 헌법은 국군의 정치적 중립성을 명시하고(헌법 제5조 제2항,

헌재 2018. 7. 26. 2016헌바139 참조), 각종 선거 및 투표관리 등에 관한 사무를 일반행정업무와 기능적으로 분리해 독립된 헌법기관인 선관위에 맡김으로써(헌법 제114조, 제115조, 헌재 2008. 6. 26. 2005헌라7 참조), 집권세력의 부당한 이용과 간섭을 제도적으로 배제 내지 견제할 수 있도록 하고 있다.

현행 헌법은 장기독재의 가능성을 차단하기 위하여 대통령의 국회해산권을 폐지하였고, 제77조 제5항에서 대통령의 계엄 선포권을 통제할 수 있는 계엄해제요구권을 국회에 부여하고 있다. 그럼에도 불구하고, 피청구인은 국회와의 대립 상황을 타개할 의도로 이 사건 계엄을 선포하였고, 국회의 활동을 전면적으로 금지하는 이 사건 포고령을 발령하게 하였으며, 군경을 동원하여 국회의 권한행사를 저지하려 하였다. 또한 피청구인은 이 사건 포고령을 통하여 헌법이 정한 지방자치단체의 기관인 지방의회의 활동을 전면적으로 금지함으로써 지방자치의 본질적 내용을 침해하였고, 필요시 체포할 목적으로 행해진 법조인에 대한 위치 확인 지시에 관여함으로써 사법권의 독립을 침해하였다. 피청구인의 이와 같은 행위는 법치국가원리의 기본요소인 권력분립원칙을 중대하게 위반한 것이다.

또한 피청구인은 부정선거 의혹을 해소하기 위하여 이 사건 계엄 선포와 동시에 군경을 보내어 중앙선관위 청사를 점거하고 선거관리에 사용되는 전산시스템 등을 압수·수색하도록 하였다. 이러한 피청구인의 행위는 선거관리사무를 부당하게 간섭하여 선관위의 독립성을 침해한 것으로서 그 위반이 중대하다.

나아가 피청구인은 국회와의 대립 상황을 타개할 의도로 병력을 동원하여 위와 같은 행위들을 하였다. 이는 국군의 정치적 중립성에 반하여 국군통수권을 행사한 것일 뿐만 아니라, 그로 인하여 국가의 안전보장과 국토방위의 신성한 의무를 수행함을 사명으로 하여 나라를 위하여 봉사해 온 국군의 사기를 저하시키고 국군에 대한 국민의 신뢰를 훼손시켰으므로, 그 위반이 매우 중대하다.

결국 피청구인은 헌법이 정한 통치구조에 부합하게 권한을 행사하지 아니하고 계엄 선포권 및 국군통수권을 남용하여 국회, 지방의회의 권한, 사법권 및 선관위의 독립성을 침해하였으며, 국군의 정치적 중립성을 훼손하였으므로, 이는 법치국가원리를 위반한 행위에 해당하고, 그 위반의 정도와 그로 인하여 헌법질서에 미친 부정적인 영향도 중대하다.

(다) 국민의 기본권에 대한 중대한 침해

피청구인은 행정부의 수반으로서 국가가 개인이 가지는 불가침의 기본적 인권을 확인하고 이를 보장할 의무를 충실하게 이행할 수 있도록 권한을 행사하고 직책을 수행하여야 할 의무를 진다(헌법 제10조, 헌재 2017. 3. 10. 2016헌나1 참조).

서울고등법원은 1979. 10. 27.자 계엄포고 제1호가 영장주의와 죄형법정주의의 명확성원칙에 위배되고, 언론·출판·집회·결사의 자유 등을 침해하여 위헌·무효라고 판단하였고(서울고등법원 2021. 11. 11. 선고 2020재노26 판결 참조), 대법원 역시 위 계엄포고와 유사한 내용을 규정하고 있었던 1979. 10. 18.자 비상계엄 선포에 따른 계엄포고 제1호 등을 위헌·무효로 판단하였다(대법원 2018. 11. 29. 선고 2016도14781

판결; 대법원 2018. 12. 13. 선고 2016도1397 판결; 대법원 2018. 12. 13.자 2015모2381 결정; 대법원 2018. 12. 28.자 2017모107 결정; 대법원 2019. 1. 31. 선고 2018도6185 판결 참조).

그럼에도 불구하고 피청구인은 위 1979. 10. 27.자 계엄포고 제1호 등을 참고하여 작성된 이 사건 포고령을 발령하게 하였다. 이 사건 포고령은 국회, 지방의회 및 정당의 활동을 전면적으로 금지하고, 일체의 정치활동을 금지하며, 모든 언론과 출판이 계엄사령부의 통제를 받도록 하고, 사회혼란을 조장하는 파업, 태업, 집회를 전면적으로 금지하며, 모든 의료인으로 하여금 48시간 내에 본업에 복귀하여 근무하도록 하는 등 국민의 자유를 광범위하게 제한하면서, 이를 위반하면 영장 없이 체포·구금·압수·수색하고 계엄법 제14조에 의하여 처단한다는 내용을 담고 있다.

결국 피청구인은 헌법과 법률을 위반하여 이 사건 계엄을 선포하고 이 사건 포고령을 발령하게 함으로써 국민의 기본권을 포괄적·전면적으로 침해하였으므로 그 법 위반의 정도가 엄중하고, 헌법질서에 미치는 부정적 영향 역시 매우 크다.

(라) 피청구인은 이 사건 계엄이 야당의 전횡과 국정 위기상황을 국민에게 알리고 호소하기 위한 목적으로 즉각적인 해제를 전제로 하여 잠정적·일시적 조치로서 선포된 '경고성 계엄' 또는 '호소형 계엄'인 점, 국회가 비상계엄해제요구 절차를 신속하게 진행하였을 만큼 의정활동이 정상적으로 이루어진 점, 국회의 비상계엄해제요구에 따라 약 6시간 만에 이 사건 계엄을 해제한 점, 언론·출판·집회·결사의 자유가 실질적으로 봉쇄된 구체적인 사례도 전혀 확인되지 않는 점, 실제로 정치인 등

에 대한 체포가 이루어지지 않은 점 등을 들어 피청구인의 법 위반이 중대하지 않다는 취지로 주장한다.

그러나 앞에서 살펴본 것처럼 피청구인이 선포한 비상계엄과 그에 수반하여 행한 일련의 헌법 및 법률 위반 행위들은 그 즉시 헌법적 가치와 기본권을 침해하게 된다는 점에서 단순히 '경고성 계엄' 또는 '호소형 계엄'에 불과하다고 볼 수 없다. 피청구인이 이 사건 계엄을 선포한 후 군경을 투입시켜 국회의 헌법상 권한행사를 방해함으로써 국민주권주의 및 민주주의를 부정하고, 병력을 투입시켜 중앙선관위를 압수·수색하도록 하는 등으로 헌법이 정한 통치구조를 무시하고, 이 사건 포고령을 발령함으로써 국민의 기본권을 광범위하게 침해한 일련의 행위는 법치국가원리와 민주국가원리를 구성하는 기본원칙들을 위반한 것으로서 그 자체로 헌법질서를 침해하고 민주공화정의 안정성에 심각한 위해를 끼쳤으므로, 헌법수호의 관점에서 용납될 수 없는 중대한 법 위반에 해당한다.

피청구인의 국회 통제 등에도 불구하고 국회가 신속하게 비상계엄해제요구 결의안을 가결시킬 수 있었던 것은 시민들의 저항과 군경의 소극적인 임무 수행 덕분이었으므로, 결과적으로 비상계엄해제요구 결의안이 가결되었다는 이유로 피청구인의 법 위반이 중대하지 않다고 볼 수는 없다. 또한 이 사건 포고령의 발령과 동시에 국민의 기본권이 광범위하게 침해되었으며, 피청구인은 계엄사령관 박안수에게 전화하여 경찰청장 조지호에게 이 사건 포고령의 내용을 알려주라고 하였고 조지호에게 직접 6차례 전화하였으므로, 그 외에 이 사건 포고령 위반을 이유로 한 추가적인 조치가 취해지지 않았다는 이유로 피청구인의 법 위반이 중대하지 않다고 볼 수도 없다. 피청구인이 국회의 비상계엄해제요구를 받아들여 이 사건 계엄을 해제한 것은 사실이나, 이는 국회의 계엄해제요구에 따른 계엄해제의무를 위반하지 않았다는 것을 보여줄 뿐, 더 나아가 이미 피청구인이 행한 법 위반까지 중대하지 않다고 평가할 수는 없다.

(마) 청구인이 피청구인의 이 사건 계엄 선포를 비롯한 일련의 행위에 대하여 내란죄 등 형법 위반 행위로 구성하였다가 이를 헌법 위반 행위로 포섭하여 주장하였다는 점은 앞의 적법요건 판단부분에서 본 바와 같다. 헌법재판소는 이 사건에서 위 행위와 관련된 사실관계를 헌법 및 계엄법 등 위반의 법률적 관계에 포섭하여 심리하였고, 이를 토대로 피청구인의 법 위반이 중대하다고 판단하였다. 이러한 점에 비추어 볼 때, 이 사건에서 내란죄 등 형법 위반 여부에 관한 판단은 없었더라도 그와 관련된 사실관계에 대한 심리를 거쳐 헌법 및 계엄법 등 위반에 대한 판단을 하고 이를 토대로 그 법 위반의 중대성을 판단하고 있으므로, 피청구인의 법 위반의 중대성에 대한 판단이 잘못되었다거나 부족하다고 볼 수 없다.

(2) 국민의 신임을 배반한 행위에 해당하는지 여부

(가) 국가긴급권 남용의 역사 재현

우리나라 국민은 오랜 기간 국가긴급권의 남용에 희생당해 온 아픈 경험을 가지고 있다. 1952년에는 이승만 전 대통령이 부산에서 이른바 '정치파동'을 일으켜 계엄을 선포한 후 대통령 직선제를 골자로

하는 개헌안을 통과시켰다. 박정희 전 대통령은 1971. 12. 6. 국가비상
사태를 선포하였는데, 이를 법적으로 뒷받침하기 위하여 1971. 12. 27.
제정된 '국가보위에 관한 특별조치법'은 대통령이 그의 재량에 따라
비상사태를 선포하고 국민의 기본권을 정지시키고 국회에서 심의·확정
한 예산안을 변경할 수 있는 등의 비상대권을 대통령에게 부여하였다
(헌재 1994. 6. 30. 92헌가18; 헌재 2015. 3. 26. 2014헌가5 참조).

박정희 전 대통령은 1972. 10. 17. 대통령특별선언을 통하여 기존의
헌정질서를 중단시키고 이른바 유신체제로 이행하고자 그에 대한 저항
을 사전에 봉쇄하기 위하여 비상계엄을 선포하였고(대법원 2018. 12. 13. 선
고 2016도1397 판결 참조), 1979. 10. 18. 유신체제에 대한 국민적 저항인 부
마민주항쟁(부마민주항쟁 관련자의 명예회복 및 보상 등에 관한 법률 제2조 제1호)을 탄압
하기 위하여 비상계엄을 선포하였다(대법원 2018. 11. 29. 선고 2016도14781 판결
참조). 전두환, 노태우 전 대통령 등은 이른바 12·12군사반란으로 군의
지휘권과 국가의 정보기관을 장악한 뒤, 정권을 탈취하기 위하여 1980.
5. 17. 당시 대통령 등을 강압하여 비상계엄의 전국확대를 선포하게 하
였다(대법원 1997. 4. 17. 선고 96도3376 판결 참조). 위 계엄 선포에는 모두 국민
의 기본권을 광범위하게 제한하는 계엄포고가 수반되었다.

국가긴급권의 심각한 남용은 유신헌법(1972. 12. 27. 헌법 제8호로 전부개정
된 헌법) 제53조에 근거한 긴급조치권의 발동에서도 나타났다. 긴급조
치는 9차례에 걸쳐 발동되었는데, 국민의 기본권을 침해하는 위헌적인
내용으로 남용되었고, 이에 대한 반성으로 1980. 10. 27. 제8차 개헌
에서 이를 폐지하고 비상조치 권한(제51조)으로 대체하였으며, 1987. 10.

29. 제9차 개헌에서는 비상조치 권한도 폐지하였다(헌재 2013. 3. 21. 2010 헌바132등 참조).

대통령 유고를 이유로 1979. 10. 27. 선포된 계엄이 1981. 1. 24. 해제된 이후, 1993. 8. 12. '금융·실명거래 및 비밀보장에 관한 긴급재정경제명령'이 발령된 외에는 이 사건 계엄 선포 전까지 국가긴급권이 행사되지 않았다. 이는 민주주의가 정착되고 국민의 헌법수호에 대한 의지가 확고해지면서 나타난 당연한 결과였다. 앞에서 본 것처럼 헌법재판소와 대법원 역시 과거 국가긴급권의 발동이 헌법에 위반됨을 확인함으로써 입헌민주주의를 공고히 하였다.

피청구인은 마지막 계엄이 선포된 때로부터 약 45년이 지난 2024. 12. 3. 또다시 정치적 목적으로 이 사건 계엄을 선포함으로써 국가긴급권을 남용하였다. 이 사건 계엄 선포 및 그에 수반하는 조치들은 사회적·경제적·정치적·외교적으로 엄청난 파장을 불러일으켰고, 이제는 더 이상 국가긴급권이 정치적 목적으로 남용되지 않을 것이라고 믿고 있었던 국민은 큰 충격을 받았다. 피청구인에 의한 국가긴급권의 남용은 국민의 헌법상 기본권을 침해하고 헌법질서를 침해하였을 뿐만 아니라, 대외신인도에 미치는 부정적 영향, 정치적 불확실성의 확대로 인한 외교적, 경제적 불이익 등을 고려할 때, 국익을 중대하게 해하였음이 명백하다.

결국 우리의 헌정사적 맥락에서 이 사건 계엄 선포 및 그에 수반하는 조치들이 국민에게 준 충격과 국가긴급권의 남용이 국내외적으로 미치는 파장을 고려할 때, 피청구인이 자유민주적 기본질서를 수호하고 국정을 성실하게 수행하리라는 믿음이 상실되어 더 이상 그에게 국정을 맡길 수 없을 정도에 이르렀다고 볼 수밖에 없다.

(나) 대통령으로서의 권한행사에 대한 불신 초래

우리 헌법은 대통령을 행정부의 수반이자 국가원수로 규정하면서(제66조 제1항 및 제4항), 수많은 권한을 행사할 수 있도록 하고 있다. 그러나 대통령의 권한은 어디까지나 헌법에 의하여 부여받은 것이므로(헌재 2004. 5. 14. 2004헌나1 참조), 권한을 보유한다는 이유만으로 헌법적 한계를 벗어나 이를 자의적으로 행사할 수는 없는 것이다. 특히 우리 헌법이 택한 대통령제에서는 대통령의 권한행사가 국민의 기본권 및 헌법질서에 미치는 영향이 상당하므로, 그 행사에 더욱 신중을 기하여야 하고 다른 국가기관의 적절한 견제도 가해질 필요가 있다.

우리 헌법이 대통령에게 부여한 여러 권한들 가운데서도 '국가긴급권'은, 앞서 살펴본 바와 같이 평상시의 헌법질서만으로는 대처할 수 없는 중대한 위기상황에 대비하여 극히 예외적으로 인정되는 비상적 권한이므로, 그 행사에 있어서 헌법적 한계가 특히 엄격하게 준수될 필요가 있다(헌재 2015. 3. 26. 2014헌가5 참조). 그런데 피청구인은 야당의 전횡과 국정 위기상황을 국민에게 알리고 호소하기 위하여 이 사건 계엄을 선포하였다고 주장하는바, 이는 본래 그러한 목적으로 행사할 수 없는 계엄 선포권을 여소야대의 정치상황을 타개하기 위한 수단으로 이용하였다는 것과 다름없다. 또한 피청구인은 계엄의 형식을 갖추기 위하여 실제로 집행할 의사가 없음에도 이 사건 포고령을 발령케 하였다고 주장하나, 이는 대외적 구속력이 있는 법규명령으로서의 효력을 가지는 규범을 발령하면서 그 내용대로의 효력발생은 의도하지 않을 수도 있다는 것이어서 납득하기 어렵다. 나아가 피청구인은 비상계엄이 선포되었으므로 평상시에는 할 수 없었던 '선관위에 대한 영장 없는 압수·수색' 등을 시도하였다고 주장하는바, 그와 같은 조치들은 비상계엄하에서도 허용되지 않는 것들이다.

가장 신중히 행사되어야 할 권한 중 하나인 국가긴급권의 행사에 있어서 피청구인이 위와 같은 태도를 보인 점을 고려할 때, 만약 피청구인이 대통령으로서의 권한을 다시금 행사하게 된다면, 국민으로서는 피청구인이 헌법상 권한을 행사할 때마다 헌법이 규정한 것과는 다른 숨은 목적이 있는 것은 아닌지, 헌법과 법률을 위반한 것은 아닌지 등을 끊임없이 의심하지 않을 수 없을 것이다. 그렇다면 피청구인의 권한행사에 대한 불신은 점차 쌓일 수밖에 없고, 이는 국정운영은 물론 사회 전체에 극심한 혼란을 초래하게 될 것이다.

(3) 소결

이상과 같은 사정을 종합하여 보면, 청구인의 나머지 주장에 대하여 더 나아가 살피지 않더라도, 피청구인의 이 사건 헌법과 법률 위배 행위는 국민의 신임을 배반한 행위로서 헌법수호의 관점에서 용납될 수 없는 중대한 법 위배 행위에 해당한다. 피청구인의 법 위배 행위가 헌법질서에 미치게 된 부정적 영향과 파급 효과가 중대하므로, 국민으로부터 직접 민주적 정당성을 부여받은 피청구인을 파면함으로써 얻는 헌법수호의 이익이 대통령 파면에 따르는 국가적 손실을 압도할 정도로 크다고 인정된다.

11. 결론

가. 대한민국은 민주공화국이다(헌법 제1조 제1항).

민주주의는, 개인의 자율적 이성을 신뢰하고 모든 정치적 견해들이 각각 상대적 진리성과 합리성을 지닌다고 전제하는 다원적 세계관에 입각한 것으로서, 대등한 동료시민들 간의 존중과 박애에 기초한 자율적이고 협력적인 공적 의사결정을 본질로 한다(헌재 2014. 12. 19. 2013 헌다1 참조).

피청구인이 취임한 이래, 국회의 다수의석을 차지한 야당이 일방적으로 국회의 권한을 행사하는 일이 거듭되었고, 이는 피청구인을 수반으로 하는 정부와 국회 사이에 상당한 마찰을 가져왔다. 피청구인이 대통령에 취임하여 이 사건 계엄을 선포하기까지 2년 7개월도 안 되는 기간 동안 22건의 탄핵소추안이 발의되었다. 야당이 주도한 이례적으로 많은 탄핵소추로 인하여 여러 고위공직자의 권한행사가 탄핵심판 중 정지되었다. 국회의 예산안 심사도 과거에는 감액이 있으면 그 범위에서 증액에 대해서도 심사하여 반영되어 왔으나, 헌정 사상 최초로 국회 예산결산특별위원회에서 야당 단독으로 증액 없이 감액에 대해서만 의결을 하였다. 특히 국회 예산결산특별위원회는 대통령비서실, 국가안보실, 경찰청의 특수활동비, 검찰과 감사원의 특수활동비 및 특정업무경비 예산의 전액을 각 감액하는 의결을 하였는데, 이 가운데는 검찰의 국민생활침해범죄 수사, 사회적 약자 대상 범죄 수사, 마약 수사, 사회공정성 저해사범 수사, 공공 수사 등 수사 지원 관련 예산이 포함되어 있었다. 피청구인이 수립한 주요 정책들은 야당의 반대로 시행될 수 없었고, 야당은 정부가 반대하는 법률안들을 일방적으로 통과시켜 피청구인의 재의 요구와 재의에서 부결된 법률안의 재발의 및 의결이 반복되는 상황이 발생하였다. 그 과정에서 피청구인은 행정부의 수반이자 국가원수로서 야당의 전횡으로 국정이 마비되고 국익이 현저히 저해되어 가고 있다고 인식하여 이를 어떻게든 타개하여야만 한다는 막중한 책임감을 느끼게 되었을 것으로 보인다. 이 사건 계엄 선포 및 그에 수반한 조치들은 국정 최고책임자로서 피청구인이 가지게 된 이러한 인식과 책임감에 바탕을 둔 것으로 이해할 수 있다.

피청구인이 야당이 중심이 된 국회의 권한행사에 관하여 권력의 남용이라거나 국정 마비를 초래하는 행위라고 판단한 것은 그것이 객관적 현실에 부합하는지 여부나 국민 다수의 지지를 받고 있는지 여부를 떠나 정치적으로 존중되어야 한다.

다만, 피청구인 내지 정부와 국회 사이의 이와 같은 대립은 일방의 책임에 속한다고 보기는 어려우며, 이는 민주주의 원리에 따라 조율되고 해소되어야 할 정치의 문제이다. 이에 관한 정치적 견해의 표명이나 공적인 의사결정은 어디까지나 헌법상 보장되는 민주주의의 본질과 조화될 수 있는 범위에서 이루어져야 한다.

나. 피청구인은 야당이 다수의석을 차지한 제22대 국회와의 대립 상황을 병력을 동원하여 타개하기 위하여 이 사건 계엄을 선포하였다.

민주국가의 국민 각자는 서로를 공동체의 대등한 동료로 존중하고 자신의 의견이 옳다고 믿는 만큼 타인의 의견에도 동등한 가치가 부여될 수 있음을 인정해야 한다(헌재 2014. 12. 19. 2013헌다1 참조). 국회는 당파의 이익이 아닌 국민 전체의 이익을 위하여야 한다는 점에서 소수의견을 존중하고, 정부와의 관계에서도 관용과 자제를 전제로 한 대화와 타협을 통하여 결론을 도출하도록 노력하였어야 한다. 피청구인 역시 국민의 대표인 국회를 헌법이 정한 권한배분질서에 따른 협치의 대상으로 존중하였어야 한다. 그럼에도 불구하고 피청구인은 국회를 배제의 대상으로 삼았는데, 이는 민주정치의 전제를 허무는 것으로 민주주의와 조화된다고 보기 어렵다.

다. 우리 헌법은 기본적 인권의 보장, 국가권력의 헌법 및 법률 기속, 권력분립원칙, 복수정당 제도 등 국가권력이나 다수의 정치적 횡포를 바로잡아 민주주의를 보호할 자정 장치를 마련하고 있으므로, 피청구인으로서는 야당이 중심이 된 국회의 권한행사가 다수의 횡포라고 판단했더라도 헌법이 예정한 자구책을 통해 견제와 균형

이 실현될 수 있도록 하였어야 한다.

우리 헌법은 대통령제에서 대통령의 권력 남용을 우려하여 대통령의 국회해산권을 규정하고 있지 않다. 그러나 대통령과 국회의원의 임기의 차이 등으로 인하여 대통령선거와 국회의원선거가 일정한 간격을 두고 치러짐에 따라 대통령으로서는 임기 중에 국회를 새롭게 구성하는, 즉, 국회해산과 마찬가지의 효과를 거둘 기회를 갖는 경우가 있다. 피청구인의 경우도 자신의 취임으로부터 약 2년 후에 치러진 제22대 국회의원선거에서 그와 같은 기회를 가졌다. 피청구인에게는, 야당의 전횡을 바로 잡고 피청구인이 국정을 주도하여 책임정치를 실현할 수 있도록 국민을 설득할 2년에 가까운 시간이 있었다. 그 결과가 피청구인의 의도에 부합하지 않았고 피청구인이 느끼는 위기의식이나 책임감 내지 압박감이 막중하였다고 하여, 헌법이 예정한 경로를 벗어나 야당이나 야당을 지지한 국민의 의사를 배제하려는 시도를 하여서는 안 되었다. 피청구인은 선거를 통해 나타난 국민의 의사를 겸허히 수용하고 보다 적극적인 대화와 타협에 나섬으로써 헌법이 예정한 권력분립원칙에 따를 수 있었다. 현행의 권력구조가 견제와 균형, 협치를 실현하기에 충분하지 않고, 국회의 반대로 인하여 국가안위에 관한 중요정책을 실현할 수 없으며, 선거제도나 관리에 허점이 있다고 판단하였다면, 헌법개정안을 발의하거나(헌법 제128조), 국가안위에 관한 중요정책을 국민투표에 붙이거나(헌법 제72조), 정부를 통해 법률안을 제출하는 등(헌법 제52조), 권력구조나 제도 개선을 설득할 수 있었다. 설령 야당의 목적이나 활동이 우리 사회의 민주적 기본질서에 대하여 실질적인 해악을 끼칠 수 있는 구체적 위험성을 초래하는 데 이르렀다고 판단하였더라도, 정부의 비판자로서 야당의 존립과 활동을 특별히 보장하고자 하는 헌법제정자의 규범적 의지를 준수하는 범위에서(헌재 2014. 12. 19. 2013헌다1 참조) 헌법재판소에 정당의 해산을 제소할 것인지를 검토할 수 있었다(헌법 제8조 제4항).

그러나 피청구인은 헌법과 법률이 정한 계엄 선포의 실체적 요건이 충족되지 않았음에도 절차를 준수하지 않은 채 계엄을 선포함으로써 부당하게 군경을 동원하여 국회 등 헌법기관의 권한을 훼손하고, 정당 활동의 자유와 국민의 기본적 인권을 광범위하게 침해하였다. 이는 국가권력의 헌법과 법률에의 기속을 위반한 것일 뿐 아니라, 기본적 인권의 보장, 권력분립원칙과 복수정당 제도 등 우리 헌법이 설계한 민주주의의 자정 장치 전반을 위협하는 결과를 초래하였다. 피청구인이 이 사건 계엄의 목적이라 주장하는 '야당의 전횡에 관한 대국민 호소'나 '국가 정상화'의 의도가 진실이라고 하더라도, 결과적으로 민주주의에 헤아릴 수 없는 해악을 가한 것이라 볼 수밖에 없다.

라. 민주주의는 자정 장치가 정상적으로 기능하고 그에 관한 제도적 신뢰가 존재하는 한, 갈등과 긴장을 극복하고 최선의 대응책을 발견하는 데 뛰어난 적응력을 갖춘 정치체제이다. 피청구인은 현재의 정치상황이 심각한 국익 훼손을 발생시키고 있다고 판단하였더라도, 헌법과 법률이 예정한 민주적 절차와 방법에 따라 그에 맞섰어야 한다. 그러나 피청구인은 국가긴급권 남용의 역사를 재현하여 국민을 충격에 빠트리고, 사회·경제·정치·외교 전 분야에 혼란을 야기하

였다. 국민 모두의 대통령으로서 자신을 지지하는 국민의 범위를 초월하여 국민 전체에 대하여 봉사함으로써 사회공동체를 통합시켜야 할 책무를 위반하였다.

헌법과 법률을 위배하여, 헌법수호의 책무를 저버리고 민주공화국의 주권자인 대한국민의 신임을 중대하게 배반하였다.

그러므로 피청구인을 대통령직에서 파면한다. 이 결정은 재판관 전원의 일치된 의견에 따른 것이고, 아래 12. 재판관 이미선, 재판관 김형두의 보충의견, 13. 재판관 김복형, 재판관 조한창의 보충의견 및 14. 재판관 정형식의 보충의견이 있다.

12. 재판관 이미선, 재판관 김형두의 보충의견

우리는 아래에서 보듯이 탄핵심판절차의 성격과 탄핵심판절차와 형사소송절차의 차이, 신속한 절차 진행의 필요성 등을 종합적으로 고려하면, 탄핵심판절차에서 전문법칙에 관한 형사소송법 조항들을 완화하여 적용할 수 있다고 보는 것이 헌법재판소법 제40조의 취지에 부합한다고 생각하므로, 다음과 같이 의견을 밝힌다.

가. 헌법재판소법 제40조의 의미

헌법재판소법 제40조는 헌법재판소의 심판절차에 관하여 헌법재판소법에 특별한 규정이 있는 경우를 제외하고는 헌법재판의 성질에 반하지 아니하는 한도에서 민사소송에 관한 법령, 형사소송에 관한 법령, 행정소송법 등 다른 소송절차에 관한 법령을 준용하도록 규정하고 있다. 헌법재판소법이나 심판에 관한 규칙에 절차진행규정이 없어 헌법재판의 진행에 차질이 빚어질 경우 헌법재판의 기능에 장애가 초래될 수 있는데, 헌법재판소법 제40조는 이러한 경우 다른 소송절차에 관한 법령을 준용하도록 하여 불충분한 절차진행 규정을 보완하고 있는 것이다(헌재 2014. 2. 27. 2014헌마7 참조).

그러나 다른 한편으로, 헌법재판소법 제40조는 다른 소송절차에 관한 법령을 포괄적·일반적으로 준용하는 형식을 취하면서도 '헌법재판의 성질에 반하지 아니하는 한도'에서 준용하도록 함으로써 준용의 한계를 분명히 하는 동시에 다른 소송절차에 관한 법령을 준용함에 있어 헌법재판의 특성이 반영되도록 하고 있다.

여기서 헌법재판의 성질에 반하지 아니하는 경우란 다른 소송절차에 관한 법령의 준용이 헌법재판의 고유한 성질을 훼손하지 않는 경우를 말하고, 헌법재판의 성질에 반하는지 여부는 해당 심판절차의 목적과 성질, 준용절차 및 준용대상의 성격 등을 종합적으로 고려하여 헌법재판소가 구체적·개별적으로 판단하여야 하는데, 구체적인 절차에서 특정한 법령의 준용 여부가 헌법재판의 성질에 반하는지 여부에 대한 판단은 헌법재판소의 고유 권한에 속한다(헌재 2014. 2. 27. 2014헌마7 참조). 따라서 헌법재판소는 해당 심판절차의 목적과 특성 등을 고려하여 다른 소송절차에 관한 법령의 준용 여부, 준용의 범위 및 정도 등을 결정할 수 있다고 봄이 타당하다.

탄핵심판절차의 경우 헌법재판소법 제40조 제1항 제2문, 제2항에 따라 형사소송에 관한 법령이 우선적으로 적용되는데, 이때도 '탄핵심판의 성질에 반하지 아니하는 한도'에서 형사소송에 관한 법령이 준용된다. 헌법재판소는 탄핵심판의 목적과 기능, 준용 여부가 문제되는 조항의 성격 등을 종합적으로 고려하여 해당 조항이 탄핵심판의 성질에 반하는지 여부를 판단하여야 하는데, 특정 조항의 준용 여부는 결국 구체적 법률해석에 관한 문제이다(헌재 2014. 2. 27. 2014헌마7 참조).

나. 형사소송법상 전문법칙의 준용 문제

(1) 헌법재판소법 제40조 제1항 제2문, 제2항이 탄핵심판절차에 형사소송
에 관한 법령을 우선적으로 준용하도록 한 취지는, 탄핵심판절차가 피
청구인을 공직에서 파면하는 중대한 결과를 초래하고, 형사소송절차
를 통하여 탄핵사유를 밝히는 것이 피청구인의 절차적 기본권을 충실
히 보장하게 된다는 점에 있다고 볼 수 있다.

그러나 탄핵심판절차는 고위공직자의 헌법 내지 법률 위반 여부와 공
직으로부터의 파면 여부를 심판대상으로 할 뿐 형사상 책임 유무를
심판대상으로 하지 않는다는 점에서 가장 강력한 공권력인 국가형벌권
을 실현하는 형사소송절차와는 본질적으로 차이가 있다.

형사소송절차는 검사의 공소제기로 개시되고 이때 피의자는 피고인이
라는 소송주체로서의 지위를 갖게 되나, 수사절차에서 피의자는 강제
수사권을 가진 검사의 수사대상에 불과하고 그와 같은 수사절차에서
의 지위가 사실상 형사소송절차에까지 이어져 검사와 대등한 소송주
체로서의 피고인의 법적 지위가 형식적인 것에 그칠 가능성이 존재한다.
이처럼 수사절차가 형사소송절차로 이어지면서 발생하는 당사자 지위
의 대등성 문제는 형사소송절차에 특유한 것으로, 이러한 점도 형사
소송절차를 탄핵심판절차와 구별하는 중요한 특징이라고 할 수 있다.

탄핵심판절차에 형사소송에 관한 법령 중 특정 조항을 준용할지 여부
를 정할 때에는 이와 같은 탄핵심판절차와 형사소송절차의 차이를 고
려하여야 한다.

(2) 형사소송법은 전문법칙을 채택하여 전문증거의 증거능력을 원칙적으로 부정하면서 일정한 요건을 충족한 경우에 예외적으로 증거능력을 인정하고 있다(형사소송법 제310조의2, 제311조 내지 제316조). 특히 수사기관이 작성한 피의자신문조서에 대해서는 그 피의자였던 피고인이 그 내용을 인정해야 증거능력을 인정하고, 수사기관이 피고인 아닌 자의 진술을 기재한 조서나 수사과정에서 피고인 아닌 자가 작성한 진술서에 대해서는 피고인의 반대신문이 보장되는 경우에 한하여 증거능력을 인정하고 있다(형사소송법 제312조 제1항, 제3항, 제4항, 제5항).

피고인은 형사소송절차에서 단순한 처벌대상이 아니라 절차를 형성·유지하는 당사자로서 또 다른 당사자인 검사와 대등한 지위를 가진다. 그런데 검사가 수사권의 발동으로 확보한 진술을 성립의 진정과 임의성의 인정만으로 증거로 사용할 수 있게 하면, 수사대상에 불과한 피의자의 지위가 형사소송절차에까지 이어져 피고인은 검사와 대등한 소송주체로서의 지위를 보장받지 못하고 실질적인 당사자대등이 이루어지지 않을 우려가 있다. 이에 형사소송법은 피고인이 그 내용을 인정하지 않거나(피고인의 진술을 기재한 조서 등) 피고인의 반대신문이 보장되지 않으면(피고인이 아닌 자의 진술을 기재한 조서 등) 신빙성 유무의 판단에 앞서 아예 증거로 사용할 수 없게 한 것이라고 할 수 있다.

그러나 탄핵심판절차는 국회의 소추의결로 개시되는바, 수사절차가 형사소송절차로 이어지면서 발생하는 당사자 지위의 대등성 문제는 탄핵심판절차에서는 발생할 여지가 없고, 소추사유와 관련하여 피청구인에 대한 수사가 이루어진다고 하여 국회가 이에 관여할 수 없음은 명백하다. 따라서 탄핵심판절차에서는 피청구인의 내용 인정이나 반대신문의 보장 없이 수사기관이 피청구인이나 사건 관련자들의 진술을 기재한 조서 등을 증거로 사용할 수 있게 하더라도 형사소송절차에서처럼 실질적인 당사자대등의 문제가 발생한다고 보기는 어렵다. 나아가 뒤에서 보는 것과 같이 성립의 진정과 임의성이 담보되는 경우에 한하여 위 조서 등의 증거능력을 인정한다면, 그러한 증거능력의 인정만으로 피청구인에게 일방적으로 불이익한 결과가 발생한다고 보기도 어렵다.

또한 탄핵소추의 의결을 받은 자는 탄핵심판이 있을 때까지 그 권한 행사가 정지되는바(헌법 제65조 제3항), 특히 피청구인이 대통령인 경우 그 권한행사의 정지로 인한 국정공백과 혼란이 매우 크므로 신속한 심리의 필요성이 강하게 요청된다. 그런데 탄핵심판절차에 전문법칙을 엄격하게 적용하게 되면 피청구인이 증거에 부동의할 경우 헌법재판소가 다수의 증인을 채택하여 증인신문을 진행하여야 하므로 절차의 장기화를 피할 수 없다. 9인의 단일재판부로 구성되는 헌법재판소의 특성상, 경우에 따라서는 반복적 변론갱신, 심리정족수 부족 등으로 탄핵심판절차의 장기화가 탄핵심판절차의 중단으로 이어질 수도 있다.

이상 살펴 본 바와 같은 탄핵심판절차의 성격과 탄핵심판절차와 형사소송절차의 차이, 신속한 절차 진행의 필요성 등을 종합적으로 고려하면, 탄핵심판절차에서 전문법칙에 관한 형사소송법 조항들을 반드시 엄격하게 적용하여야 하는 것은 아니고 이를 완화하여 적용할 수 있다고 보는 것이 '탄핵심판의 성질에 반하지 아니하는 한도'에서 형사소송에 관한 법령을 준용하도록 한 헌법재판소법 제40조의 취지에 부합한다고 할 것이다.

다. 이 사건의 경우

이 사건에서 청구인은 여러 진술증거를 제출하였는데, 형사소송법상 전문법칙을 완화하여 적용할 수 있음을 전제로 각 진술증거의 증거능력을 살펴본다.

(1) 수사기관이 작성한 사건 관련자들에 대한 피의자신문조서 등의 증거능력

형사소송법상 전문법칙을 완화하여 적용할 수 있다고 하더라도 성립의 진정과 임의성은 담보할 수 있어야 한다. 따라서 수사기관이 작성한 피청구인이 아닌 사건 관련자들에 대한 피의자신문조서나 진술조서는 절차의 적법성이 담보되는 조서, 즉 진술과정이 영상녹화된 조서 또는 진술과정에 변호인이 입회하였고 그 변호인이 진술과정에 아무런 문제가 없었다고 확인한 조서에 대해서는 증거로 채택할 수 있다고 할 것이다. 헌법재판소는 헌재 2017. 3. 10. 2016헌나1 사건의 변론과정에서 이와 같은 기준을 밝혔고, 이는 뒤에서 살펴보는 바와 같이 2020. 2. 4. 법률 제16924호로 형사소송법 제312조 제1항이 개정된 것과 관계없이 여전히 적용된다고 보아야 한다.

(2) 관련 형사사건에서 공범 관계에 있는 사람들에 대한 조서의 증거능력

(가) 2020. 2. 4. 법률 제16924호로 개정된 형사소송법 제312조 제1항은 검사가 작성한 피의자신문조서는 공판준비 또는 공판기일에 그 피의자였던 피고인 또는 변호인이 그 내용을 인정할 때에 한정하여 증거로 할 수 있다고 규정하여, 검사가 작성한 피의자신문조서의 증거능력 인정요건을 검사 이외의 수사기관이 작성한 피의자신문조서의 증거능력 인정요건(형사소송법 제312조 제3항)과 일치시켰다.

형사소송법 제312조 제1항에서 정한 '검사가 작성한 피의자신문조서'에는 당해 피고인에 대한 피의자신문조서뿐만 아니라 당해 피고인과 공범관계에 있는 다른 피고인이나 피의자에 대하여 검사가 작성한 피의자신문조서도 포함되고(대법원 2023. 6. 1. 선고 2023도3741 판결 참조), 이는 검사 이외의 수사기관이 작성한 피의자신문조서의 경우도 마찬가지이므로(대법원 2009. 10. 15. 선고 2009도1889 판결 참조), 피고인이 자신과 공범관계에 있는 사람에 대하여 검사 또는 사법경찰관이 작성한 피의자신문조서의 내용을 인정하지 않는 경우 이를 증거로 채택할 수 없다.

(나) 그러나 탄핵심판은 고위공직자인 피청구인이 그 직위에 따라 부여받은 고유한 의무와 책임을 고려하여 그의 직무수행이 헌법과 법률에 위반되는지를 판단하여 그 파면 여부를 결정하는 절차이므로, 형사재판과 같이 '공범'의 개념을 상정하기 어렵다. 따라서 피고인이 자신과 공범관계에 있는 사람에 대하여 수사기관이 작성한 피의자신문조서의 내용을 인정하지 않는 경우 이를 증거로 채택할 수 없다는 형사소송절차에서의 전문법칙은 탄핵심판절차에 그대로 적용할 수 없다.

그렇다면 관련 형사사건에서 피청구인과 공범관계에 있는 사람들에 대한 피의자신문조서나 진술조서는 이 사건 탄핵심판절차에서는 어디까지나 검사 또는 사법경찰관이 '피청구인이 아닌 자'의 진술을 기재한 조서에 해당하므로, 형사소송법 제312조 제1항, 제3항이 아니라 같은 조 제4항을 준용함이 타당하다. 그런데 위 2020. 2. 4.자 형사소송법 개정 당시 형사소송법 제312조 제4항은 개정되지 않았으므로, 피청구인과 관련 형사사건에서 공범 관계에 있는 사람에 대한 수사기관 작성의 피의자신문조서 또는 진술조서는 비록 피청구인이 그 내용을 부인하더라도, 그 진술과정이 영상녹화된 조서 또는 진술과정에 변호인이 입회하였고 그 변호인이 진술과정에 아무런 문제가 없었다고 확인한 조서에 대해서는 증거로 채택함이 타당하다.

(3) 국회 회의록의 증거능력

국회의 회의는 공개함이 원칙이다(헌법 제50조 제1항 본문). 이에 따라 국회의 회의에서 이루어진 진술은 본회의나 위원회에서 의결로 이를 공개하지 않기로 한 경우 등 예외적인 경우가 아닌 한, 통상적으로 인터넷 의사중계시스템이나 언론 등을 통하여 생중계되며, 회의가 그대로 녹화된 영상회의록도 공개된다. 국회의 회의록은 조서가 아닌 속기로 작성되고, 본회의의 회의록에는 국회의장 또는 그를 대리한 국회부의장 등이, 위원회의 회의록에는 위원장 또는 그를 대리한 간사가 각각 서명, 날인한다(국회법 제69조 제2항, 제3항, 제115조 제2항, 제3항). 발언자는 발언의 취지를 변경하지 아니하는 범위에서 회의록에 적힌 자구의 정정을 요구할 수 있으나, 이 경우에도 속기로 작성한 회의록의 내용은 삭제할 수 없으며, 발언을 통하여 자구 정정 또는 취소의 발언을 한 경우에는 그 발언을 회의록에 적어야 한다. 회의록은 비밀 유지나 국가안전보장을 위하여 필요한 경우가 아닌 한 의원에게 배부하고 일반인에게 배포한다(국회법 제71조, 제117조 제1항 내지 제3항, 제118조 제1항).

이처럼 국회 회의록은 그 서면 자체의 성질과 작성과정에서의 법정된 절차적 보장에 의하여 고도의 임의성과 기재의 정확성 등 절차적 적법성이 담보되어 있다. 그리고 국회 회의록에는 증언과 관련한 전후 발언들이 빠짐없이 기재되어 진술자가 진술에 이르게 된 경위나 분위기, 진술의 맥락 등을 파악할 수 있다. 나아가 국회에서의 진술은 공개된 회의장에서 국회의원들에 의하여 검증되고 탄핵되므로 제3자가 일방적으로 한 진술과도 근본적인 차이가 있다.

따라서 사건 관련자들의 진술을 기재한 국회 회의록은 형사소송법 제315조 제3호의 '기타 특히 신용할 만한 정황에 의하여 작성된 문서'에 준하여 당연히 증거능력이 있는 서류라고 볼 수 있다.

라. 결론

이상에서 살펴본 바와 같이, 탄핵심판절차에서 전문법칙에 관한 형사소송법 조항들은 완화하여 적용할 수 있다고 봄이 타당하다. 이에 따라 이 사건에서 청구인이 제출한 수사기관 작성의 사건 관련자들에 대한 피의자신문조서 또는 진술조서는 그 절차의 적법성이 담보되는 범위에서 증거로 채택할 수 있고, 사건 관련자들의 진술을 기재한 국회 회의록은 형사소송법 제315조 제3호의 '기타 특히 신용할 만한 정황에 의하여 작성된 문서'에 준하여 증거능력이 있는 서류에 해당한다.

13. 재판관 김복형, 재판관 조한창의 보충의견

우리는 이 사건 탄핵심판청구가 인용되어야 한다는 법정의견의 결론에 동의한다. 그러나 아래에서 살펴보듯이 탄핵심판의 중대성, 피청구인의 방어권 보장 등을 고려할 때 헌법재판소가 앞으로는 탄핵심판절차에 있어서 형사소송법상 전문법칙을 보다 엄격하게 적용할 필요가 있음을 지적해두고자 한다.

가. 탄핵심판에서 전문법칙에 관한 헌법재판소의 태도

(1) 헌법재판소법은 탄핵심판절차에 관하여 헌법재판의 성질에 반하지 아니하는 한도에서 형사소송에 관한 법령 등을 준용하도록 하고 있고(헌법재판소법 제40조 제1항), 형사소송법의 준용이 탄핵심판의 성질에 반하는지 여부는 탄핵심판의 목적과 본질, 파면이라는 효과의 중대성, 탄핵심판기간 동안 피청구인의 권한행사가 정지된다는 점 등을 고려하여 헌법재판소가 구체적·개별적으로 판단하여야 한다.

(2) 헌법재판소는 헌재 2017. 3. 10. 2016헌나1 결정 이래로 수사기관이 작

성한 사건관련자들의 피의자신문조서나 진술조서에 대하여, 피청구인이 동의하지 않은 경우라도 절차적 적법성이 담보되는 조서, 즉, 진술과정이 영상녹화되었거나, 진술과정에 변호인이 입회하였고 그 변호인이 진술과정에 아무런 문제가 없었다고 확인한 경우에는 그 증거능력을 인정하고 있다. 또한 국회 회의록의 경우 형사소송법 제315조 제3호의 '기타 특히 신용할 만한 정황에 의하여 작성된 문서'로 보아 증거능력을 인정하고 있다. 이러한 증거능력 인정 요건은 헌법재판소가 형사소송법상 전문법칙을 완화하여 적용한 결과라고 할 것이다.

나. 형사소송법상 전문법칙의 엄격한 적용 필요성

(1) 탄핵심판절차에 '형사소송법'의 우선 준용 취지

탄핵심판의 경우 형사소송법을 우선 준용하도록 한 취지는 탄핵심판이 공직 파면이라는 중대한 결과를 초래하는 절차인 점, 형사소송절차에 따르는 것이 피청구인의 절차적 기본권 내지 방어권을 충실히 보장할 수 있는 점을 고려한 것으로 보인다.

(2) 형사재판에서의 공판중심주의 경향과 반대신문 기회의 보장

형사소송법은 공판중심주의를 점차 강화하고, 전문법칙을 엄격히 적용하는 방향으로 발전되어 왔다. 2007. 6. 1. 개정된 형사소송법은 '피고인 아닌 자의 진술을 기재한 조서의 증거능력' 인정요건으로 '피고인의 반대신문 기회의 보장'을 추가하였고(제312조 제4항), 2020. 2. 4. 개정된 형사소송법은 '검사가 작성한 피의자신문조서'의 증거능력 인정요건으로 '그 피의자였던 피고인 또는 변호인의 내용 인정'을 규정하여(제312조 제1항), 피고인 또는 변호인이 공판정에서 해당 조서의 기재내용이 실제사실과 부합함을 인정하지 아니하면 해당 조서를 증거로 채택할 수 없게 되었다. 이는 피고인에게 불리한 증거에 대해 반대신문 기회를 인정함으로써 형사소송절차에서 공정한 재판을 받을 권리를 구현하고(헌재 2013. 10. 24. 2011헌바79 참조), 나아가 법정이 아닌 곳에서 작성된 전문증거에 잠재된 진술의 왜곡 우려 등을 의식한 것으로 볼 수 있다. 특히 진술증거는 어떠한 사실을 지각하고 이를 기억한 다음 다시 표현하고 서술하는 과정에서 오류가 개입될 위험성이 있다는 점에서 반대신문권의 보장은 형사소송에서 진술증거의 진실성과 신용성을 담보하는 주요한 수단이 되고 있다.

(3) 탄핵심판절차의 구도와 운영

탄핵심판절차는 기본적으로 국민의 대의기관인 국회가 피청구인의 법적 책임을 묻고, 피청구인이 이에 대해 방어하는 구도로 이루어진다. 이처럼 청구인이 소추사유에 대한 주장과 입증을 하고, 피청구인이 이를 반박하고 증거를 탄핵하며 상호 대립하는 구조로 진행되는 탄핵심판절차에서는 형사소송절차에서와 같이 절차의 공정성을 확보하는 것이 중요하다.

또한 탄핵심판은 서면심리를 원칙으로 하는 위헌법률심판이나 헌법 소원심판(헌법재판소법 제30조 제2항)과 다르게 필요적 변론사건으로(같은 조 제1항), 공개된 심판정에서 청구인과 피청구인이 말로 사실과 증거를 제출하는 방법으로 사건을 심리하게 된다. 변론과정을 통하여 헌법재판관이 심판정에서 직접 증거를 조사하고 피청구인에게 의견진술 및 반대신문의 기회를 부여함으로써 공정한 재판의 실현에 기여할 수 있으며, 나아가 헌법재판의 정당성과 신뢰성도 제고할 수 있다. 따라서 사건의 실체에 대한 심증 형성 및 소추사유의 인정은 가급적 형사소송절차와 같이 공개된 재판관의 면전에서 직접 조사한 증거를 기초로 하고, 전문증거에 대해서는 반대신문의 기회를 보장하는 것이 바람직하다.

(4) 대통령 탄핵심판의 중대성과 절차적 공정성 확보 필요

대통령은 국민의 직접선거로 선출된 민주적 정당성이 가장 큰 대의기관이자(헌법 제67조 제1항), 국가원수로 외국에 대하여 국가를 대표하며(제66조 제1항), 국군 통수권을 지니고(제74조 제1항), 5년의 임기가 보장된다(제70조). 대통령에 대한 탄핵심판절차는 이처럼 헌법상 막중한 지위에 있는 대통령에게 부여된 국민의 신임과 권한을 임기 중 박탈할지 여부를 결정하는 절차로, 파면 결정은 그 직무수행의 단절로 인한 국가적 손실과 국정 공백, 국론의 분열현상으로 인한 정치적 혼란 등을 초래할 수 있고(헌재 2004. 5. 14. 2004헌나1 참조), 국가 전체에 영향을 미친다. 이러한 대통령 탄핵심판의 중대성과 파급력에 비추어 볼 때에도,

탄핵심판은 형사소송절차에 준하여 명확성과 공정성을 담보하고, 반대신문을 통하여 불리한 증거에 대한 피청구인의 방어권을 충분히 보장할 필요가 있다.

(5) 형사재판과 증거기준의 불일치 문제

탄핵심판절차와 민·형사 재판절차는 서로 별개의 절차이므로 서로 독립적으로 진행되고 독자적인 결론에 도달할 수 있다. 그러나 동일한 사실관계를 기초로 한 탄핵심판, 형사재판에서 각기 다른 결과가 나온다면 법질서의 통일성과 재판에 대한 신뢰가 저해될 것이므로 바람직하지 않다. 따라서 탄핵소추사유가 형사범죄사실과 관련된 경우에는 형사소송법상 전문법칙은 탄핵심판절차에서도 가급적 엄격히 적용하여 탄핵심판과 형사재판 사이의 불일치를 가능한 줄일 필요가 있다. 이는 "피청구인에 대한 탄핵심판 청구와 동일한 사유로 형사소송이 진행되고 있는 경우에는 재판부는 심판절차를 정지할 수 있다."라고 규정하여 형사재판의 결과를 탄핵심판에서 고려할 수 있도록 한 헌법재판소법 제51조의 취지에도 부합한다.

(6) 소결

이와 같이 절차의 공정성과 피청구인의 방어권을 더 확실히 보장하기 위하여 형사소송법상 전문법칙을 엄격히 적용하는 것이 헌법재판소법 제40조 제1항에서 형사소송법을 우선 준용하도록 한 취지에 더 부합한다고 생각한다. 이하에서는 형사소송법상 전문법칙을 엄격하게 적용할 경우를 상정하여 이 사건 심판절차에서 문제된 국면들을 살펴본다.

다. 구체적인 적용

(1) 수사기관 작성의 사건 관련자들에 대한 피의자신문조서 등의 증거능력

(가) 탄핵심판에서 공범의 상정 여부

피청구인은 피청구인이 형법상 내란죄 혐의로 기소된 사건에서 공범관계에 있는 자들에 대하여 수사기관이 작성한 피의자신문조서 등과 관련하여, 2020. 2. 4. 개정된 형사소송법 제312조 제1항에 따라 피청구인이 그 조서의 내용을 부인하면 헌법재판소에서 이를 증거로 채택할 수 없다고 주장한다.

그러나 탄핵심판은 고위공직자인 피청구인이 그 직위에 따라 부여받은 고유한 의무와 책임을 고려하여, 그의 직무수행이 헌법과 법률에 위반되는지를 판단하여 그 파면 여부를 결정하는 절차이고(헌법 제65조 제1항, 제4항), 피청구인이 그 직에 있을 것을 요하므로, 형사재판과 같은 '공범'의 개념을 상정할 수 없다. 그렇다면 형사사건에서의 공범 관계가 탄핵심판의 공범관계로 그대로 인정될 것을 전제로 한 피청구인의 위 주장은 받아들일 수 없다.

(나) 증거능력 인정요건

피청구인이 아닌 자는 탄핵심판절차의 공범이 될 수 없으므로 그에 대한 수사기관 작성의 피의자신문조서 등은 형사소송법 제312조 제4항의 적용을 받게 된다.

수사기관이 작성한 피청구인 아닌 자에 대한 피의자신문조서 등을 탄핵심판의 증거로 채택하기 위해서는, 형사소송법 제312조 제4항에 따라 수사기관의 조서가 ① 적법한 절차와 방식에 따라 작성되었을 것, ② 그 조서가 수사기관 앞에서 진술한 내용과 동일하게 기재되어 있음이 ㉠ 원진술자의 변론준비 또는 변론기일에서의 진술이나 ㉡ 영상녹화물 또는 ㉢ 그 밖의 객관적인 방법에 의하여 증명되었을 것, ③ 피청구인 또는 변호인이 변론준비 또는 변론기일에 그 기재 내용에 관하여 원진술자를 신문할 수 있었을 것, ④ 그 조서에 기재된 진술이 특히 신빙할 수 있는 상태에서 행하여졌음이 증명되었을 것이라는 요건을 갖추어야 한다. 이러한 입장을 취한다면 피청구인의 반대신문권이 보장되지 아니한 일부 조서의 경우에는 증거능력이 부인될 것이다.

(2) 국회 회의록의 증거능력

형사소송법 제315조 제3호는 '기타 특히 신용할 만한 정황에 의하여 작성된 문서'를 증거로 할 수 있다고 규정하고 있고, 법원은 이를 제315조 제1호(가족관계기록사항에 관한 증명서, 공정증서등본 기타 공무원 또는 외국공무원의 직무상 증명할 수 있는 사항에 관하여 작성한 문서)와 제2호(상업장부, 항해일지 기타 업무상 필요로 작성한 통상문서)에 준하여 '반대신문의 기회 부여 여부가 문제되지 않을 정도로 고도의 신용성의 정황적 보장이 있는 문서'로 제한적으로 인정하고 있다(대법원 2017. 8. 29. 선고 2018도14303 전원합의체 판결 참조).

그런데 이 사건에서 증거로 채택된 국회 회의록은 탄핵심판절차가 아닌 국회에서 행해진 회의 내용을 기록한 것으로, 피청구인이 아닌 사건관련자들의 경험이나 들은 내용에 관한 진술 등이 포함되어 있다. 국회의 회의는 형사 법정과 같은 대심적 구조에서 관련자들의 진술이 당사자에 의하여 탄핵되는 구조가 아니고, 직무상 독립이 보장되는 법관(헌법 제103조)이 주재하지 않으며, 오히려 국회의원들이 자신의 정치적 성향과 이해관계에 따라 질의를 이끌어갈 가능성이 상당히 높다. 또한 형사소송절차에서 증인은 원칙적으로 선서를 하고 증언을 하지만(형사소송법 제156조), 국회에 참고인으로 출석한 진술자는 본인이 승낙하지 않는 이상 '국회에서의 증언·감정 등에 관한 법률' 제7조에 따른 선서를 하지 않고 위증하더라도 처벌이 따르지 않는 상태에서 진술을 하고 있다. 이러한 점을 고려할 때, 국회의 회의가 절차적 중립성과 객관성이 충분히 확보된 상태에서 진행되었다고 단정하기 어렵고, 회의 내용을 기록한 회의록 또한 법원의 공판조서 등과 동등한 수준으로 고도의 신용성의 정황적 보장이 있는 문서라고 보기 어렵다. 따라서 국회 회의록을 탄핵심판절차에서 증거로 채택함에 있어 형사소송법 제315조 제3호를 그대로 적용하기 곤란하다는 점을 밝혀둔다.

라. 결론

앞서 살펴본 바와 같이 대통령 탄핵심판의 경우 그 중대성과 파급력의 측면, 피청구인의 방어권 보장의 측면에서 형사소송법상 전문법칙을 최대한 엄격하게 적용하는 것이 바람직하다. 한편으로는 탄핵심판이 진행되는 동안 대통령의 권한행사가 정지되고, 국정의 공백이 발생하므로 가급적 심판절차를 신속히 진행하여 이러한 국정 공백 상태와 국가적 혼란을 해소할 것이 요청된다. 헌법재판소가 현재 채택하고 있는 완화된 전문법칙을 적용하는 경우보다 전문법칙을 엄격히 적용하는 경우 증거조사에 오랜 시간이 소요될 것임은 충분히 예측되며, 특히 국가의 최고 지도자인 대통령의 탄핵심판 기간의 장기화로 발생하는 국가적 손해의 크기는 실로 막대할 것이라는 점에서, 그동안 대통령 탄핵심판에 있어 공정성의 요청이 신속성의 요청에 의하여 다소 후퇴되어 왔다.

그러나 대통령 탄핵결정의 영향력과 파급력이 중대한 점, 탄핵심판절차에 공판중심주의를 강화하고 피청구인에게 반대신문 기회를 부여하는 것이 반드시 탄핵심판의 신속성의 요청에 반하거나, 그보다 덜 중요하다고 보기 어렵고, 오히려 탄핵심판절차의 구조에 부합하는 측면이 있는 점, 게다가 헌법재판소는 탄핵심판절차에서 당사자의 신청이나 직권으로 증인을 채택하여 그들에 대한 신문을 통해 증거가 심판정에 직접 현출되도록 하여 공정한 재판을 실현해가고 있는 점, 탄핵심판절차의 공정성 강화는 탄핵심판에 대한 국민의 신뢰를 제고하고, 탄핵심판결정으로 인한 국가적 혼란을 최소화할 수 있는 점에 비추어, 이제는 탄핵심판절차에 요청되는 신속성과 공정성, 두 가지 충돌되는 가치를 보다 조화시킬 방안을 모색할 시점이다.

14. 재판관 정형식의 보충의견

나는 이 사건 심판청구가 인용되어야 한다는 법정의견의 결론에 동의하면서, 아래에서 보듯이 국회에서 탄핵소추안이 부결될 경우 다른 회기 중에도 다시 발의하는 횟수를 제한하는 규정을 입법할 필요가 있음을 밝히고자 한다.

가. 일사부재의 원칙의 적용과 그 취지

(1) 국회법 제92조는 부결된 안건을 같은 회기 중에 다시 발의할 수 없도록 하는 일사부재의 원칙을 규정하고 있다. 위 조항은 그 적용 대상이 되는 안건의 종류나 유형에 관하여 아무런 제한을 두지 아니하고, 탄핵소추안에 대하여 별도로 정하지도 아니하여 일사부재의 원칙이 탄핵소추안에도 그대로 적용되도록 하고 있다. 이에 따라 탄핵소추안도 다른 안건과 마찬가지로 한 번 부결되면 같은 회기에서는 다시 발의될 수 없지만, 다른 회기에서는 다시 발의될 수 있다.

(2) 같은 회기 중에 동일 안건을 다시 부의하지 못하도록 하는 것은 특정 사안에 대한 국회의 의사가 확정되지 못한 채 표류되는 것을 막기 위함인바, 일사부재의 원칙은 국회의 의사의 단일화, 회의의 능률적인 운영 및 소수파에 의한 의사방해 방지 등에 기여한다(헌재 2009. 10. 29. 2009헌라8등 참조). 다른 한편, 일사부재의 원칙이 회기가 바뀐 후에는 부결된 안건을 다시 발의할 수 있도록 하는 것은 원칙적으로 국회의원은 안건을 자유롭게 발의할 수 있고, 회기가 바뀐다는 것은 통상 어느 정도의 시간이 흐른 뒤일 것을 전제하므로 그동안 안건을 둘러싼 상황이나 환경에 사정변경이 생기거나 안건에 대한 국회의원의 견해가 바뀌었을 가능성을 고려한 것으로 볼 수 있다.

나. 탄핵소추안에 대한 무제한적 반복 발의를 허용할 경우의 문제

(1) 소추사유에 대한 사정변경 가능성이 낮음

탄핵소추안은 소추대상자의 직무집행에 있어 헌법이나 법률 위배행위가 있는 경우 그 법적 책임을 추궁하기 위한 것으로, 사후적으로 새로운 헌법이나 법률 위반사실이 발견되거나 내용이 변경될 수 있음은 별론으로 하고, 시간의 경과에 따른 사정 변경을 특별히 상정하기 어렵다.

(2) 고위공직자 지위의 불안정과 국가기능의 저하

고위공직자 지위의 불안정성은 국가기능의 저하를 초래한다. 탄핵소추의 대상이 되는 고위공직자는 행정부와 사법부의 핵심적이고 중요한 직위에서 국가의 주요기능을 담당하는데, 이들에 대하여 실질적으로 동일한 사유로 반복적으로 탄핵소추발의가 가능할 경우 소추대상자의 지위가 불안정해지고, 이는 국정의 혼란과 국가 주요기능의 저하로 이어질 수 있다. 특히 소추대상자가 행정부 수반이자 국가원수인 대통령일 경우 국정운영 전반에 미치는 영향이 지대할 수밖에 없다.

(3) 탄핵제도의 정쟁의 도구화

공직자가 그 직을 유지하는 한 회기만 달리 하여 실질적으로 동일한 사유로 반복적으로 탄핵소추 발의를 할 수 있도록 하는 것은 자칫 국회의 다수의석을 가진 정당이 이를 정치적 협상카드로 활용할 수 있도록 하여 법적 제도로서의 탄핵제도를 정쟁의 도구로 변질시킬 위험이 있고, 그로 인하여 정치적 혼란이 가중될 우려가 크다. 특히 대통령에 대한 탄핵소추의 경우 국민의 의견 대립과 국론 분열 양상이 극심해질 수 있다.

다. 국회법상 회기 제도와의 결합에 의한 문제

헌법상 비상수단에 해당하는 탄핵제도의 성질(헌재 2021. 10. 28. 2021헌나1 재판관 이선애, 재판관 이은애, 재판관 이종석, 재판관 이영진의 각하의견; 헌재 2025. 1. 23. 2024헌나1 재판관 김형두의 보충의견 참조)에 비추어 탄핵소추 발의는 예외적으로 신중하게 이루어 필요가 있다. 그런데 실질적으로 동일한 탄핵소추안의 반복 발의를 허용하는 것은 국회법상 회기 제도와 맞물려 정쟁의 도구로 더 악용될 소지가 있다.

국회의 정기회는 1년에 1회 집회하고, 그 회기는 100일을 넘을 수 없는데(헌법 제47조 제1항, 제2항, 국회법 제4조 본문, 제5조의2 제2항 제2호 본문), 임시회의 경우 정기회와 달리 국회 재적의원 4분의 1 이상의 요구를 갖추기만 하면 수시로 소집할 수 있고, 30일을 넘지 않는 범위에서 국회의 의결을 통하여 그 회기를 정할 수 있다(헌법 제47조 제1항, 제2항, 국회법 제7조 제1항).

이러한 자유로운 임시회 소집 가능성으로 인하여 국회의 다수의석을 가진 정당은 필요에 따라 회기를 짧게 설정하여 회기를 달리하면서 특정 안건이 가결되거나 정치적 목적을 달성할 때까지 매우 짧은 간격으로 반복하여 발의할 수 있다.

그리고 이와 같은 형태의 반복 발의는 회기와 회기 사이에 어느 정도의 간격을 두어 안건에 대한 재고와 숙의를 요청하고자 한 일사부재의 원칙을 편법적으로 우회하고, 그 취지를 몰각시킨다. 탄핵소추안이 부결되었더라도 특정 정당이 탄핵소추안의 관철을 위하여 짧은 주기로 임시회를 반복하여 소집한 후, 실질적으로 동일한 탄핵소추안을 반복 발의하여 심의토록 할 경우 의사진행의 능률을 저하시키고 국회의 의사를 표류시킬 수 있다.

라. 소결

이상의 점들을 종합적으로 고려할 때, 실질적으로 주요 소추사유에 변동이 없는 탄핵소추안의 재발의는 제한될 필요가 있고, 입법자는 탄핵소추의 성격과 본질, 국회의사의 조기 확정과 그 직무집행에 있어서 헌법이나 법률을 위반한 고위공직자를 탄핵소추한다는 공익 사이의 형량 등을 고려하여 탄핵소추안의 발의 횟수에 관한 규정을 마련할 필요가 있다.

재판관

문형배(재판장) 이미선 김형두 정정미

정형식 김복형 조한창 정계선

〔별지 1〕 소추위원의 대리인 명단

변호사 김이수

변호사 송두환

법무법인(유한) 엘케이비앤파트너스

담당변호사 이광범, 장순욱, 김현권, 성관정

법무법인 이공

담당변호사 김선휴

법무법인 시민

담당변호사 김남준

법무법인 도시

담당변호사 이금규

법무법인 다산

담당변호사 서상범

법무법인 새록

담당변호사 전형호, 황영민

변호사 김정민

변호사 박혁

변호사 이원재

변호사 권영빈

변호사 김진한

〔별지 2〕 피청구인 대리인 명단

변호사 조대현

변호사 배보윤

변호사 배진한

법무법인 청녕

담당변호사 윤갑근, 이길호

변호사 도태우

법무법인 삼승

담당변호사 김계리

변호사 서성건

법무법인(유한) 에이스

담당변호사 최거훈

법무법인 선정

담당변호사 차기환

변호사 김홍일

변호사 정상명

변호사 송해은

변호사 송진호

변호사 이동찬

변호사 석동현

변호사 박해찬

변호사 오욱환

변호사 황교안

변호사 김지민

법무법인 율전

담당변호사 전병관

변호사 배진혁

법무법인 청암

담당변호사 도병수

[별지 3] 피청구인의 2024. 12. 3.자 대국민담화 내용

존경하는 국민 여러분, 저는 대통령으로서 피를 토하는 심정으로 국민 여러분께 호소 드립니다.

지금까지 국회는 우리 정부 출범 이후 22건의 정부 관료 탄핵 소추를 발의하였으며, 지난 6월 22대 국회 출범 이후에도 10명 째 탄핵을 추진 중에 있습니다. 이것은 세계 어느 나라에도 유례가 없을 뿐 아니라 우리나라 건국 이후에 전혀 유례가 없던 상황입니다. 판사를 겁박하고 다수의 검사를 탄핵하는 등 사법 업무를 마비시키고, 행안부 장관 탄핵, 방통위원장 탄핵, 감사원장 탄핵, 국방 장관 탄핵 시도 등으로 행정부마저 마비시키고 있습니다.

국가 예산 처리도 국가 본질 기능과 마약범죄 단속, 민생 치안 유지를 위한 모든 주요 예산을 전액 삭감하여 국가 본질 기능을 훼손하고 대한민국을 마약 천국, 민생 치안 공황 상태로 만들었습니다. 민주당은 내년도 예산에서 재해대책 예비비 1조 원, 아이돌봄 지원 수당 384억 원, 청년 일자리, 심해 가스전 개발 사업 등 4조 1천억 원을 삭감하였습니다. 심지어 군 초급간부 봉급과 수당 인상, 당직 근무비 인상 등 군 간부 처우 개선비조차 제동을 걸었습니다. 이러한 예산 폭거는 한마디로 대한민국 국가 재정을 농락하는 것입니다. 예산까지도 오로지 정쟁의 수단으로 이용하는 이러한 민주당의 입법 독재는 예산 탄핵까지도 서슴지 않았습니다.

국정은 마비되고 국민들의 한숨은 늘어나고 있습니다. 이는 자유대한민국의 헌정질서를 짓밟고, 헌법과 법에 의해 세워진 정당한 국가기관을 교란시키는 것으로써, 내란을 획책하는 명백한 반국가 행위입니다. 국민의 삶은 안중에도 없고 오로지 탄핵과 특검, 야당 대표의 방탄으로 국정이 마비 상태에 있습니다. 지금 우리 국회는 범죄자 집단의 소굴이 되었고, 입법 독재를 통해 국가의 사법·행정 시스템을 마비시키고, 자유민주주의 체제의 전복을 기도하고 있습니다. 자유민주주의의 기반이 되어야 할 국회가 자유민주주의 체제를 붕괴시키는 괴물이 된 것입니다. 지금 대한민국은 당장 무너져도 이상하지 않을 정도의 풍전등화의 운명에 처해 있습니다.

친애하는 국민 여러분,

저는 북한 공산 세력의 위협으로부터 자유대한민국을 수호하고 우리 국민의 자유와 행복을 약탈하고 있는 파렴치한 종북 반국가 세력들을 일거에 척결하고 자유 헌정질서를 지키기 위해 비상계엄을 선포합니다. 저는 이 비상계엄을 통해 망국의 나락으로 떨어지고 있는 자유 대한민국을 재건하고 지켜낼 것입니다. 이를 위해 저는 지금까지 패악질을 일삼은 망국의 원흉 반국가 세력을 반드시 척결하겠습니다. 이는 체제 전복을 노리는 반국가 세력의 준동으로부터 국민의 자유와 안전, 그리고 국가 지속 가능성을 보장하며, 미래 세대에게 제대로 된 나라를 물려주기 위한 불가피한 조치입니다. 저는 가능한 한 빠른 시간 내에 반국가 세력을 척결하고 국가를 정상화 시키겠습니다. 계엄 선포로 인해 자유대한민국 헌법 가치를 믿고 따라주신 선량한 국민들께 다소의 불편이 있겠습니다마는, 이러한 불편을 최소화하는 데 주력할 것입니다. 이와 같은 조치는 자유대한민국의 영속성을 위해 부득이한 것이며, 대한민국이 국제사회에서 책임과 기여를 다한다는 대외 정책 기조에는 아무런 변함이 없습니다.

대통령으로서 국민 여러분께 간곡히 호소 드립니다. 저는 오로지 국민 여러분만 믿고 신명을 바쳐 자유 대한민국을 지켜낼 것입니다. 저를 믿어주십시오.

감사합니다.

[별지 4] 계엄사령부 포고령 제1호

자유대한민국 내부에 암약하고 있는 반국가세력의 대한민국 체제전복 위협으로부터 자유민주주의를 수호하고, 국민의 안전을 지키기 위해 2024년 12월 3일 23:00부로 대한민국 전역에 다음 사항을 포고합니다.

1. 국회와 지방의회, 정당의 활동과 정치적 결사, 집회, 시위 등 일체의 정치활동을 금한다.

2. 자유민주주의 체제를 부정하거나, 전복을 기도하는 일체의 행위를 금하고, 가짜뉴스, 여론조작, 허위선동을 금한다.

3. 모든 언론과 출판은 계엄사의 통제를 받는다.

4. 사회혼란을 조장하는 파업, 태업, 집회행위를 금한다.

5. 전공의를 비롯하여 파업 중이거나 의료현장을 이탈한 모든 의료인은 48시간 내 본업에 복귀하여 충실히 근무하고 위반시는 계엄법에 의해 처단한다.

6. 반국가세력 등 체제전복세력을 제외한 선량한 일반 국민들은 일상생활에 불편을 최소화할 수 있도록 조치한다.

이상의 포고령 위반자에 대해서는 대한민국 계엄법 제9조(계엄사령관 특별조치권)에 의하여 영장 없이 체포, 구금, 압수수색을 할 수 있으며, 계엄법 제14조(벌칙)에 의하여 처단한다.

2024. 12. 3.(화) 계엄사령관 육군대장 박안수.